MÔNICA DE CASTRO

Meu amor pela literatura existe desde os meus tempos de menina. Sempre gostei de ler e escrever, em verso e prosa, e foi nos poemas de Manuel Bandeira que lapidei ainda mais a sensibilidade da minha alma. Gostava de escrever poemas, contos, textos diversos, e cheguei a ganhar um concurso de poesia aos treze anos, aqui na cidade do Rio de Janeiro, onde nasci, em 1962. Ao mesmo tempo, minha mediunidade despertou, e adotei o espiritismo como bálsamo do meu coração.

Meu desejo sempre foi o de ser escritora. Mas a vida nos leva por caminhos diferentes, sempre em nosso benefício, e acabei me formando em Direito e passando num concurso para o Ministério Público do Trabalho. Anos depois, após o nascimento do meu filho, senti a primeira inspiração. Foi uma coisa estranha. Uma voz ficava na minha cabeça, repetindo esse nome: *Rosali*, e a ideia de fazer um romance brotou na mesma hora. Rejeitei a ideia e pensei: "Quem sou eu para escrever um romance?".

Por outro lado, a mesma voz também me dizia: "Não custa nada tentar. O máximo que pode acontecer é não dar em nada". Aceitei a sugestão do invisível, acreditando ser o meu pensamento, e fui sentar-me ao computador. Na mesma hora, a inspiração para *Uma História de Ontem* surgiu espontânea, e fui escrevendo, cada dia um pouquinho. Até então, eu não sabia que estava psicografando.

Foi só quando terminei o romance que recebi a psicografia do Leonel, que abre o meu primeiro livro, onde ele se apresenta e dá o seu nome. Mas foi preciso uma boa dose de desprendimento para escrever, sem questionar e aceitar a interferência do espírito. Hoje, posso dizer, Leonel é parte fundamental da minha vida.

Não escrevo para viver. Escrevo porque gosto e porque acredito estar levando algum bem para as pessoas. E é esse sentimento que me faz querer escrever cada vez mais. É pelas pessoas que vale a pena escrever. Pelos leitores, que estão em busca de algo, além do aqui e agora, e que acreditam no poder da fé, do autoconhecimento e do amor, como caminhos seguros para a transformação do Ser.

Acredito que nós todos podemos trabalhar pelo aperfeiçoamento moral da humanidade para construir um mundo melhor.

LEONEL

Leonel é um espírito muito querido do meu coração. Já em nosso primeiro romance, ele me deu uma ideia do que teria sido em sua vida passada: escritor.

Sei que nasceu e viveu na Inglaterra, em sua última encarnação, assim como nas anteriores. Em Segredos da Alma, ele narra um pouquinho da sua história, juntamente com a da mulher que foi o grande amor da sua vida. Não foi um escritor dos mais famosos. Era um boêmio, mas alguém com tanta dignidade que logo despertou para os verdadeiros valores do espírito, e hoje está em condições de transmitir mensagens de otimismo e amorosidade. Eu mesma percebi isso no contato quase diário com ele e nas comunicações que transmite, sempre de forma mental.

Há algum tempo, ele me permitiu conhecer sua aparência. Leonel mostrou-se para mim na casa espírita, em um momento de profundo recolhimento e reflexão. Fisicamente, é um rapaz bonito. Cabelos negros, cheios, com feições delicadas e olhos azuis. Estatura mediana, magro, veio vestido com calça e bata brancas, descalço e com ar tranquilo. Tinha um rosto tão sereno, que me contagiou. Ali, ele me disse coisas que modificaram para sempre o meu modo de encarar certos aspectos da vida.

Sua proposta é a do crescimento e da disseminação do amor. É para isso que trabalha, é nisso que acredita e me faz também acreditar. Sem a esperança e a certeza na consolidação do amor, a vida não tem razão de ser. E o instrumento que ele encontrou para a realização desse propósito, no momento, foi a psicografia. Assim como eu, Leonel escreve por amor a si mesmo e ao próximo.

Considero Leonel mais um batalhador do invisível. Um espírito com enorme sabedoria e inigualável capacidade de amar. Um ser em evolução que conhece o caminho para o crescimento e sabe onde está a fonte do discernimento e da moral. Uma alma que cresce por meio do esforço próprio, do reconhecimento de suas imperfeições e da busca incessante do domínio sobre si mesmo. E é nisso, acima de tudo, que reside o seu valor.

Mônica de Castro

Direção de Arte: Luiz Antonio Gasparetto
Capa e Projeto Gráfico: Priscila Noberto
Diagramação: Andreza Bernardes
Revisão: Maria Glória Nolla Pires

1ª edição
5ª impressão — maio 2011
10.000 exemplares

Dados Internacionais de Catalogação na Publicação (CIP)
(Câmara Brasileira do Livro, SP, Brasil)

Leonel (Espírito).
De todo o meu ser / pelo espírito Leonel [psicografado por] Mônica de Castro -- São Paulo : Centro de Estudos Vida & Consciência Editora.
ISBN 978-85-7722-101-1
1. Espiritismo 2. Psicografia 3. Romance espírita I. Castro, Mônica de. II. Título.

10-06002 CDD-133.9

Índices para catálogo sistemático:
1. Romance espírita: Espiritismo 133.9

Publicação, distribuição, impressão e acabamento
CENTRO DE ESTUDOS VIDA & CONSCIÊNCIA EDITORA LTDA.

Rua Agostinho Gomes, 2.312
Ipiranga — CEP 04206-001
São Paulo — SP — Brasil
Fone / Fax: (11) 3577-3200 / 3577-3201
E-mail: grafica@vidaeconsciencia.com.br
Site: www.vidaeconsciencia.com.br

DE TODO O MEU SER
Mônica de Castro
pelo espírito Leonel

Prólogo

O sol mal acabara de nascer e Marianne já estava de pé, fitando com olhos marejados a imensa bola alaranjada que surgia no horizonte. Pela janela aberta, entrava uma brisa suave, trazendo o doce aroma do jardim, que a menina inspirou com prazer. Foi soltando o ar aos pouquinhos, sentindo imenso bem-estar.

Apanhou a túnica branca que passara a usar desde que chegara ali, vestiu-a com cuidado e penteou os cabelos, bem mais compridos. Olhou-se no espelho e sorriu. Nunca antes se julgara bonita. Agora, contudo, seu semblante havia adquirido um brilho e uma suavidade que até então não existiam.

Quando acabou de se vestir, ouviu batidas leves na porta e virou-se, no exato instante em que um rapaz alto e muito claro entrou.

— Bom dia, Marianne — cumprimentou, endereçando-lhe um sorriso jovial. — Como se sente hoje?

— Bem — respondeu ela, dando-lhe um beijo delicado nos lábios. — Graças a você, já consegui me reequilibrar.

— Graças a mim, não, graças a você mesma. — Percebendo o seu embaraço, ele prosseguiu com ternura. — O que foi?

Ela apertou as mãos dele e confessou:

— Em minha confusão mental, não lhe disse coisas que gostaria de ter dito...

— O que, por exemplo?

— Eu o amo. Sabia disso?

Ele sorriu e respondeu com emoção:

— Sabia sim. Não precisava dizer.

Era verdade. Pela primeira vez em muitos anos, Marianne dizia a Ross que o amava. E como o amava! Não fosse por ele, sua vida teria sido muito mais difícil. Aliás, a última encarnação de Ross teve praticamente uma finalidade: seu amor por Marianne era tanto que ele pedira para reencarnar ao seu lado, só para ajudá-la a atravessar o tortuoso caminho que escolhera. Fora o único.

— Estou muito feliz por ter você — tornou Marianne, também emocionada. — Hoje posso compreender muitas coisas. Principalmente a importância do amor.

Ross não disse nada. Sorriu e estendeu-lhe a mão, convidando-a para sair. Fazia já algum tempo que haviam chegado àquele lugar e se preparavam para uma nova jornada na terra, dessa vez, no Brasil. Estavam em uma cidade invisível, localizada no espaço astral situado bem acima de Londres, preparada para receber espíritos que, a exemplo de Ross e Marianne, haviam perdido suas vidas na guerra.

De mãos dadas, os dois saíram para o jardim. Marianne andava descontraída, como nunca pudera caminhar na Terra, a toda hora inspirando aquele ar revigorante. Sua aparência era a de uma menina de dezesseis anos, ao passo que Ross mantivera as feições do jovem maduro e muito seguro de si mesmo que já era aos vinte anos.

— O que será de mim agora? — questionou ela, ainda incomodada pela dor das muitas lembranças.

— Você sabe que vai reencarnar em breve.

— Não sei se terei coragem.

— Terá sim. Já passou pelo pior.

— Acho que não quero mais voltar. Quero ficar aqui. É tão bom...

— Você não pode, não deve. E os seus projetos de vida? Quer adiá-los?

Marianne olhou-o indecisa. Sua última encarnação, bastante difícil e dolorosa, fora uma escolha sua para acelerar a recomposição de seu corpo fluídico, tão comprometido pelos excessos do passado. Aquela vida não era nem de longe a vida que sonhara para si mesma. Era como uma encarnação intermediária, na qual fizera uma espécie de limpeza em seu corpo espiritual, preparando-o para uma outra jornada, dessa vez mais prazerosa e alegre.

Com os olhos úmidos, respondeu convicta:

— Não quero adiar nada. Já perdi muito tempo. Não vou mais desperdiçar a vida.

— Ninguém perde tempo. O tempo é o mestre dos nossos destinos, porque é através dele que vamos coletando experiências para o nosso crescimento. Ninguém desperdiça tempo. Nós o aproveitamos com maior ou menor intensidade, mas nunca de forma inútil.

— Tem razão. Só que, quando penso no que já fiz... Fui tão ruim... A vida toda, fui uma pessoa má.

— Não diga uma barbaridade dessas! Você sabe que não era má. Era apenas descontrolada, em virtude de suas dificuldades mentais e espirituais. Mas maldade... essa é uma palavra muito forte que, decididamente, não se aplica a você.

— Que bem fiz nessa encarnação?

— Transformou a si mesma e salvou a vida de seus irmãos. Só isso já é o suficiente.

Ela não respondeu. Sentaram-se na grama do jardim para trocar ideias com uns amigos, e Marianne pousou a cabeça no ombro de Ross, distanciando-se da conversa. Não estava triste, mas seu olhar, de repente, começou a divagar pelo horizonte, evocando lembranças dos últimos tempos.

Duas grossas lágrimas surgiram em seus olhos, e ela apertou o braço de Ross. O rapaz afagou os seus cabelos, e ela questionou:

— Como será a vida no Brasil?

— Deve ser boa, não sei. Dizem que é um país muito bonito.

— Vou deixar todo mundo aqui.

— Ao contrário, todos já foram para lá.

— Menos minha mãe.

— Você sabe que ela pertence a outra realidade. Vocês formaram elos poderosos e perpétuos, que a distância não poderá desfazer.

Marianne calou-se acabrunhada. Partiria em breve para uma nova encarnação no Brasil, junto daqueles que a vinham acompanhando por muitas vidas. Kate, contudo, não fazia parte desse grupo. Conhecera-a naquela vida, quando ela se dispusera a recebê-la como filha, não fazia muito tempo. Com o tempo, aprendera a gostar dela. E quem poderia não gostar de Kate?

PRIMEIRA PARTE

1

Tudo começou quando Marianne completou sete anos. Corria o mês de janeiro, e fazia bastante frio naquela época do ano. Ainda assim, seus pais haviam lhe preparado uma bonita festa. Ela era a mais velha de quatro filhos, com olhos expressivos que variavam do verde para o azul e cabelos negros que lhe caíam fartamente sobre os ombros. Não era feia, contudo, sua beleza não era algo que impressionasse ou detivesse a atenção de alguém por muito tempo.

Morava numa casa grande e confortável, em um bairro da periferia de Londres. O pai era engenheiro e tinha um emprego razoável numa construtora local, e a mãe ocupava os dias cuidando da casa e das crianças. Marianne não era muito sociável e quase não brincava com os irmãos, preferindo a companhia do primo, que morava na casa ao lado da sua.

Quatro anos mais velho, Ross era filho único do irmão de seu pai, que perdera a mulher alguns anos atrás, vítima da tuberculose. Sozinho com uma criança, Nathan mudou-se para perto do irmão, onde a cunhada poderia ajudar na criação do menino.

Às três horas em ponto, os convidados começaram a chegar. Não havia muitos; apenas algumas coleguinhas da escola, cujos pais haviam aceitado o convite após exaustiva insistência, e outros primos que moravam mais distante. Marianne recebia os abraços e os presentes com indiferença e não disfarçava a irritação quando solicitavam a sua presença, privando-a da companhia do primo.

— Não sei o que se passa com essa menina — queixou-se a mãe. — Fazemos de tudo para agradá-la, mas parece que nada a satisfaz.

— Não ligue — contestou a irmã. — Criança é assim mesmo.

— Sei o que estou dizendo, Jane. Marianne sempre foi esquisita, desde pequenina.

— Não devia falar assim da sua filha.

— Mas é verdade. Ela nunca foi afetuosa nem sociável. E receio que não seja muito inteligente também.

— Marianne é apenas uma menina. Só precisa de amor.

— Você pensa que David e eu não lhe damos amor?

— Sinceramente? Acho que não o bastante.

— Como você pode dizer uma coisa dessas? Fazemos tudo por nossos filhos. Por todos. Veja só a festa que preparamos para Marianne!

— Acha mesmo que é disso que Marianne precisa?

— Toda criança gosta de festas, doces, brinquedos...

— Crianças precisam é de amor!

— Você está sendo injusta. Nós amamos muito Marianne.

— Pois então, deviam demonstrar-lhe mais. Só o que vejo são cobranças. Vocês cobram de Marianne um comportamento que ela não sabe ou não pode ter. Por que não a aceitam do jeito que é e param de exigir que ela seja do jeito como vocês gostariam que ela fosse?

— Por que está falando dessa maneira? — tornou Kate, ressentida. — Sabe que nos esforçamos para que nada falte a nossos filhos. David tem trabalhado muito para lhes dar uma vida melhor. As coisas não são fáceis.

Na mesma hora, Jane se arrependeu do que dissera. Não tinha o direito de julgar a irmã.

— Perdoe-me — falou. — Não queria magoá-la. É que me preocupa o temperamento de Marianne.

— Todo mundo já notou, não é mesmo? — Jane titubeou. — Vamos, pode falar. Todos já perceberam que Marianne não é uma garota normal.

— Não sei se normal é bem o termo. Marianne é muito calada, quieta, triste. Não é como as meninas da sua idade.

— David e eu também já percebemos isso.

— Por que não experimentam levá-la a um médico?

— Para que médico? Marianne é uma menina saudável.

— Não me refiro a esse tipo de médico.

— A que tipo se refere então? Não vá me dizer que acha que eu deveria levar Marianne a um psiquiatra.

— Qual o problema?

— Minha filha não é maluca.

— Não estou dizendo que é. Mas talvez precise de ajuda. Alguém que a entenda e fale com ela.

— Por que não eu? Sou a mãe dela.

— Não é a mesma coisa. E não era bem a psiquiatra que me referia, mas a um psicólogo. Uma amiga minha foi e gostou muito.

— Mas que ideia, Jane! Levar minha filha a um médico de loucos?

— Não é médico de loucos. Os psicólogos ajudam as pessoas a compreenderem-se a si mesmas.

— O que é que uma menina de sete anos precisa compreender de si mesma? Não entende nem o mundo ainda.

— Por isso mesmo. Talvez ela não esteja conseguindo uma boa compreensão do mundo, de si própria, de sua vida.

— Besteira! Marianne não precisa de nada disso. Ela é esquisita porque tem um gênio ruim e não é muito inteligente. O que podemos fazer? Foi Deus quem quis assim.

Era inútil discutir com Kate, e Jane silenciou.

A irmã não entendia ou preferia não entender. Qualquer observador mais atento teria notado que Marianne possuía mesmo algo estranho. Não o temperamento ou a estupidez, como pensava Kate, mas, provavelmente, algum problema psicológico. Quem sabe alguma experiência traumática? As crianças costumam ser muito impressionáveis, e talvez Marianne tivesse visto ou vivido alguma coisa difícil que não contara aos pais.

Estavam em 1931 e, naquela época, as coisas não eram assim tão fáceis. O medo e a ignorância elevavam os problemas psicológicos ao patamar de verdadeiras desgraças, temidas e negadas por quase toda a sociedade. Ninguém sabia lidar com os distúrbios da mente, e qualquer comportamento que fugisse aos padrões de normalidade corria o risco de ser taxado de loucura, e a pessoa, levada a tratamento em hospícios sombrios onde a doença tendia a piorar.

Jane pediu licença à irmã e foi ver os filhos. As crianças brincavam no jardim em frente da casa, construindo um boneco grande e gordo e atirando bolas de neve umas nas outras. Encostada numa árvore, Marianne espremia a neve com as mãos, fazendo pequenas bolas que ia jogando no chão. Do outro lado, Ross corria com os demais meninos, parando de vez em quando para olhar para ela.

No meio da brincadeira, Paul, filho mais velho de Jane, aproximou-se por detrás dela. Sem fazer barulho, deu um salto e agarrou a cintura da prima, dizendo com uma voz que, propositalmente, tornou rouca e fantasmagórica:

— Peguei você, Marianne.

Na mesma hora, Marianne pôs-se a gritar e chorar, enquanto ia andando para trás, tentando fugir para a rua.

— Não! Não! Saia daqui! Afaste-se de mim! Vá embora! Vá embora!

Assustado com a reação da prima, em quem apenas pretendia dar um susto, Paul foi seguindo-a para desculpar-se. Quanto mais perto ele chegava, mais ela se apavorava e gritava:

— Saia daqui, demônio! Não o chamei! Mamãe! Mamãe!

Ouvindo aquela gritaria, Kate correu para ela e sacudiu-a pelo ombro, exclamando preocupada:

—Marianne! O que houve? O que aconteceu?

— Mamãe! — continuava ela a berrar. — Quero minha mãe!

— Estou aqui, tenha calma.

Marianne olhou-a como se não a conhecesse, imaginando quem seria aquela mulher que lhe falava como se fosse sua mãe. Debatia-se desesperadamente, na tentativa de desvencilhar-se, ao mesmo tempo em que gritava aterrada:

— Não! Você não é minha mãe! Não conheço você. Onde está minha mãe? Onde está?

Alguns parentes tentaram acalmá-la com palavras doces e, ao mesmo tempo, carregadas de uma repreensão velada:

— Já passou. Foi só um susto. Foi brincadeira.

— Que brincadeira? Quem são vocês?

Todos se entreolharam atônitos. Ela parecia delirar. Foi então que David veio lá de dentro, gritando com ela:

— Se isso é alguma piada, não tem a menor graça. Está assustando sua mãe. Pare já com isso!

— Onde está, mamãe? Não posso vê-la. Mãe! Mãe!

— Quieta, Marianne! — esbravejou David, agora bastante enfurecido. — Onde já se viu estragar assim a sua própria festa?

Presa pelas mãos da mãe, Marianne se debatia e urrava feito louca, até que o pai, não aguentando mais aquela balbúrdia, desferiu-lhe uma bofetada no rosto, e ela desabou no chão, chorando convulsivamente.

— Não faça isso — queixou-se a cunhada. — Não vê que ela é apenas uma criança?

— Não se meta — rilhou entre os dentes, sentindo raiva da vergonha a que ela o expusera. — Marianne precisa é de umas boas palmadas.

Jane retrocedeu. Não queria brigar e não tinha o direito de se intrometer. Buscou com os olhos o marido, que lhe fez um sinal quase imperceptível, e foi para junto dele.

— O que David está fazendo não está certo — comentou baixinho.

— Ele é o pai — tornou Bill. — É melhor não nos metermos.

Enquanto isso, David continuava a berrar:

— Levante-se, vamos! Ou quer realmente apanhar diante de todos os seus convidados?

Encolhida no chão, Marianne não ousava levantar os olhos. Chorava descontrolada, sem entender o que estava acontecendo. Tinha medo daquelas pessoas e não queria ficar com elas.

Conhecendo-a como a conhecia, Ross resolveu agir. Abrindo caminho entre os convidados, alcançou-a e pediu licença ao tio para se ajoelhar ao lado dela. Percebendo-lhe a presença, Marianne, como que atingida por um raio de lucidez, retornou à consciência e recordou-se de onde estava e quem eram aquelas pessoas. Envergonhada, esticou os braços e atirou-se no colo do primo, desabafando num lamento:

— Ross... ajude-me... Não sei o que me deu...

— Está tudo bem. Não foi nada. Já passou. Agora vamos, levante-se ou vai ficar gripada.

Em silêncio, Marianne se levantou e deixou-se conduzir por Ross, que a levou para dentro, com Kate logo atrás.

— O que foi que deu em você? — indagou a mãe, totalmente aturdida. — Ficou maluca?

Marianne não respondeu. Nem ela sabia por que tinha feito aquilo. Só o que sabia era que, ao ouvir aquela voz, dentro dela despertara um medo inexplicável, como se um inimigo há muito perdido a tivesse, finalmente, reencontrado.

2

Enquanto se desenrolava o drama de Marianne, um espírito sombrio comemorava sua vitória. Aproveitando-se da mediunidade de Paul, aproximara-se dele e inspirara-lhe a ideia do susto, das palavras e do tom de voz que deveria usar. Sem de nada desconfiar, Paul seguiu a sugestão do invisível, realizando exatamente o que o ser das trevas desejava.

Finalmente conseguira se aproximar. Até então, Marianne estava guardada por defensores iluminados que o mantinham afastado. Durante muito tempo, ele a seguia e a vigiava de longe, sempre acompanhado por aqueles seres que se faziam superioridade moral.

Como aquele era o dia do sétimo aniversário de Marianne, ele comparecera à festa, mesmo sem ser convidado, na esperança de que um descuido dos protetores lhe facilitasse, ao menos, uma pequena aparição. Todavia, ao chegar à casa dela, notou, surpreso, que os espíritos de luz não estavam ali. No começo, desconfiou e permaneceu afastado, acompanhando os passos da menina. Mas as horas foram passando, e nada de os espíritos aparecerem. Finalmente, reuniu coragem para agir.

Foi assim que se aproveitou de Paul. Menino dado a travessuras maldosas, à primeira sugestão, acedeu à sua vontade, executando o plano que ele idealizara para assustá-la. O resultado foi excelente, melhor do que o esperado. E qual não fora a sua surpresa ao perceber que Marianne o vira através dos olhos do primo. Não só o vira, como também, inconscientemente, o reconhecera!

Quase não conteve a euforia. Ainda percorreu todos os cantos da casa, para se certificar de que nenhum ser iluminado o incomodaria. Vendo-se sozinho, sentiu-se confiante. Os anjos protetores de Marianne haviam ido embora[1].

O espírito acompanhou-a até o quarto, para onde Ross e a mãe a haviam levado a fim de trocar as roupas molhadas. Ao ver o seu corpinho nu, não pode deixar de fazer uma observação sarcástica:

— Ora, ora, Marianne. Você está muito magrinha agora. Nem parece aquela mulher exuberante que foi um dia.

Soltou estrondosa gargalhada, que Marianne ouviu nitidamente, embora não conseguisse ainda vê-lo.

— Quem é? — indagou temerosa. — Quem está aí?

— Não há ninguém aqui — respondeu a mãe de má vontade, enquanto enfiava uma blusa pela cabeça da filha.

— Mas eu ouvi alguém rindo.

— Devem ser seus amigos lá embaixo.

Ela se aproximou da porta do quarto, que estava fechada, e chamou:

— Ross! É você?

Do outro lado, o primo respondeu:

— O que foi, Marianne?

— Foi você quem deu essa risada?

— Que risada?

A menina fitou a mãe, que a olhava com ar recriminador.

— Pare com essa besteira e venha terminar de se vestir. Já não basta o que aprontou hoje?

Em silêncio, Marianne voltou para junto dela e terminou de se trocar. Por prudência, não fez mais nenhuma pergunta, pois a mãe estava visivelmente aborrecida, e era melhor não a provocar. Em seu íntimo, porém, continuava a indagar quem dera

---

1 É aos sete anos que a criança inicia o seu processo de individualização, passando a direcionar-se pelo caminho espiritual, de acordo com suas tendências e assumindo suas próprias responsabilidades. Por isso, até essa idade, os espíritos superiores se mantiveram mais próximos de Marianne, a fim de evitar que inimigos astrais conseguissem abalar a formação de suas bases para a vida física e a espiritual, que se formam durante os primeiros sete anos de vida (Nota da Autora).

aquela risada. Ouvira nitidamente. Tinha certeza de que não haviam sido as outras crianças. Era uma risada cínica, ruidosa, maléfica. Sim. Aquela gargalhada tinha algo de maligno que a assustara, e ela se arrepiou toda.

— Fui eu, Marianne — respondeu o espírito. — Seu amigo Luther, não se lembra? Bonito nome, esse que escolheram para você. Marianne...

Ela deu um salto para trás. Ouviu claramente o que ele dissera e se assustou. Conhecia aquela voz e sentiu uma presença familiar. Era de alguém que representava uma ameaça.

— O que foi? — tornou Kate. — Ainda ouvindo vozes?

Apavorada, Marianne abriu a porta do quarto e correu para fora, encontrando Ross no corredor, parado perto da escada.

— Puxa! — exclamou ele. — Até que enfim...

Ela não lhe deu tempo de terminar. Atirou-se em seus braços, toda trêmula, e começou a chorar baixinho.

— Vamos embora logo — chamou a mãe. — Todos devem estar preocupados. Também, onde já se viu fazer o escândalo que você fez só por causa de uma brincadeira? Vamos, Ross, traga sua prima para baixo.

Ross percebeu que havia algo errado com a menina, mas preferiu silenciar. Se dissesse alguma coisa, a tia ficaria ainda mais zangada. Kate passou por eles e foi descendo as escadas, murmurando o que deveria ser uma recriminação.

— Não quero ir — protestou Marianne. — Tenho medo.

— Medo de quê? — retrucou Ross.

— Não sei. De Luther.

O nome brotou espontaneamente de seus lábios, como se ela já o tivesse ouvido muitas e muitas vezes, embora não se lembrasse onde nem quando.

— Luther? — tornou Ross, em dúvida. — Quem é Luther?

— É alguém que apareceu...

— Não diga isso — censurou ele, colocando os dedos sobre seus lábios. — Quer que sua mãe fique zangada?

— Como é que é? — era a voz de Kate, chamando do pé da escada. — Vocês dois vêm ou não vêm?

Ross lançou um olhar encorajador a Marianne, segurou-lhe a

mão com firmeza e desceu com ela. No andar de baixo, as crianças já estavam na sala, esperando para cantarem o Parabéns. Havia começado a nevar, e algumas pessoas queriam ir embora, com medo de que a neve aumentasse e os retivesse ali.

A aniversariante tomou lugar atrás do bolo, sempre com Ross a seu lado, alguém acendeu as velas e todos começaram a cantar:

— Parabéns pra você...

De onde estava, Marianne via os rostos ao seu redor. A mãe fingia que nada havia acontecido. O pai estava carrancudo, tentando disfarçar o mau humor. Os pais de suas colegas de escola estavam meio sem jeito, querendo arranjar uma boa desculpa para ir embora.

Enquanto as vozes prosseguiam cantando, ela passou os olhos pela sala. Ao fundo, perto da porta, um homem estranho a olhava fixamente. Era alto, magro e vestia roupas negras. Batia palmas vagarosamente e sorria um sorriso irônico e debochado. Uma sensação de familiaridade a invadiu, e ela o encarou, a pele se arrepiando toda quando ele lhe atirou um beijo.

— Quem é você? — pensou.

— Sou seu amigo Luther — respondeu o homem em voz alta e soltando nova gargalhada.

Aquilo foi o suficiente para descontrolá-la. Completamente aterrada, Marianne fez menção de fugir, mas o olhar severo dos pais a impediu. Parecia que uma multidão gritava sem parar, e ela foi se sentindo invadida por aquela gritaria, como se centenas de vozes clamassem ao mesmo tempo por vingança.

A seu lado, o primo percebeu que havia algo errado. Seguiu o olhar apavorado da prima, mas não viu nada perto da porta. Ficou olhando para ela, tentando entender a sua angústia, até que ela levou as mãos aos ouvidos, e o corpo todo amoleceu. Segundos depois, desabou no chão, desmaiada, e as vozes silenciaram.

David ergueu a filha no colo e deitou-a no sofá. Como ardia em febre, ele estacou alarmado. Pediu ao irmão que fosse chamar o médico e mandou que a mulher servisse bolo aos convidados. Kate, agora seriamente preocupada, ia cortando o bolo e distribuindo as fatias, enquanto se desculpava:

— Sinto muito, minha gente. Marianne não está bem. Deve ser gripe. Está fazendo muito frio.

Os convidados, mais por educação do que por desejo, aceitavam a fatia de bolo, comiam-na rapidamente e, pedindo licença, iam-se retirando, com a desculpa de que seria melhor deixar que Marianne descansasse. Quando o médico chegou, examinou-a detidamente. Ela estava com muita febre e a garganta parecia inflamada.

— Não se preocupem — disse ele, ao final do exame. — Ela está com uma gripe muito forte, mas vai ficar boa. Deem-lhe xarope e essas pílulas, façam-na ficar em repouso, e ela logo voltará ao normal.

— Doutor... — gaguejou Kate. — Será que é só isso mesmo? Ela hoje falou coisas sem sentido, nem parecia nos reconhecer.

—Sintomas da febre alta, minha senhora. A menina estava tendo alucinações.

Kate e David agradeceram e pareceram satisfeitos. Levaram-na de volta para o quarto e a puseram na cama.

— Posso ficar aqui com ela, tia Kate? — pediu Ross.

— Isso é com seu pai — respondeu David.

Ross encarou o pai com ansiedade. Nathan coçou o queixo e piscou para ele, acrescentando com bonomia:

— Está bem. Se sua tia não se importar...

— Não me importo — falou Kate. — Vai fazer bem a Marianne.

Nathan se foi, e Kate tratou de cuidar dos outros filhos. Com aquela confusão, haviam ficado de lado, e eram ainda muito pequenos para se arranjar sozinhos. Mais novos que Marianne, havia Roger, com cinco anos, em seguida Kevin, com três, e, por último, a pequena Suzie, de apenas um ano.

Kate apanhou Suzie no colo e chamou os outros dois, que saíram atrás dela. Depois de acomodá-los na cama, foi ver como Marianne estava passando. Abriu a porta do quarto vagarosamente, e Ross levantou a cabeça. Estava ajoelhado ao lado dela, o rosto pousado sobre o colchão, quase adormecido.

Puxando-o pela mão, Kate ajudou-o a se levantar. Em silêncio, estendeu um cobertor no chão, colocou sobre ele um lençol e um travesseiro e mandou o menino se deitar, cobrindo-o com uma grossa manta de lã. Já bastante sonolento, Ross tornou a se deitar e imediatamente adormeceu, somente despertando no dia seguinte, com Marianne sentada a seu lado.

— Bom dia, amiguinho — cumprimentou ela, dando-lhe um beijo na face.

— Como está? — retrucou o primo carinhosamente. — Melhor?

— Não sei. O que foi que tive?

— Não se lembra?

Ela estreitou a vista, puxando pela memória, e respondeu hesitante:

— Lembro...

Aos poucos foi recobrando a lembrança daquele ser maligno, e seu coração disparou.

— O que foi? — preocupou-se Ross.

— Aquele homem...

— Que homem?

— Não sei. Era feio, esquisito. Falou comigo.

— Quem? Não vi ninguém.

— Eu vi. Disse que seu nome era Luther e que era meu amigo.

— Você está imaginando coisas.

— Não estou não. Eu o vi, tenho certeza. — Ela levou a mão à boca e acrescentou espantada: — Será que era um fantasma?

— Credo, Marianne!

A porta do quarto se abriu, e Kate apareceu com um frasco de vidro e uma colherzinha. Experimentou a testa da filha, entornou o xarope na colher e fez com que ela o bebesse.

— Vejo que está melhor, graças a Deus.

— Estou sim.

— Ótimo. Que susto nos deu, hein? Falando aquelas coisas...

Marianne encarou o primo e disse, sem desviar os olhos dos dele:

— Mamãe, acho que vi um fantasma.

Kate pousou o vidro de xarope na mesinha, colocou a mão na cintura e repreendeu com uma certa impaciência:

— Deixe de bobagens. O doutor Brown disse que foi tudo alucinação. Você estava com muita febre. E agora, chega dessa tolice — encerrou o assunto e virou-se para o sobrinho. — Vamos, Ross, levante-se e vá se lavar. Já está na hora do café.

— Ah! titia, deixe-me ficar aqui.

— Nada disso. Você não está doente. Desça e tome seu café.

— E Marianne? Não vai comer nada?

— Não estou com fome... — protestou ela.

— Você também precisa se alimentar — objetou a mãe. — Depois que Ross terminar de tomar o seu café, poderá lhe trazer uma bandeja. Está bem assim?

Não havia como contestá-la. Em silêncio, Ross se levantou e fez como ela lhe ordenou. Terminado o desjejum, pegou a bandeja e levou-a para a prima, com leite, pão, manteiga, queijo e uma fatia do bolo de aniversário. Como gostava de Marianne! Ela não era sua irmã, mas bem que poderia ter sido. Ou, quem sabe, mais tarde poderia ser sua namorada? Será que poderiam? Eles eram primos, e ele não sabia se primos podiam namorar.

Mas ele a amava tanto!

3

Como Marianne era uma menina fisicamente saudável, logo se recuperou da gripe, e a vida retomou a normalidade. Ou quase. Na escola, as crianças a olhavam com desconfiança. Se antes já não simpatizavam muito com ela, agora então, passaram a achá-la deveras esquisita. Ela entrou, cabisbaixa como sempre, e foi sentar-se em seu lugar habitual. O professor ensinava as primeiras letras, mas Marianne não parecia muito interessada. Ficava rabiscando o caderno, fazendo desenhos estranhos, linhas desconexas. Em dado momento, o professor olhou para ela, bateu com a varinha na mesa e exclamou em tom severo: Marianne! Onde é que está com a cabeça?

A menina olhou-o assustada. Por que estava gritando com ela? Permaneceu em silêncio, encarando-o com ar de espanto, enquanto ele a fuzilava com os olhos e continuava a lição. Ao término da aula, Marianne arrumou o material e saiu sem dizer uma palavra.

Do lado de fora, Ross já a aguardava, como sempre. Ele e Marianne estudavam em escolas diferentes: uma para meninos, e outra só para meninas. Como, porém, as duas escolas ficavam próximas, costumavam ir e voltar juntos todos os dias. Assim que o viu, Marianne correu para ele e tomou-lhe a mão.

— Demorei muito? — indagou, visivelmente feliz.

— Não. Cheguei ainda agora.

Seguiram de mãos dadas e conversando. Ross era a única

pessoa com quem Marianne conversava. Não tinha amigos. À exceção do primo, todas as outras crianças lhe pareciam sem graça e aborrecidas.

Ross abriu a porta de casa, dando-lhe passagem. Como de costume o pai dele saía bem cedo para trabalhar, e o menino ficava aos cuidados da tia, até que Nathan voltasse, no começo da noite.

— Olá, tia Kate — cumprimentou ele amistosamente.

— Boa tarde, crianças. Como foram na escola?

— Bem...

Marianne passou por ela sem lhe prestar muita atenção e subiu para o quarto. Ia trocar-se e lavar as mãos, e só então desceria para o almoço. Apanhou um vestido velho no armário, estendeu-o sobre a cama e começou a desabotoar a blusa do uniforme. Ao se virar na direção da janela, aquele homem lhe surgiu novamente. Sentado no parapeito, balançava as pernas e sorriu para ela. Marianne sufocou um grito de pavor e recuou dois passos. Pensou em fugir correndo, mas algo nele a deteve. Ergueu os olhos, assustada, e o encarou. Enchendo-se de coragem, balbuciou:

— O... o que... quer, moço? Quem o deixou entrar?

Ele saltou da janela, passou por ela e sentou-se na cama, que não afundou nem fez qualquer barulho.

— Quero ser seu amigo — respondeu com ironia.

Ela se afastou um pouco mais, aproximando-se da porta, e retrucou temerosa:

— Vá embora... Por favor...

— Por quê? Não gosta de mim?

— Você me assusta.

— Não quero assustá-la. Sou seu amigo, e você devia confiar em mim.

— Como posso confiar em alguém que me dá medo?

Ele soltou nova gargalhada e acrescentou:

— Sou o único que a entende. Sei o quanto você sofre.

— Sabe?

— Sei sim. Ninguém a compreende, não é mesmo? Todos a acham estranha, chamam-na de esquisita. E as outras crianças não gostam de você. Você não tem amigos, e sabe por quê? — ela fez que não. — Porque as outras crianças são todas umas idiotas.

— São?

— É claro. Não sabem de nada. Não têm o seu dom especial.

— O que é isso?

— Um dom é um presente...

— Presente? — repetiu desconfiada. — Quem me daria um presente?

— Hum... deixe ver... no seu caso... bem, isso não importa. O que importa é que você recebeu esse... presente e deve usá-lo.

— Usá-lo como, se nem sei de que presente se trata?

Ele soltou nova gargalhada, cruzou as pernas e fitou-a com profundidade, deixando-a incomodada com a insistência de seu olhar.

— Você fala com os mortos, Marianne — revelou friamente.

Ela abriu a boca, aterrada, e encostou-se na parede, pensando que ia desmaiar.

— Você está morto?

— Bem, sim e não. Digamos que estou morto para o seu mundo. Mas no meu, continuo bem vivo.

— Não acredito em você.

— Não acredita? Pois olhe.

Luther levantou-se da cama, aproximou-se da parede em que ela estava encostada e atravessou para o outro lado, voltando em seguida e parando bem junto a ela. Pelo seu ar apavorado, ele podia perceber que ela se convencera. Quem não se convenceria?

— Não se assuste nem fique triste — prosseguiu ele. — Esse seu dom é especial.

— Mas... não o quero, tenho medo... Minha mãe... quero minha mãe.

Ela começou a choramingar e fez menção de sair, mas ele a deteve com um gesto.

— Não precisa ter medo de mim. Não estou aqui para lhe fazer mal.

— Por que me escolheu?

— Eu não escolhi você. Foi você quem me escolheu.

— Mas eu nem conheço você!

— Conhece sim. Só que não se lembra. Vamos, não se assuste comigo. Afinal, não sou tão feio assim, sou?

Marianne começou a se acalmar. Realmente, ele não era feio nem tentara lhe fazer nenhum mal. Será que era mesmo seu amigo como lhe dizia? Mas por que isso tinha que acontecer com ela? Nunca havia ouvido falar que qualquer de suas colegas da escola conversasse com fantasmas.

— Você é diferente — respondeu Luther, que mentalmente ouvira a sua pergunta. — Quantas pessoas você conhece que falam com os mortos? Provavelmente, nenhuma. E sabe por que você consegue? — Ela meneou a cabeça. — Porque você também é uma menina especial. Tem uma coisa aí dentro da sua cabecinha que funciona de maneira diferente e faz com que você veja coisas que ninguém mais vê. Não é verdade?

— É... — respondeu hesitante.

— Pena que ninguém vai conseguir compreender... E sabe o que vai acontecer? Eles vão pensar que você é louca.

— Eu não sou louca!

— Não, não é... ou quase.

— Não quero que você se zangue, Luther, mas não preciso de você. Eu tenho o Ross. Não quero ser amiga de nenhum fantasma.

— Tem certeza?

— Tenho.

Luther a mirava fixamente e falou com voz sonora:

— Olhe, para provar que sou seu amigo, vou fazer um trato com você. Não vou mais aparecer para você, a menos que me chame.

— Não vou chamar você.

— Vai sim. Quando as coisas ficarem ruins, vai ver que sou o único amigo capaz de entendê-la. E aí então, vai me chamar.

Ela estava realmente confusa, sem entender por que aquele espírito fora ali para atormentá-la. Talvez fosse melhor pedir ajuda à mãe, que já era grande e sabia resolver muitos problemas.

— Eu não faria isso se fosse você — prosseguiu ele.

— Fazer o quê?

— Contar à sua mãe.

— Como é que sabe que estou pensando em contar à minha mãe?

— Sei muitas coisas.

— Você não conhece minha mãe. Ela vai mandar você embora.

— Ela vai chamá-la de louca ou mentirosa.

— Não vai, não!

— E vai precipitar as coisas.

— Que coisas?

Fazendo ar de mistério, ele não respondeu. Marianne estava muito confusa e assustada. Ficara tanto tempo no quarto, conversando com Luther, que nem percebeu a hora passar. Demorou tanto que a mãe, da cozinha, pôs-se a gritar o seu nome, sem que ela ouvisse. Kate teria mandado Ross ir buscá-la, mas o menino estava comendo, e ela resolveu ir pessoalmente chamá-la.

Já na porta do quarto, parou com a mão na maçaneta. Ouviu a voz de Marianne do lado de dentro, conversando sabe-se lá com quem, e levou um susto. Encostou o ouvido à porta e pôs-se a escutar. Ela falava sozinha!

— Por que não me responde? — indagou Marianne, em seu aparente monólogo.

Pausa... Kate não escutou a resposta de Luther. Só o que ouviu foi a voz da filha:

— Não entendo você. Fala de coisas estranhas.

Novamente a resposta silenciosa, e a voz de Marianne se fez ouvir outra vez:

— Amigo... Você quer é me enganar. Pensa que não sei?

Silêncio. Depois de uma breve pausa, Marianne falou de novo:

— Se é meu amigo como diz, por que não para de me assustar?

Nova pausa, novo monólogo:

— Eu preferia que você fosse embora...

Kate não suportou mais. Escancarou a porta e entrou feito um furacão, assustando ainda mais a menina.

— Muito bem, Marianne! — esbravejou. — Com quem está falando?

Aturdida, ela olhou para Luther, que lhe sorria com ar irônico. Ele continuava ali sentado, mas a mãe, com certeza, não o via.

— Estou esperando uma resposta! — prosseguiu Kate. — Com quem estava falando?

Apesar do medo, Marianne resolveu contar a verdade. Afinal, Luther estava mesmo ali, e não era culpa dela se ele resolvera assombrá-la.

— Com Luther... — respondeu ingenuamente. — Ele é um fantasma e quer ser meu amigo.

— Como? Fantasma? Que história é essa?

— É... Ele está morto.

— Deixe de besteiras. Não acha que já está ficando grandinha para inventar essas bobagens?

— Não estou inventando. Luther é de verdade.

Kate a fitou desconfiada, imaginando se ela não estaria com febre novamente. Aproximou-se e experimentou-lhe a testa. Estava fria.

De onde estava, Luther soltava gargalhadas diabólicas, e Marianne contestou:

— Não sei qual é a graça...

— Com quem está falando? — indagou a mãe, bastante aborrecida. — Você não está com febre. Não pode estar tendo alucinações.

— É o Luther, já disse. Ele está rindo de mim.

— Ele está aqui? Onde?

— Bem ali, sentado na cama.

Marianne apontou para a cama, e Kate olhou abismada. Não havia nada ali. Apenas o vestido que Marianne retirara do armário e se esquecera de vestir. Luther, invisível, dobrava o corpo de tanto rir.

— Deixe dessas bobagens. Não tem ninguém ali.

— Tem sim. Eu o estou vendo. Ele agora está rindo de você.

— Você não pode estar vendo o que não existe. Não tem ninguém ali, não existe nada ali. Pare de inventar essas coisas!

— Mas mãe...

— Basta, Marianne! Não quero mais escutar essas sandices. Trate logo de se trocar e desça para o almoço. Fantasmas não existem, e se você está vendo um, é porque ou está louca, ou está mentindo!

Saiu batendo a porta, furiosa, e Marianne começou a chorar, ocultando o rosto no vestido. Impassível, Luther levantou-se da cama e ajoelhou-se ao lado dela, cochichando bem baixinho ao seu ouvido:

— Eu não falei?

Desapareceu, sem que Marianne percebesse por onde. Ela se espantou, procurando-o por todo o quarto. Como não o viu, ficou cismada. Será que a mãe tinha razão? Será que fantasmas não existiam realmente, e ela...

Teve medo até de pensar. Ela não era mentirosa, então, será que não estaria mesmo ficando louca?

4

Daquele dia em diante, Luther desapareceu, e Marianne começou a desconfiar que ele não existia no mundo real. O doutor Brown dizia que as crianças tinham uma imaginação muito fértil. Ross lhe explicou que aquilo queria dizer que as crianças costumavam imaginar coisas estranhas e fantásticas, como, de certo, acontecia com ela. Era uma menina normal, só que com uma mente fértil e muito criativa.

Mas a vida de Marianne estava longe de ser normal, e era na escola, principalmente, que seu comportamento estranho se revelava. Naquele momento, o professor desenhava algumas consoantes no quadro-negro, e as crianças acompanhavam na cartilha. Todas prestavam atenção, e muitas já conseguiam formar as primeiras sílabas. Apenas Marianne parecia alheia. Rabiscava o caderno com o lápis, desenhando formas desconexas, e só de vez em quando olhava para o professor.

O senhor O'Neill era um homem austero e não permitia desrespeitos em sua sala. E uma aluna que não prestava atenção à aula, para ele, era uma falta imperdoável. Ainda mais se a faltosa fosse reincidente. Ante a distração de Marianne, bateu com a varinha na mesa, como fazia sempre, e foi-se aproximando dela, enquanto falava com raiva:

— Divagando de novo, Marianne? A aula está muito aborrecida para você? Gostaria de algo mais divertido? Que tal... aula de desenho?

Bruscamente, arrancou-lhe o caderno, e Marianne levou um susto. Olhos baixos, sentiu que ia chorar. Parado a seu lado, o senhor O'Neill parecia maior do que realmente era, e ela encolheu-se toda. Cada vez mais empertigado, ele não parava de recriminá-la:

— Seu comportamento está ficando deveras impertinente. Não vejo outro jeito. Terei que lhe aplicar um corretivo — ergueu a varinha bem diante de seus olhos e ordenou: — Vamos, estenda as mãos!

Apesar do medo e da revolta, Marianne fez como ordenado. Estendeu as mãos para a frente, e o professor desferiu-lhe um golpe moderado com a varinha, fazendo surgir linhas vermelhas na alvura de suas palmas.

— Espero que tenha aprendido a lição — falou secamente.

Recolocou o caderno na frente da menina e voltou para o seu lugar. As outras crianças nem respiravam. Apesar do medo que todas sentiam dele, ninguém se condoeu de Marianne. Acharam até bem feito. Não gostavam mesmo dela. Era esquisita, carrancuda, não se dava com ninguém. Bem que merecera.

Marianne, por sua vez, sentia-se triste e humilhada. Olhou para a vermelhidão em suas mãos e sentiu que lágrimas quentes deslizavam pelo seu rosto. Engoliu o choro. Se o senhor O'Neill escutasse o seu pranto, lhe daria outra bronca e poderia até bater-lhe de novo.

Quando a aula terminou, Marianne recolheu o material e saiu. No corredor, algumas meninas conversavam e cochicharam algo quando ela passou. Depois, começaram a rir, olhando-a com ar de sarcasmo. Sentiu vergonha e raiva. Teve vontade de esganá-las, mas fingiu que nada percebeu e seguiu adiante.

Do lado de fora, Ross a aguardava, como sempre. Ela chegou cabisbaixa, e ele logo percebeu que algo havia acontecido. Tomou-a pela mão, que ela puxou com um ai quase inaudível, escondendo-a dentro do bolso do casaco.

— O que foi que houve? — indagou Ross, puxando a mão dela do bolso e espantando-se com o tênue vergão que ainda a manchava. — Você apanhou?

— Não foi nada.

— Como não foi nada? Então não estou vendo? O que foi que aconteceu?

Ela estacou debaixo de uma árvore, soltou os cadernos no chão e agarrou-se a ele, chorando copiosamente:

— Ah! Ross, não gosto da escola nem do senhor O'Neill! Ele me bateu só porque eu estava desenhando... Eu o odeio! E as outras meninas riram de mim...

Seu corpo frágil foi sacudido pelos soluços, e Ross a estreitou com ternura, alisando seus cabelos compridos.

— Não chore, Marianne. Eu estou aqui. Gosto de você.

— Só tenho você no mundo... — balbuciou.

— Não diga isso. Você tem os seus pais e seus irmãos. Eles a amam.

— Não é verdade. E eu também não os amo. Sinto como se eles fossem estranhos para mim.

— É impressão. Eles são a sua família, assim como eu também sou.

— O que será que meus pais vão fazer quando souberem que o senhor O'Neill me bateu? São capazes de me castigar de novo.

— Não diga nada. É melhor. Se o senhor O'Neill contar, não tem jeito, mas você não precisa se antecipar. E procure prestar mais atenção às aulas. Assim, você satisfaz o senhor O'Neill, não volta a apanhar e seus pais não brigarão com você. Não é melhor?

Marianne não sabia o que era melhor, todavia, seguiu os conselhos de Ross e não disse nada. A partir daquele dia, passou a abrir o caderno e a cartilha, fixando os olhos no senhor O'Neill. Enquanto ele falava e gesticulava, pensava na inutilidade de tudo aquilo. Os olhos, aos poucos, iam adquirindo uma expressão de alheamento, e o professor imaginava se ela realmente entendia o que ele ensinava. Não raras eram as vezes em que lhe fazia perguntas, porém, Marianne não respondia nenhuma. Abaixava e balançava a cabeça, deixando o senhor O'Neill sem saber o que fazer para que ela aprendesse.

Faltavam três meses para o término do ano letivo, e Ross estava sentado à mesa da sala, fazendo a lição de casa. A seu lado, Marianne fingia estudar, mas o que fazia na verdade era olhar o rosto dele, seus cabelos, seu queixo, seus olhos. Ross era um menino muito bonito, e ela iria se casar com ele.

Percebendo que ela o encarava, Ross levantou o rosto dos livros e sorriu para ela. Em que estaria pensando? Tinha vezes em que Marianne lhe parecia tão distante... Por que será que era assim?

No final da tarde, Ross fechou os livros e os cadernos. Já havia estudado demais. Kate saíra e não dissera aonde ia, levando consigo os outros filhos. Somente Ross e Marianne haviam ficado em casa.

— Sua mãe está demorando — observou, enquanto ela desenhava numa folha solta de papel.

— Já deve estar chegando - disse despreocupada.

Meia hora depois, Kate entrou em casa em companhia de David e das crianças. Entrou carrancuda e foi ajeitar os filhos no quarto. O pai veio vagarosamente, acomodou-se no sofá e cruzou as mãos sobre o colo, olhando fixamente para Marianne. Pouco depois, Kate apareceu com uma carta na mão. Parou diante da filha e estendeu-lhe o papel, que ela apanhou mecanicamente.

— Sabe o que é isso? — indagou zangada.

— Não — respondeu ela com indiferença.

— Leia!

Marianne encarou-a aturdida, sem saber o que fazer.

— Tia Kate — interveio Ross —, Marianne ainda não sabe ler. Está aprendendo...

— Aprendendo o quê?

— A ler... — respondeu o menino, certo de que o assunto dizia respeito ao senhor O'Neill.

— É verdade, Marianne não sabe ler, embora já devesse ter aprendido.

— Se quiser, posso ler para você... — ofereceu-se o menino.

— Não é preciso. Eu já li. Mas vou ler para Marianne. — Ajeitou os óculos, pigarreou e prosseguiu: — É uma carta da senhora Plumer, diretora da escola: Meu caro senhor Landor. Sua presença está sendo solicitada na escola com urgência, para tratar de assuntos pertinentes à sua filha, Marianne, que está tendo problemas com as aulas. O senhor O'Neill, nosso mais competente professor, já esgotou todos os recursos para fazer Marianne aprender a ler, sem sucesso, contudo. Como último recurso, não vejo outra alternativa, senão chamá-los, ao senhor e à sua esposa, para uma reunião em particular, onde serão discutidas as medidas que devem ser tomadas com relação à sua filha. Atenciosamente, Jessica Plumer.

Kate abaixou a carta e encarou Marianne, que não entendera muitas daquelas palavras difíceis e desconhecidas. Em seu íntimo, contudo, sabia bem do que se tratava.

— Não estou entendendo bem — desculpou-se. — Não fiz nada. O senhor O'Neill não gosta de mim...

— Cale a boca! — berrou o pai, subitamente. — Quando quiser que diga alguma coisa, eu perguntarei.

Marianne se encolheu toda e buscou Ross com os olhos. Ele quis abraçá-la para protegê-la, mas o olhar reprovador do tio o paralisou. Feito o silêncio, David prosseguiu em tom de furiosa cobrança:

— Eu trabalho o dia inteiro, dou duro para sustentar esta casa e pagar-lhe uma boa escola, porque mulheres instruídas têm mais chance de fazer um bom casamento. E para quê? Para você ficar pensando em suas fantasias e fazendo rabiscos no papel!

— Papai...

— Silêncio! Não mandei você falar! — ela engoliu em seco e abaixou a cabeça. — Pois fique sabendo que isso não vai continuar assim. Como pensa que nos sentimos, sua mãe e eu, quando lemos a carta da senhora Plumer? Ficamos envergonhados. Já não basta você ser a esquisita da escola? Tem que ser também a mais estúpida?

Marianne desatou a chorar, magoada pelo jeito como o pai a recriminava. Afinal, não tinha culpa se não se interessava pelas lições sem graça do senhor O'Neill.

— Tio David — intercedeu Ross —, Marianne é ainda muito pequena. Vai aprender.

— Não se meta, Ross! Isso não é problema seu.

Ross calou a boca e encarou Marianne, que chorava de olhos baixos. Como gostaria de puxá-la pela mão e tirá-la dali, levá-la para outro lugar, onde ninguém a importunasse! Era por isso que ele seria alguém na vida. Se, por um lado, Marianne não aprendia a ler, por outro, ele tinha muita facilidade com os estudos. Pois iria se formar, talvez como advogado, e ganhar muito dinheiro. Casar-se-ia com ela, e Marianne jamais seria repreendida novamente.

Naquele momento, porém, era apenas uma criança e nada podia fazer.

— Isso não é coisa que se faça, Marianne — acrescentou a mãe. — Fui obrigada a perturbar seu pai no trabalho, ele pediu licença para sair mais cedo só para ir comigo à escola. O chefe não gostou, mas consentiu. Sem contar que tive que incomodar sua tia Jane e pedir a ela que cuidasse dos seus irmãos enquanto íamos conversar com a diretora. Se seu pai perder o emprego, a culpa será sua!

— Minha? Mas o que foi que eu fiz?

Sem prestar atenção ao que ela dizia, Kate continuava a falar:

— E tudo por quê? Porque você não consegue aprender. Todas as suas colegas já aprenderam. A turma toda sabe ler. Menos você.

— Não tenho culpa...

— Tem sim! — esbravejou o pai. — O senhor O'Neill estava lá também e nos contou que você não presta atenção. Disse até que já a castigou com a vara, mas você não toma jeito. Parece alheada, fica com a cabeça no ar, não ouve o que ele diz, não se concentra. Como espera aprender assim?

— Ela não aprende porque é burra! — disparou Kate.

— Marianne não é burra! — defendeu Ross.

— Se não fosse burra, aprenderia como as outras.

— Ah! meu Deus — queixou-se Kate —, o que foi que fiz para merecer uma filha assim? Uma filha estúpida, que nem consegue aprender as primeiras letras!

— E como pensa que irá fazer um bom casamento? — tornou o pai. — Que tipo de marido acha que encontraremos para você? Com certeza, algum operário bronco e pouco instruído. Sim, porque os bons partidos querem moças cultas, que saibam conversar e não façam feio em sociedade.

Marianne não estava entendendo nada. Agora já pensavam até em casamento. Mas como, se ela ia se casar com Ross? Em sua ingenuidade, tentou expor aos pais a situação:

— Papai, se o problema é esse, não precisa se preocupar. Quando crescer, vou me casar com Ross...

— Sua tola! — vociferou David, completamente irado. — Ross é seu primo!

— É verdade — confirmou o menino. — Marianne e eu já combinamos tudo...

— Casar — desdenhou David. — Você não sabe o que diz, Ross. Pensa que seu pai vai permitir que você se case com a prima estúpida? Logo você, que é tão inteligente?

As crianças, com medo de David, se calaram, enquanto Kate continuava em seu ataque:

— Escute aqui, Marianne, você vai aprender a ler de qualquer jeito, ou o castigo vai ser severo.

— É isso mesmo — concordou David. — Não vou permitir que os outros digam por aí que David Landor possui uma filha analfabeta porque não consegue entender a cartilha. De jeito nenhum! Ou você aprende, ou mando você para um colégio interno em Newcastle, e você só vai nos ver nas férias. Entendeu?

Marianne nem de longe imaginava onde ficava Newcastle, mas desconfiava que deveria ser muito longe de Londres. Vencida e humilhada, ela soluçou e, com o pranto a embargar-lhe a voz, respondeu sentida:

— Sim, papai...

A conversa estava encerrada. Pouco depois, o pai de Ross chegou e ele foi para casa, deixando Marianne sozinha. Subiu para seu quarto e fechou a porta, atirando-se na cama para chorar. Sentia-se só e amedrontada. Não queria sair dali. Se os pais a separassem de Ross, seria melhor que estivesse morta.

5

Ao entrar na escola naquele dia, Marianne sentiu algo diferente no ar. As meninas todas olharam para ela ao mesmo tempo e cochicharam, algumas rindo, outras balançando a cabeça. Em seus rostos, Marianne podia ler a reprovação e o sarcasmo.

Sentada em sua carteira, livro aberto à sua frente, esforçava-se para entender o que o professor dizia. O senhor O'Neill a olhava como se ela fosse uma aberração. Já não lhe dava mais muita importância. Estava certo de que ela não era inteligente e não estava disposto a perder seu tempo com quem não tinha condições de aprender.

Durante os dias que se seguiram, Ross entregou-se à difícil tarefa de ensinar Marianne a ler. Apanhou a cartilha, sentou-se com ela à mesa e tornou-se seu professor. No começo, não foi fácil. Ela não conseguia se concentrar, pois a mente não se fixava na lição.

— Escute, Marianne — disse-lhe Ross, certa vez —, você tem que se esforçar. Ou quer se mudar para Newcastle e nunca mais me ver?

A ameaça fora proposital, para deixá-la chocada. Ross dissera que Newcastle ficava perto da fronteira com a Escócia. Ela também não sabia onde ficava a Escócia, mas ele lhe mostrou no mapa, e pela distância que seu dedo percorrera, indo de uma cidade a outra, percebeu que deveria ser mesmo muito longe. Não queria ir. Morreria se fosse.

— Não quero ficar longe de você...

— Pois então, tem que se esforçar. Se não, seus pais mandam você para lá e nós não nos veremos mais. Não é isso o que quer, é? — ela balançou a cabeça. — Pois então vamos. Tente. Sei que pode.

Marianne concentrou a atenção no papel e no que Ross dizia. De repente, tudo lhe pareceu fácil. O a ficou familiar, assim como as demais vogais. Em poucas horas, já memorizara todas. Nos dias seguintes, Ross lhe ensinou as consoantes e formou as primeiras sílabas, sempre acompanhando a cartilha. Marianne ia aprendendo com facilidade, lendo as palavras simples que compunham as primeiras lições. Em pouco tempo, já conseguia ler algumas frases, até que, finalmente, alcançou o nível da turma.

A pouco menos de uma semana dos exames finais, Marianne já estava pronta. Fez a prova com capricho, esforçando-se para não errar. O resultado foi brilhante, e até o professor se espantou.

Marianne aprendia. Quando queria, era capaz de aprender qualquer coisa. O que acontecia era que, na maioria das vezes, não tinha vontade. Era difícil se concentrar, porque sua mente não se fixava em nada por muito tempo, já que nada prendia seu interesse. Distraía-se com qualquer coisa, principalmente quando voltava os pensamentos para Ross.

O senhor O'Neill, apesar de rigoroso, era um homem justo à sua maneira e não pôde deixar de elogiar o resultado de Marianne. Ao entregar-lhe a prova corrigida, a única nota dez da turma, fez grandes elogios, não só ao seu desempenho, como à sua enorme força de vontade, que acabara por contrariar todas as expectativas que tinha a respeito dela.

Quando saiu da escola, Ross a estava esperando e correu para ela assim que despontou no topo da escada.

— E então? — indagou ansioso. — Como foi?

— Tirei dez, Ross. Dá para acreditar?

Duas meninas vinham descendo as escadas. Ao passarem por eles, ouviram o comentário de Marianne, e uma disse bem baixinho à outra:

— Não dá para acreditar mesmo.

Apesar do cochicho, Ross escutou. E Marianne também. Ela

ficou parada no meio da escada, vendo as meninas se afastarem. Não sabia se chorava ou se corria para esbofeteá-las. Ross, contudo, não lhes deu importância. Puxou a prima pela mão e finalizou:

— Deixe-as para lá. Estão com inveja. Vamos correndo contar a novidade a tia Kate.

A felicidade que sentira havia poucos minutos súbito se esvaíra. Parecia que aquelas meninas, com seu comentário maldoso, haviam despertado uma raiva desconhecida dentro dela. Sentia raiva de tudo e de todos: dos pais, dos irmãos, do professor, das colegas. Só não sentia raiva de Ross.

A seu lado, Luther caminhava com eles. Mãos para trás, ia mentalmente falando para Marianne:

Droga, cansei de esperar! Está certo que prometi não aparecer para você e não pretendo quebrar a minha promessa. Afinal, sou um homem de palavra — riu debochadamente e continuou: — Mas é que está demorando muito. Pensei que você fosse logo chamar por mim. Acontece que esse aí não deixa, não é mesmo?

Apontou para Ross, que não percebia a sua presença. Só Marianne percebeu. Não estava vendo o espírito, mas começou a sentir uma estranha sensação de torpor, e todos os seus pelos se eriçaram.

— Por isso — prosseguiu ele —, resolvi dar um empurrãozinho. Sabe, Marianne, as pessoas não gostam de você, e você se irrita à toa. Veja que ótima combinação! Você nem imagina como podemos nos utilizar de pessoas que nem conhecemos, mas cujas vibrações de menor lucidez facilitam o nosso acesso — riu novamente. — E depois... tem a sua... dificuldade.

Bateu com a ponta do dedo na cabeça de Marianne que, sentindo o cutucão, gritou espantada:

— Ai!

— O que foi? — indagou Ross a seu lado.

A menina olhou ao redor, desconfiada. Sentira nitidamente alguém bater em sua cabeça. No entanto, como não via nenhum espírito, achou melhor repetir para si mesma que aquela voz e a sensação que a acompanhava eram fruto da sua imaginação. E a cutucada... era impressão.

Luther soltou uma gargalhada e foi embora. Tinha outras coisas a fazer e voltaria mais tarde, quando fosse a hora.

Finalmente, as férias de verão chegaram, e Marianne se viu livre das maçantes lições. Podia passar os dias todos ao lado do primo querido, sem ter que se ocupar com coisas inúteis.

Sentada à mesa da varanda, construía um castelinho de cartas com Ross. Os dois estavam distraídos, colocando as cartas umas sobre as outras, entusiasmados com a altura da construção. O irmãozinho de Marianne, Kevin, de apenas três anos, puxou uma cadeira e, auxiliado por Ross, sentou-se à mesa para olhar. Estava admirado. O castelo ia subindo cada vez mais, e ele olhava, extasiado, as cartas que balançavam sem cair.

De tão admirado, estendeu a mãozinha para a frente, na esperança de apanhar alguma. Como Marianne não permitia, fez um gesto mais brusco e acabou por esbarrar no castelo, que se desmanchou com leveza. Ross riu e gentilmente puxou a mão do menino, falando com brandura:

— Seu danadinho. Estragou o castelo do primo.

Kevin riu gostosamente e olhou para Marianne, que o fuzilava com o olhar.

— Seu garotinho intrometido! — gritou ela, apertando a mão dele. — Quem mandou?

Na mesma hora, Kevin desatou a chorar, tentando soltar a mão que Marianne apertava.

— Solte-o, Marianne — pediu Ross. — Ele não tem culpa. É pequenino.

— É um idiota, isso sim! Por que não se mete com os seus brinquedos?

Kevin esperneava, tentando livrar-se das garras da irmã. A mãe, ouvindo o choro do filho, veio correndo lá de dentro e parou estupefacta.

— O que está fazendo, Marianne? — censurou aborrecida. — Largue já o seu irmão!

— Não largo! Ele é um intrometido!

Deu-lhe um beliscão no braço, e Kevin soltou um grito estridente, deixando Kate pálida de horror e indignação. Não podia permitir que a filha machucasse os menores. Sem nem pensar, desferiu uma bofetada no rosto de Marianne, que começou a chorar também.

— Isso se faz com seu irmão? — esbravejou Kate. — Uma menina desse tamanho! Que covardia!

Marianne encarou-a com raiva. Aquele tapa doía-lhe imensamente, e ela retrucou, com a mão no rosto:

— Você me bateu!

— Bati e bato de novo, se você não se comportar. Não vou permitir que maltrate seu irmão, que é muito menor do que você.

Com olhar ensandecido, Marianne começou a se levantar e teria avançado na mãe se Ross não a impedisse.

— Nem se atreva! — zangou ele.

— Mas Ross, ela me bateu! Você viu.

— Ela é sua mãe, e você não tem o direito de desafiá-la.

— Você também está contra mim?

— Ninguém está contra você.

— Está sim! Vai trocar de lado, é? Vai defender essa mulher?

— Isso lá é jeito de se referir a sua mãe, menina? — objetou Kate indignada.

— Você não é minha mãe!

Kate perdeu a cabeça. Colocou Kevin no chão e desferiu novo tapa no rosto de Marianne, dando-lhe violento puxão de orelha.

— Vá já para o quarto, de castigo! E hoje, não tem jantar!

Saiu puxando Marianne pela orelha, com Ross atrás, tentando contornar a situação. Kate, contudo, estava perplexa e furiosa. Arrastou Marianne pelas escadas e trancou-a no quarto. Do lado de fora, Ross ainda ponderava:

— Por favor, tia Kate, ela não fez por mal.

— Ela tem que me respeitar.

— Sei que ela errou, mas foi sem maldade. Por favor, deixe-me ficar com ela.

— Não! Marianne precisa aprender. E vou contar tudo ao seu pai, Marianne, está ouvindo? — berrou, com a boca encostada na porta.

Barulhos no corredor e na escada indicavam que a mãe havia ido embora, levando Ross com ela. Sozinha, veio o arrependimento. Marianne não compreendia por que dissera aquelas coisas nem por que beliscara o irmão. Não queria fazer nada daquilo, mas de repente, não conseguiu se controlar. Uma fúria desmedida se apoderou dela, despertando o desejo de maltratar o menino. Não faria mais aquilo. Da próxima vez, conseguiria se controlar. Se não por ela, ao menos por Ross, que era seu amigo e não merecia passar por aquela situação.

Marianne não sabia, mas, a partir daí, dificilmente conseguiria se controlar outra vez.

6

Com as mãos mergulhadas na bacia, Kate esfregava as roupas, pensando no que fazer com a filha. A cada dia, Marianne se tornava mais estranha. No começo, era só arredia. Agora demonstrava uma agressividade crescente. O episódio com Kevin fora preocupante, mas ela não comentara nada com David, com medo da sua reação.

Estava ficando difícil controlar Marianne. O verão ainda não havia terminado, e ela passava os dias em casa, brincando sozinha ou com Ross. Kate não entendia por que Ross era o único a quem ela escutava. Parecia mesmo ser o único de quem gostava. Levantou os olhos da bacia e vistoriou o quintal, onde as crianças brincavam.

Do outro lado, Roger atirava pedras com um estilingue, tentando acertar as frutas maduras que pendiam dos galhos mais altos. Como não conseguia sucesso, resolveu subir na árvore. Lá em cima, esticou-se o mais que pôde, na tentativa de apanhar as frutas. Mas elas estavam fora de seu alcance, e ele foi se esticando mais e mais, sem perceber que o galho em que deslizava era muito fino e não aguentaria seu peso. Não demorou muito, e este se partiu. Roger caiu em queda livre, soltando um gemido de dor quando bateu no chão.

Vendo o filho caído, chorando e gemendo, Kate largou a bacia e o sabão e correu, ao mesmo tempo que Ross, que também escutara os gritos do primo. Marianne estava com ele, desenhando num caderninho branco, e nem se mexeu. Apenas levantou os olhos e espiou na direção do barulho para, em seguida, concentrar sua atenção nos desenhos novamente.

Kate e Ross alcançaram Roger quase ao mesmo tempo, e a mãe falou afobada:

— Roger, meu filho, o que foi isso? Machucou-se?

— Ai, ai, mamãe, ai!

O menino chorava, segurando o braço arranhado, onde um calombo crescia na altura do cotovelo.

— Depressa, Ross — falou Kate. — Vá chamar o doutor Brown.

Na mesma hora, Ross saiu desabalado a caminho do consultório médico.

— Ele está atendendo um paciente — informou uma senhora na antessala. — Vai ter que esperar.

Ross acomodou-se na poltrona para esperá-lo. Quando, por fim, ele apareceu, foi logo falando:

— Doutor Brown, doutor Brown! Tia Kate o está chamando. Foi o Roger... Caiu e machucou o braço.

O doutor Brown passou a mão na cabeça de Ross e falou bondosamente:

— Diga a sua tia Kate que agora não posso ir. Ainda tenho alguns clientes para atender. Fale para ela colocar o menino na cama e fazer-lhe uma compressa com água fria. Mais tarde, irei vê-lo.

Enquanto isso, Kate já havia colocado Roger na cama e pusera-se à espera do médico. Por momentos, esquecera-se dos outros filhos, que continuavam sozinhos no quintal. Pela janela, ouviu-os choramingar lá embaixo, chamando por ela. Mais adiante, Marianne continuava com seus lápis e papéis, sem se importar com o que faziam.

— Marianne! — chamou Kate. A menina ergueu os olhos e encarou a mãe, sem responder. — Traga seus irmãos para cima. Precisamos esperar o doutor Brown.

De forma mecânica, Marianne se levantou, apanhou Suzie no colo de qualquer jeito, pegou Kevin pela mão e saiu puxando-o. Fazia algum tempo que o menino sentia medo da irmã, e foi esse temor que fez aumentar o seu pranto. Marianne não tinha a menor paciência com ele nem era carinhosa. Obedecia ao comando da mãe, sem se dar conta de que puxava o garoto como se ele fosse um fardo, ao invés de uma criança.

Os gritos de Kevin chegaram aos ouvidos de Kate, que foi para a janela novamente, deparando-se com uma cena que julgou revoltante.

— Tenha calma, Roger — disse para o filho machucado. — Mamãe vai lá embaixo e já vem.

Rodou nos calcanhares e desceu as escadas feito uma bala, alcançando Marianne quando ela já estava na porta da cozinha.

— O que pensa que está fazendo? — perguntou zangada.

Marianne não entendeu bem a pergunta e respondeu com simplicidade:

— Estou levando os dois para cima.

Kate sentiu o sangue subir-lhe às faces. Marianne parecia estar debochando dela, o que lhe causou imensa irritação. Na verdade, Marianne estava apenas obedecendo. Recebera ordens de subir com as crianças, e era isso o que fazia. Por sua cabeça não passava que deveria ser carinhosa ou cuidadosa. Tinha que fazer o que a mãe mandava.

Ela também era pequena e procurou segurar os irmãos da melhor forma possível, de um jeito que seu corpo franzino suportasse. E o melhor jeito era aquele. Para a mãe, parecia que segurava e arrastava dois fardos. Para ela, simplesmente obedecia, e o fazia da única maneira que conseguia.

Inesperadamente, Kate partiu para cima dela, arrancou-lhe Suzie do colo e puxou Kevin de sua mão, acomodando os dois no chão, perto da pia. Em frações de segundo, voltou e acertou sonora bofetada em Marianne, causando-lhe genuíno espanto.

— Sua desaforada! — vociferou Kate. — Isso é jeito de falar com sua mãe? Onde foi que aprendeu esse cinismo?

Marianne nem sabia o que era cinismo e, por isso, não respondeu. Ficou parada no mesmo lugar, com a mão sobre a face, encarando a mãe com frieza. Cada vez mais irritada, Kate continuava a esbravejar:

— Não estou aguentando mais os seus desaforos! Isso não vai ficar assim. Alguém precisa dar um jeito em você!

A menina não dizia nada. Continuava olhando para a mãe com cara de quem não a conhecia. Achava mesmo que aquela mulher não era sua mãe, mas uma estranha, que gritava com ela sem motivo algum.

— Peça desculpas, Marianne!

Desculpas por quê? Ela não sabia. Não havia feito nada de errado. Por que haveria de se desculpar?

— Peça desculpas, ande! Estou lhe avisando: ou pede desculpas, ou vai apanhar novamente!

Marianne nem piscava. Furiosa, Kate segurou-a pelos braços e arrastou-a até a poltrona da sala. Sentou-se apressadamente e virou a menina de bruços sobre suas pernas, acertando-lhe diversas palmadas nas nádegas.

— Sua pirralha malcriada! Vai ter o que merece!

Sentindo a dor das palmadas, Marianne começou a gritar e a se remexer, tentando se desvencilhar do jugo da mãe. Kate, contudo, não aliviava. Continuava a bater com força, sem nem se importar com os gritos amedrontados de Kevin e Suzie.

— Peça desculpas, vamos! — gritava, cada vez mais zangada. — Estou mandando, peça desculpas!

Marianne berrava de dor. Parecia mesmo um animal ferido. Mas não pedia desculpas. Ao contrário, começou a xingar a mãe com selvageria:

— Cretina! Miserável! Desgraçada!

Kate saiu do sério. Era muita falta de respeito. Em dado momento, Marianne conseguiu se desvencilhar e correu para a porta, e Kate partiu em seu encalço. Apanhou-a pelos cabelos, dando-lhe tapas a esmo. Os golpes acertaram-na no rosto, nos braços, no peito, em todo lugar.

Foi quando Ross chegou. Vendo aquela cena horrorosa, correu em direção a elas e segurou o braço da tia, implorando em desespero:

— Pelo amor de Deus, tia Kate! Solte-a! Ela é apenas uma menina!

Ele tinha razão. Marianne era apenas uma criança, mas fazia coisas que crianças normais não eram capazes de fazer. Os gritos desesperados do sobrinho a trouxeram de volta à razão, e Kate soltou os cabelos da filha, cessando os golpes. Marianne, aos prantos, foi escorregando até o chão, ocultando o rosto entre as mãos e dando livre curso às lágrimas.

Já arrependida, Kate tentou erguê-la, em vão. Marianne não queria sua ajuda e se desviou dela, estendendo as mãos para Ross, que a ajudou a se levantar. Os dois subiram as escadas lentamente, e Ross ainda teve tempo de lançar um olhar de conforto para a tia, ao passo que Marianne evitou encará-la.

No quarto, Marianne não disse nada. Foi para a cama, deitou--se e esperou até que as lágrimas secassem. Enquanto Ross lhe alisava os cabelos, foi-se acalmando e, poucos minutos depois, adormeceu. De vez em quando, agitava-se no sono, sacudida por um soluço perdido.

Certificando-se de que ela dormia profundamente, Ross beijou-lhe os cabelos e saiu, fechando a porta sem fazer barulho. Pegou a direção do quarto dos primos, onde a tia estava, apalpando o braço de Roger. Os outros dois, sentados no chão perto dela, se distraíam com alguns bichinhos de pano.

— Tia Kate... — chamou baixinho.

A tia fez sinal para que ele entrasse e, tentando não pensar em Marianne, indagou:

— Onde está o doutor Brown?

— Está atendendo uns clientes. Disse para você fazer compressas de água fria no braço de Roger até que ele possa vir vê-lo.

— Muito bem. Fique aqui e tome conta deles.

O menino sentou-se ao lado de Roger, que acabara adormecendo, o braço, roxo e inchado, apoiado num travesseiro. Kate acariciou a testa do filho e, antes de sair, perguntou meio sem jeito:

—E Marianne?

Havia tanta angústia no olhar do sobrinho que ela quase chorou. Ross abaixou os olhos com tristeza e respondeu num sussurro:

— Está bem. Está dormindo.

Kate balançou a cabeça e saiu para o corredor. Parou em frente à porta do quarto da filha e colou o ouvido à porta. Silêncio. Vagarosamente, rodou a maçaneta e entrou. Marianne dormia profundamente, o rosto e os braços cheios de hematomas. Sentiu o remorso corroer-lhe a alma. A filha podia ser meio esquisita, mas era ainda uma criança e não tinha culpa de ser do jeito que era.

O médico veio mais tarde e examinou o garoto. Não fora nada de mais, apenas uma pequena torção. Enfaixou o braço de Roger e receitou arnica para diminuir a dor e a inflamação. Em pouco tempo estaria bom.

Ao cair da noite, David chegou e foi colocado a par do acidente com Roger e do incidente com Marianne.

— Temos que tomar uma providência — comentou David. — Isso não pode ficar assim.

— Eu sei. Ela está se tornando cada vez mais agressiva e debochada.

— Onde será que anda aprendendo essas coisas? Será que é com Ross?

— Não creio. Ele é um menino muito educado e cortês. Jamais me respondeu mal ou fez qualquer má-criação.

— Na escola não deve ser. É um dos melhores colégios para meninas da região.

— Não sei não... Às vezes fico pensando. Será que ela não tem nenhum problema mental?

— Não diga besteiras. Marianne é rebelde e malcriada. Só isso. Mas não se preocupe. Eu mesmo darei um jeito nela.

— Não faça nada por enquanto. Já basta a surra que lhe dei. Sei que me excedi e acho que não deveríamos puni-la outra vez.

Kate encerrou o assunto, mas David não se convenceu. Alguma coisa dentro dele o deixou inquieto. No fundo, não achava nenhuma besteira a possibilidade de Marianne ter mesmo algum problema mental. Já havia reparado nisso. Nos últimos dias, olhando para a filha, ficou imaginando se ela não seria meio retardada. Marianne fazia coisas muito estranhas. Era rebelde, não se relacionava com ninguém. E agora, Kate lhe dizia que estava ficando agressiva e debochada. Além de tudo, parecia não se importar com nada. Os problemas da família não a afetavam, e ela não se interessava pelos irmãos. Podiam estar bem ou doentes. Para ela era indiferente. Marianne não era uma menina afetiva. À exceção de Ross, não se dava com ninguém.

David virou para o lado e tentou dormir. Se suas desconfianças estivessem corretas, seria muito doloroso para todos. Sem falar na vergonha. Ter uma filha maluca não era do agrado de ninguém. Poderia até comprometer o seu cargo na empresa e o futuro dos outros filhos. Mas o que poderia ele fazer? Levá-la ao tal psiquiatra? Interná-la? Talvez fosse a melhor ou a única solução.

O difícil seria convencer a mulher, que era muito apegada aos filhos. Precisava dar tempo ao tempo. Mais tarde, tomaria as providências que se fizessem necessárias.

7

O verão havia chegado ao fim e, com ele, também as férias escolares. Apesar de nada animada com a volta às aulas, Marianne foi para a escola como sempre. Conseguira passar de ano, e o senhor O'Neill, que as acompanharia durante todo o curso primário, deu as boas-vindas à turma.

No final das aulas, Ross lá estava para acompanhá-la. De mãos dadas, seguiam seu caminho, como sempre faziam. Naquele dia, porém, algo estranho acontecera. O pai de Ross voltara mais cedo do trabalho e deixara ordens para que ele fosse imediatamente para casa.

Ross entrou devagarzinho. O pai estava sentado na sala, anotando números num papel. Quando viu o menino, soltou o lápis e sorriu, fazendo sinal para que ele se aproximasse.

— O que foi, papai? — indagou desconfiado. — Foi despedido?

Nathan deu um sorriso maroto, apertou de leve o nariz do filho e respondeu bem humorado:

— Não, meu filho, não fui despedido. Fui promovido.

— Promovido?

— É. Agora sou chefe de produção. Vou ganhar mais e poderei lhe dar uma vida melhor.

— Que bom, pai! Você merece.

— O senhor Bradley, meu patrão, está tão satisfeito com o meu trabalho que me promoveu e me deu um aumento, deixando-me o resto do dia de folga. Por isso, vim logo para casa, a fim de lhe contar as novidades.

— As novidades? Tem outra?

Nathan pigarreou e começou a falar, cautelosa e pausadamente:

— Já faz alguns anos que sua mãe morreu... Sua tia Kate tem sido muito boa para você, e eu lhe serei eternamente grato. Contudo, creio que chegou a hora de você ter uma mãe de verdade.

— Mãe de verdade? Como assim? Já tenho tia Kate.

— Eu sei... — balbuciou, evitando encará-lo. — Como disse, serei eternamente grato a sua tia. Entretanto, ainda sou jovem, e você, uma criança.

— O que está tentando me dizer?

Ele pigarreou novamente, sentou o menino em seu colo e disparou:

— Faz algum tempo que conheci uma moça... Seu nome é Lilian, e... vamos nos casar.

Ross não sabia o que dizer. Não sabia se a novidade era boa ou ruim.

— O que isso vai mudar em nossas vidas?

— Não vai mudar nada. Lilian é uma boa moça. Tenho certeza de que você vai gostar muito dela. Essa semana pretendo apresentá-la a você e ao resto da família. Já falei com David e Kate, e sua tia concordou em preparar um jantar aqui em casa, no sábado. Assim, todos poderão se conhecer.

— Por que não me contou antes? — rebateu ele magoado. — Por que não me disse que estava saindo com alguém?

— Bem, esses não são assuntos que se converse com crianças.

— Sou seu filho.

— Ainda assim. Mas não se preocupe. Tenho certeza de que vai gostar dela, e ela de você.

Lilian era uma mulher muito esnobe e antipática, e ninguém simpatizou com ela. Tinha ideias extravagantes sobre a criação dos filhos e não achava certo misturarem-se crianças de sexos diferentes. Era uma clara referência à amizade entre Ross e Marianne, com quem implicara desde o início.

— Meninos são diferentes de meninas. Pensam coisas diferentes, agem de forma diferente, gostam de coisas diferentes.

Não fica bem meninos e meninas dormirem no mesmo quarto, por exemplo.

— Nem quando são primos? — quis saber Ross, preocupado.

— Nem assim. Quando bem pequeninos, ainda vá lá. Mas depois que entram para a escola, suas cabecinhas começam a se modificar, e sabe-se lá o que pode vir a acontecer.

Kate tossiu de leve e indagou:

— Não acha que está sendo severa demais, Lilian?

— Lilian teve educação muito rígida — explicou Nathan.

— É verdade — acrescentou Lilian. — Fui criada num dos bairros mais tradicionais de Londres e duvido que lá um filho não se refira ao pai como senhor. De onde vim, as coisas são diferentes.

Outra clara alusão a eles. As famílias de Ross e Marianne não eram muito ligadas a formalidades, o que parecia aborrecer Lilian.

— Mas aqui também é Londres! — cortou Ross, indignado com aquela exclusão.

— É, mas é diferente — respondeu Lilian, de má vontade. — As crianças de lá não andam soltas como as daqui.

— Perdão, Lilian — era Kate novamente. — Fala em lá e aqui como se estivesse se referindo a cidades diferentes, como se fôssemos provincianos ou roceiros. E depois, nossas crianças não andam soltas. Do jeito como fala, parece que as criamos em meio à promiscuidade.

Sentindo o rubor cobrir-lhe as faces, Lilian tratou de se desculpar:

— Não foi o que quis dizer.

Percebendo o mal-estar que se instalara, David mudou de assunto:

— Confesso que foi uma surpresa para nós esse noivado assim tão repentino. Nathan nunca nos falou nada a respeito.

— É que não queria precipitar as coisas — esclareceu Nathan. — E depois, tinha o Ross. Não queria que ele ficasse preocupado.

Ross não conseguia ver onde estava o problema em saber, mas não disse nada. Não gostou de Lilian e olhou discretamente para Marianne, que comia um pedaço de pudim e parecia nem se dar conta do que estava acontecendo. Mera ilusão! Marianne se roía por dentro, certa de que aquela mulher ainda acabaria lhe causando problemas.

— Como foi que se conheceram? — tornou David, fingindo interesse.

— Depois que meus pais morreram, tive que me arranjar — esclareceu Lilian. — Procurei emprego, mas não consegui nada. Até que uma amiga me falou de uma vaga de fiandeira.

— Trabalha na mesma fábrica em que Nathan? — indagou Kate.

— Sim — respondeu ele. — No mesmo setor. Lilian é uma de minhas subordinadas.

Estava tudo explicado. Kate olhou de soslaio para o marido e percebeu que ele também compreendera. Aquela Lilian era uma interesseira. Estava só no mundo, sem ninguém que a amparasse, e viu em Nathan um homem tolo o bastante para sustentá-la. Nathan não quisera estudar feito David. Podia não ser rico, mas agora, com a promoção, melhoraria um pouco de vida.

— E você pretende continuar trabalhando depois do casamento, Lilian? — tornou David, em tom de malícia.

— Não! — exclamou Nathan. — Imagine se vou deixar minha mulher trabalhar fora! Lilian não vai mais precisar disso. O que vou ganhar será suficiente para nos sustentar com um certo conforto.

Nathan segurou a mão de Lilian por cima da mesa, e ela lhe endereçou um sorriso em que apenas ele não identificava a farsa. Marianne achou que aquela mulher sorria feito uma bruxa, e em sua cabeça já se delineava o rosto enrugado e o nariz pontiagudo, coberto de verrugas. Precisava ter cuidado com as vassouras. Se não, correria o risco de vê-la voando defronte a sua janela numa noite de lua cheia.

Nada do que ninguém dissesse teria demovido Nathan da ideia de se casar. Os planos já haviam sido feitos, e tudo estava devidamente arranjado, de forma que, em três meses, o casamento se realizou. O casal seguiu em viagem de lua de mel para Canterbury, deixando Ross hospedado na casa dos tios. Foi uma alegria para os dois. Se antes já não se largavam, agora então, iam dormir juntos e acordavam juntos. Ao contrário de Lilian, Kate não se importava que ele dormisse no quarto da filha.

Ambos eram primos, e ninguém levava a sério aquela história de casamento. E depois, que mal poderia haver?

Kevin e Roger dormiam em outro quarto, e Suzie, por ser ainda muito pequenina, dormia junto com os pais. David montou uma cama de armar no quarto de Marianne, e Ross quase se mudou para lá. No fundo, até que apreciavam a companhia do menino. Além de muito educado, a presença de Ross fazia um grande bem a Marianne. Desde a sua chegada, sua melhora era visível. Apesar de ainda continuar meio alheia a tudo, já não estava tão agressiva e passou a se interessar mais pelos estudos.

A lua de mel durou apenas uma semana. Fora o máximo que Nathan conseguira junto ao patrão, e até que fora muito. De volta ao lar, retomou suas obrigações e deixou Lilian à vontade para cuidar da casa e do filho. A curta estada de Ross em casa de Marianne havia terminado, e a melhora que ela experimentara naquela semana desapareceu em poucos segundos. Quando viu Ross atravessar o quintal rumo à sua própria casa, Marianne caiu em profunda depressão.

— Não fique triste — consolou a mãe. — Tudo vai continuar como antes. Ross só foi para casa, que é logo aqui ao lado. Daqui a pouco ele volta, você vai ver.

Não foi o que aconteceu. A ida à escola seguiu como sempre, contudo, na volta, veio a primeira surpresa. Em casa de Marianne, a mesa estava posta apenas para dois, e não para três, como era de costume. Roger, Kevin e Suzie, como eram pequenos e não precisavam ir à escola, comiam mais cedo, e Kate deixava para almoçar em companhia da filha e do sobrinho.

— O que foi que houve, tia Kate? — indagou Ross preocupado. — Almoçou mais cedo hoje, foi?

Kate fitou-o com desgosto e respondeu desanimada:

— Não. Lilian veio aqui e deixou ordens para você ir para casa assim que chegasse. Disse que, de hoje em diante, não preciso mais cuidar de você.

— O quê? — indignou-se Marianne.

— Isso é ridículo — observou Ross irritado. — Não vou.

— Lamento, mas você tem que ir. Lilian agora é quem manda.

— Não quero. Ela não é minha mãe. Você é que é.

— Não posso fazer nada — retrucou Kate emocionada, esforçando-se para não chorar. — Eu tentei argumentar, dizendo que você e Marianne estavam acostumados a almoçar e estudar juntos. Mas ela disse que não, que você deveria ir e que, daqui para a frente, as coisas seriam diferentes.

— Ela não pode mandar em mim assim.

— Pode sim. Ela é a mulher do seu pai. Sua madrasta. Tem mais direitos sobre você do que nós.

Ross olhou para Marianne com imenso desgosto e percebeu que seus olhos iam se enchendo de lágrimas. A menina agarrou-se a ele e começou a gritar:

— Não vou deixar, Ross! Não vou! Ela não pode levá-lo embora!

— Solte-o, Marianne! — ordenou a mãe.

— Não solto! Aquela bruxa...! Vai ver só uma coisa!

— Não fale assim de sua nova tia.

— Ela não é minha tia! Não é nada minha! Nem de Ross também! É apenas uma bruxa velha, feia e horrorosa...!

— Você não tem mesmo nenhuma educação, menina!

Ouvindo essa voz estranha, todos se voltaram ao mesmo tempo. Parada na porta da cozinha, Lilian encarava Marianne com ar de censura. Como Ross demorava a aparecer, resolvera ir, ela mesma, cuidar daquele assunto. Marianne era uma péssima influência para o menino. Pelo que Nathan contara, era agressiva e mal-educada, fato que agora constatava pessoalmente.

— Ross já estava de saída — disse Kate, sem graça — Não é mesmo, Ross?

Ele encarou a tia com ar de súplica, e Marianne respondeu com raiva:

— Não estava não. Ele não vai!

— Ah! vai sim — contestou Lilian. — E não vai ser uma menina mal-educada feito você quem irá impedir.

Lilian adiantou-se e colocou a mão no braço de Ross, tentando puxá-lo para fora. O menino enrijeceu o corpo e fez uma cara de zanga, enquanto Marianne soltava gritos esganiçados:

— Solte o Ross, sua bruxa! Você não é a mãe dele! Minha mãe é que é!

— Fique quieta e não se meta! — respondeu Lilian, furiosa. — Você não é boa companhia para Ross!

— Espere um momento! — intercedeu Kate, enfurecida. — Sei que você tem ideias diferentes sobre como educar os filhos, mas isso não lhe dá o direito de vir aqui insultar a minha filha. Marianne é apenas uma criança.

— Que não tem um pingo de educação. É no que dá, deixar os filhos largados por aí.

— Não vou permitir que você venha a minha casa me destratar ou a minha família. Aliás, não me lembro de havê-la convidado.

— Vim buscar o Ross. Ele tem que me obedecer.

Kate estava furiosa. Fitou o menino com ar de autoridade a falou decidida:

— Vá com sua madrasta, Ross.

— Mas mãe... — contestou Marianne.

— Deixe — cortou Kate. — Depois teremos uma conversa com seu tio Nathan.

— Eu não quero ir — rebateu o menino. — Ela não manda em mim.

— Mando sim, seu atrevido — repreendeu Lílian. — Não aprenda a ser malcriado também.

— Vá, Ross, estou dizendo — insistiu Kate. — Depois conversaremos.

Vendo que não tinha saída, Ross obedeceu. Lilian tentou segurar-lhe a mão, mas ele a puxou bruscamente. Esperou que ela passasse e saiu atrás dela.

— Até logo — falou ela secamente.

Kate não respondeu. Segurou a filha, que chorava descontrolada, e estreitou-a contra o peito. Talvez aquele tenha sido um dos poucos gestos de carinho de Kate para com Marianne, e a menina, sentindo-lhe o afeto, agarrou-se a ela e desabafou confiante:

— Ah! Mãe... mãe! Ross é tudo o que tenho.

— Sossegue, Marianne. Seu pai dará um jeito.

Só muito tempo depois foi que Marianne se acalmou, embalada pelo amor da mãe. Todavia, recusou-se a comer, deixando Kate preocupada e cheia de raiva de Lilian e de sua incompreensão.

8

Quando David entrou na cozinha da casa do irmão, a família havia acabado de jantar.

— Boa noite, Nathan... Lilian...

— Ah! David, boa noite — respondeu o irmão. — Entre, entre. Acabamos de jantar. Aceita uma xícara de café?

— Não, obrigado... Será que poderíamos conversar um instante?

Nathan assentiu e levantou-se da mesa, indo com ele para a sala. David seguiu-o em silêncio e sentou-se no sofá, olhando-o sem saber por onde começar.

— Muito bem — falou Nathan. — O que foi que houve?

David pigarreou e olhou na direção da cozinha, onde Lilian tirava a mesa do jantar, atenta às vozes do marido e do cunhado.

— Bem — começou David —, é sobre o Ross.

— O que tem ele? Fez alguma coisa errada?

— Não se trata disso. Ross sempre foi um menino muito educado. E você sabe o quanto ele é amigo de Marianne.

— Sei...

— Quando sua mulher morreu e você veio para cá, Ross era pouco mais do que um bebê, e Kate cuidou dele como se fosse seu próprio filho. Mesmo depois que as crianças nasceram, Kate continuou se dedicando a ele.

— Eu sei. Ninguém é tão grato a Kate como eu. Ela foi uma verdadeira mãe para Ross durante todos esses anos.

— Você sabe o quanto as crianças se apegaram a ele. Principalmente Marianne.

— Eu sei. Eles são como irmãos.

— Pois é. Por isso é que não entendo por que agora você pretende afastá-los.

— Quem disse que quero afastá-los?

— Da forma como sua esposa agiu hoje, nem foi preciso dizer.

— O que tem Lilian a ver com isso?

— Ela não lhe contou?

— O quê?

À sua maneira, Lilian contara a Nathan sobre o episódio embaraçoso na casa de Kate. Fora apenas um leve desentendimento, ela dissera, nada com que devesse se preocupar. Pequenas divergências na educação do menino, de que ela agora pretendia, pessoalmente, cuidar.

— Caso não saiba — prosseguiu David —, Lilian foi hoje à nossa casa buscar Ross na hora do almoço e não o deixou ficar...

— Ora, isso não é nada. Lilian está apenas assumindo seu papel de esposa e mãe. Não há mais motivos para que Ross continue dando trabalho a Kate.

— Não foi isso que pareceu. Lilian foi muito arrogante com Kate e Marianne, insinuando que ela não é companhia para Ross.

— Ela disse isso?

— Disse.

— Kate não deve ter entendido direito.

— Entendeu sim. Lilian chamou Marianne de mal-educada. O que ela pensa? Que não damos educação a nossa filha?

— Você tem que concordar que Marianne não é lá nenhum exemplo de boa educação, não é mesmo?

David sentiu o rosto arder. Era a primeira vez que o irmão se referia à sobrinha daquela maneira. Até então, nunca dissera nada. Ao contrário, parecia até gostar da menina e nunca se importou com a amizade entre ela e Ross.

— Você sabe que Marianne é uma menina diferente — prosseguiu David, tentando conter a indignação. — E sabe o quanto a amizade de Ross é importante para ela. Se os afastar, estará condenando Marianne.

— Condenando Marianne a quê?

— Ela é nervosa e agressiva. Ross é o único a quem ela escuta. O que poderá acontecer se Ross desaparecer de repente?

— Acho que você está exagerando. Lilian foi apenas buscá-lo para almoçar em nossa casa, a refeição que ela própria preparou para ele.

— E não deixou que voltasse à tarde.

— Porque tinha que estudar.

— Por que não permitiu que ele estudasse lá em casa, como sempre fez? Você sabe que ele também ajuda Marianne com os deveres.

— Talvez esteja na hora de Marianne aprender a se virar sozinha. Ela é muito dependente de Ross, e isso não é bom para nenhum dos dois. Afinal, Ross também é apenas uma criança. Não deveria ficar com essa responsabilidade toda.

— Se você pensa assim, então não vejo mais motivo para continuarmos essa conversa.

Ele foi-se levantando para sair, mas Nathan ergueu-se e pôs-se diante dele, barrando-lhe a passagem.

— Ora, vamos, David. Não vamos brigar, não é mesmo? Somos irmãos. Não precisa ficar desse jeito. Olhe, não se preocupe. É claro que Ross não vai se afastar de Marianne. Eles apenas não se verão tanto. Ross vem da escola, almoça, faz seus deveres e depois, à tardinha, vai visitar vocês. Então? O que acha?

David não respondeu. Empurrou o irmão para o lado e murmurou um boa-noite, que ele retribuiu apenas com um aceno. Depois que ele se foi, Nathan foi até a cozinha, onde Lilian acabava de enxugar a louça do jantar. Sentou-se, serviu-se de uma xícara de café frio e ficou vendo-a cuidar de seus afazeres.

— Onde está Ross? — indagou após alguns minutos.

— Já foi se deitar.

— Tão cedo?

— Isso não é mais hora de criança estar acordada. Francamente, Nathan, você acostumou muito mal esse menino.

Ele deu um suspiro e coçou a testa. Ao final de alguns segundos, considerou:

— Será que é certo o que está fazendo?

— Como assim?

— Você sabe, o Ross... Ele e Marianne estão acostumados um com o outro.

— Ela não é boa companhia para ele.

— Por que diz isso? Ela é só uma menina.

— Uma menina mal-educada e arrogante. Aposto como exerce uma influência daninha sobre o Ross.

— Não sei não. Eles foram criados juntos. São muito apegados. Não sei se é certo separá-los assim.

— É para o bem de ambos, você vai ver. Daqui a pouco, Marianne já vai estar uma mocinha. O que pensa que os outros dirão, vendo-a o tempo todo agarrada à barra da calça do primo?

— David e Kate não gostaram.

— Eles também se acostumarão. Estão com ciúmes, é só.

— Gostaria de lhe pedir uma coisa.

— O que é?

— Não impeça Ross de ver Marianne. A menina é meio esquisita.

— Mais um motivo para afastá-los.

— Não, falo sério. Marianne sempre foi uma menina estranha. Não tem amigos, não brinca com as outras crianças, não gosta de festas nem de folguedos. Só gosta do Ross.

— Ela está é mal-acostumada, isso sim. Gosta de Ross porque ele faz todas as suas vontades.

— De qualquer forma, não gostaria de separá-los. Não se esqueça de que devo muito a Kate, que foi uma verdadeira mãe para ele.

— Ele não precisa mais de Kate.

— Mas eu não posso ser ingrato. Kate fez por ele muito mais do que qualquer madrasta faria.

Lilian encarou-o com mágoa e, voltando as costas para ele, respondeu com dissimulado rancor:

— Já entendi tudo. Não sou páreo para Kate, não é? Ela é a mãe perfeita, a mulher ideal. Pena que já é casada com o seu irmão, ou vocês poderiam juntar as duas famílias.

— Jamais repita uma infâmia dessas! — aborreceu-se Nathan. — Kate é minha cunhada, merece todo o meu respeito.

— E eu sou sua mulher. Não mereço também o seu respeito?

— Não se trata disso.

— Você não confia em mim.

— É claro que confio!

— No entanto, não me dá autoridade sobre seu filho. Que confiança é essa?

— Não quero desautorizá-la nem impedi-la de dar ao menino o tratamento que julgar mais adequado. Só o que lhe peço é para ir com calma. Traga-o para casa após as aulas, faça-o almoçar e estudar aqui. Mas depois, deixe-o ir. Até a hora do jantar, pelo menos.

Ela fitou-o novamente, respirou fundo e retrucou:

— Está bem. Farei como você quer porque o amo e quero evitar discussões. Mas fique sabendo que não concordo com isso!

No dia seguinte, Ross apareceu para buscar Marianne para irem à escola. Ela nem podia definir a alegria que sentiu. Passara todo o dia anterior mais triste do que o habitual, mais acabrunhada e arredia, com medo de haver perdido Ross para sempre.

Marianne se despediu da mãe e desceu as escadas de mãos dadas com o primo, saindo com ele para a rua. Logo ao darem o primeiro passo na calçada, tiveram desagradável surpresa. Lilian estava parada no portão de casa, pronta para sair.

— Bom dia, Marianne — cumprimentou ela secamente.

— Aonde você vai? — retrucou a menina, ignorando o cumprimento da outra.

— Vou acompanhá-los até a escola.

— Não precisa, Lilian — cortou Ross.

— Dona Lilian — corrigiu ela. — Respeito é sempre bom, Ross. Não se esqueça disso.

Marianne sentiu o sangue ferver. Se aquela bruxa pensava que iria mandar nela e em Ross como se fosse sua mãe, estava muito enganada. Olhou-a com ar de desdém e foi tomando a dianteira, puxando Ross pela mão. Até que ouviu a voz de Lilian mais atrás:

— Mais devagar, crianças. Não é preciso correr tanto.

Sem lhe dar atenção, Marianne apertou a mão de Ross e disparou pela calçada, puxando-o com toda força. O menino, assustado, a princípio fez força para parar, mas depois, ouvindo os gritos histéricos de Lilian, achou graça e correu com ela. Em poucos segundos, sumiram no fim da rua. Ross deixou Marianne na porta da escola, e a menina subiu ofegante. Em seguida, tomou a direção de seu colégio e partiu desabalado, não dando a Lilian tempo de alcançá-lo nem de vê-lo desaparecer.

No começo da tarde, quando Marianne e Ross voltaram para casa, encontraram Lilian sentada à mesa da cozinha de Kate. As crianças hesitaram ao vê-la, mas, ante o olhar severo e nada satisfeito de Kate, tiveram que entrar.

— Muito bem, Marianne — começou a dizer. — Lilian está aqui para fazer queixa de você.

— De Marianne? — indignou-se Ross. — Por quê? Ela não fez nada.

— Não adianta tentar defendê-la — repreendeu Lilian. — Sei que foi ela que o puxou hoje cedo. Estou aqui para exigir de Kate uma atitude. O que ela fez foi uma falta de respeito.

Kate sentia ganas de estrangular aquela esnobe. Ela era metida e arrogante, mas Marianne a havia afrontado, e ela não podia permitir que sua filha faltasse com o respeito aos mais velhos. Não fora essa a educação que lhe dera.

— Por que fez isso? — perguntou Kate, dirigindo-se à filha.

Com um sorriso maroto nos lábios, Marianne deu de ombros e não respondeu, irritando ainda mais Lilian, que retrucou furiosa:

— Sua mãe lhe fez uma pergunta, menina! Responda!

— Por favor, Lilian — interrompeu Kate de má vontade. — Deixe que eu mesma cuidarei disso.

— Essa menina é impossível.

— Lilian... — cortou Ross.

— Dona Lilian, já falei.

— Dona Lilian, Marianne não fez nada. Fui eu que a puxei.

— Muito louvável essa sua atitude de defendê-la — tornou Lilian entre os dentes — Mas não me convence. Eu vi!

Ainda com ar de deboche, Marianne revidou:

— Você anda vendo demais.

— Você não — recriminou Lilian. — A senhora.

Kate estava abismada. Aquela mulher era insuportável. Não entendia o que dera no cunhado para casar-se com ela. Nathan sempre fora um homem simples e gentil, e não tinha nada a ver com aquela metida.

— Escute aqui, dona Lilian — falou Kate com ironia —, já estou farta das suas sugestões de como devo educar meus filhos. Se Marianne fez alguma coisa errada, deixe que eu mesma tratarei de castigá-la.

— Só estava tentando ajudar — respondeu Lilian, rubra de vergonha.

— Não preciso de sua ajuda. E agora, se não se importa, está na hora do almoço — e, virando-se para a filha: — Marianne, suba e vá se lavar.

Marianne obedeceu. Quando voltou, Lilian e Ross já não estavam mais ali. Ela olhou em todos os cantos da cozinha, mas não o avistou. A mãe já estava sentada à mesa, onde apenas dois pratos haviam sido colocados, e começou a servi-la assim que ela entrou.

— Onde está o Ross?

— Foi com Lilian.

De forma abrupta e inesperada, Marianne virou a toalha da mesa, jogando pratos e copos para longe. Assustada, Kate deu um salto e levou a mão ao coração, instintivamente olhando pela porta da sala, onde os outros filhos brincavam no tapete.

Marianne, descontrolada, atirava longe tudo o que via. Talheres, panelas, tigelas. Olhar vidrado, parecia não ouvir os gritos aflitos da mãe:

— Pare com isso! Pare! Marianne, por Deus!

A menina estava enlouquecida. Em sua fúria descontrolada, continuava a atirar longe tudo o que lhe aparecia na frente. Kate acercou-se dela e, pelas costas, tentou contê-la, segurando-lhe os braços com força. Vencida pela superioridade física da mãe, ela começou a gritar e a espernear, atirando as pernas para a frente e dando pinotes no ar.

Kate estava apavorada. Jamais havia visto algo semelhante. A muito custo, conseguiu virar Marianne de frente para ela e deu-lhe uma bofetada no rosto. A menina respondeu com selvageria e pôs-se a arranhar os braços da mãe. Kate, cada vez mais aterrada, deu-lhe nova bofetada, e outra, e mais outra, até que Marianne, vencida pelo cansaço, desabou no chão e foi rastejando até a parede.

Seus olhos corriam de um lado a outro, como se visse alguém percorrendo a cozinha. Não havia ninguém. Ninguém que Kate pudesse ver. Mas Marianne via. Caminhando a passos largos, um espírito ria, com as mãos apoiadas nas cadeiras. Era uma mulher. Vestia uma roupa estranha, muito antiga, e trazia na cabeça uma espécie de touquinha de lã.

Ao ouvir a mãe dizer que Ross havia partido com Lilian, Marianne quase desesperou. O ódio que sentiu foi tão grande que, imediatamente, atraiu para junto de si o espírito que acompanhava a madrasta de Ross. Era uma mulher vingativa, que queria desesperadamente prejudicar Lilian e descobrira em Marianne o instrumento perfeito. A menina era extremamente sensível. Muito mais do que qualquer outro que já vira fora dos hospícios. Aliada a essa sensibilidade, a raiva que nutria por Lilian serviu de excelente condutor para os fluidos de ódio e vingança do espírito.

Marianne gostava de Ross. Por ele, seria capaz de odiar, com todas as forças, qualquer um que se interpusesse em seu caminho. E Lilian se interpusera. Ela era mesmo autoritária e pedante, mas tudo poderia ter sido contornado se o espírito não tivesse incutido na mente da menina a imagem da bruxa em que Lilian havia se transformado. Marianne estava certa de que a mulher era mesmo uma bruxa. Via-a com cara de bruxa, roupas de bruxa, chapéu de bruxa. Tudo obra daquele espírito que pretendia usar Marianne em sua vingança.

— Sou Margot — disse ela ao ouvido da menina. — Guarde bem o meu rosto e o meu nome. Vamos nos ver muitas e muitas vezes.

Soltou uma gargalhada histérica e sumiu, e Marianne encarou a mãe, que, sentada na cadeira, rosto afundado entre as mãos, só fazia chorar.

9

A partir daí, tudo se desenvolveu rapidamente. Não havia um só lugar em que Marianne não visse espíritos ao seu redor. Falava com eles como se fossem encarnados, sem se dar conta de que já não pertenciam mais a esse mundo. Vivos e mortos, para ela eram todos iguais.

Para piorar, a já difícil convivência com Lilian foi-se tornando insuportável. A pedido de Nathan, Ross continuava indo e voltando da escola com Marianne, mas, depois disso, só se viam vez ou outra, antes do jantar. Nos fins de semana, Lilian sempre arranjava um jeito de impedir que ficassem juntos. Ou Ross tinha que estudar, ou iam sair e Marianne não podia acompanhá-los.

Certo dia, quando Marianne chegou da escola, trazia nas mãos uma carta lacrada, com o timbre da escola, endereçada ao pai. Entregou a carta à mãe displicentemente e foi para o quarto se trocar. Quando voltou, Kate estava sentada à mesa, olhando-a com cara de poucos amigos.

— O que significa isso? — indagou Kate zangada.

— O quê?

— Esta carta.

Marianne pegou e desdobrou a carta que ela lhe estendeu. Passou os olhos pelas letras e encarou a mãe, desanimada.

— Leia — foi a ordem seca.

Os olhos de Marianne encheram-se de lágrimas, e Kate arrancou a carta das suas mãos com raiva.

— Você não pode ler, não é, Marianne? Não pode porque não sabe! Como fomos estúpidos, seu pai e eu. Pensamos que você havia se emendado. No ano passado, quando tirou aquele dez, achamos que você não era burra e que estava aprendendo. Mas agora vejo que não aprendeu nada!

— Mãe...

— Não! Deixe-me terminar. O que foi que aconteceu? Você não estava aprendendo a ler? Por que não desenvolveu a leitura? Por que não consegue acompanhar a turma? Seu professor diz que você continua alheia e agressiva. Disse que nem pode falar com você. Que você responde mal. Que implica com as outras meninas.

— Não é verdade! Elas é que implicam comigo! Vivem me chamando de esquisita.

— E do que você quer que a chamem? Você não aprende, não se relaciona com ninguém. Nunca convidou uma amiguinha para vir brincar com você. Eu é que as convido, ou melhor, imploro, para que venham aos seus aniversários. Pois agora acabou! Não tem mais festa, ouviu?

Marianne deu de ombros. De que lhe importavam as festas? Quem gostava de festas era a mãe, não ela. Deu as costas a Kate e foi para a porta da cozinha. Desceu dois degraus e espiou para o quintal vizinho, na esperança de avistar Ross, enquanto a mãe continuava a repreendê-la. Marianne, contudo, já não ouvia mais. Desinteressada daquele assunto, desceu as escadas e se aproximou da cerca que separava os quintais das duas casas, enquanto a mãe esbravejava:

— Volte aqui imediatamente! Ainda não terminei!

A voz de Kate caiu no vazio, porque Marianne já havia deslocado a tábua da cerca que servia de passagem entre as duas casas e entrara no quintal da casa de Ross. Em silêncio, coração aos pulos, foi-se aproximando da porta da cozinha. Ross estava sentado de costas, comendo, e a bruxa estava no outro canto, mexendo uma panela no fogão. A seu lado, Margot a viu e sorriu para ela, passando a mão de leve sobre a testa de Lilian.

— Ross... — Marianne chamou baixinho.

O menino se virou ao mesmo tempo em que a madrasta. Vendo Marianne ali parada, Lilian não se conteve. Com a colher de pau ainda na mão, aproximou-se dela.

— O que está fazendo aqui? — indagou com raiva.

Ela fitou a mulher e respondeu com mal contida fúria:

— Preciso falar com Ross.

Na mesma hora, o menino se levantou, mas foi impedido de se aproximar pela voz histérica da madrasta:

— Fique onde está, Ross! Você ainda não terminou de almoçar.

— Já acabei sim, dona Lilian.

— Então, está na hora de estudar.

Calmamente, Ross olhou para ela e, sem alterar o tom de voz, respondeu mansamente:

— Agora não posso. Marianne precisa falar comigo.

Virou-se para Marianne e sorriu, e ela sorriu de volta, agradecida.

— Estou lhe avisando — gritou Lilian. — Se não me obedecer, vai ficar de castigo!

— Lamento, dona Lilian. Mas a senhora não é minha mãe.

— Ora, seu...

De forma mecânica, Lilian desceu a colher de pau sobre a boca de Ross, com força, e esta imediatamente se avermelhou. O menino soltou um grito de dor e levou a mão aos lábios, que já começavam a inchar.

Ao lado de Lilian, Margot balançava a cabeça e dizia com voz de malícia:

— Ora, ora, ora... Vai deixar isso ficar assim, Marianne? Vamos, ataque a bruxa!

Não precisou de mais nada. Marianne partiu furiosa para cima de Lilian e mordeu-a na barriga, apertando bem os dentes e causando-lhe imensa dor. Lilian soltou um grito agudo e olhou para baixo. Marianne estava grudada à sua barriga, apertando-a com os dentes, sem soltar. Tentou empurrar a menina, mas ela se colara a seu ventre feito um parasita.

Imediatamente, pôs-se a gritar, e gritou tanto, que Kate, do outro lado, ouviu a berraria e apareceu esbaforida. Vira a filha atravessar a cerca, mas teve que dar a volta pela frente. Diante daquela cena horrorosa, o sangue de Lilian já se espalhando pela blusa branca, Kate começou a berrar:

— Solte-a! Por Deus, Marianne, solte!

Marianne não soltava. Margot, encostada à parede, dava gargalhadas, enquanto Ross, atônito, esquecera-se até de sua boca machucada.

Kate tentava puxá-la por trás, mas, quanto mais puxava, mais ela apertava os dentes em volta da carne de Lilian, que ia se abrindo numa enorme ferida. Desesperada, Kate começou a bater-lhe, sem sucesso, contudo. No auge do desespero, implorou ao sobrinho:

— Pelo amor de Deus, ajude-me!

Ross saiu de seu torpor e aproximou-se de Marianne. Colocou a mão em seu rosto e pediu com ternura:

— Por favor, Marianne, solte dona Lilian.

Ela não soltou, embora parasse de apertar. Sentindo as mãos do primo em sua face, aos pouquinhos foi-se acalmando, até que afrouxou a boca e Lilian tirou o corpo, correndo para o outro lado da cozinha e gritando:

— Tirem essa louca daqui! Essa menina é uma selvagem! Maluca! Doida!

Margot ficou furiosa e tentou investir contra Ross, sendo detida por Marianne:

— Se você fizer alguma coisa a ele, vai se arrepender! Mordo você também.

O amor da menina pelo garoto assustou o espírito, que se afastou temeroso.

— Com quem está falando? — indagou Kate.

— Com Margot. Ela quis bater no Ross.

— Saia! — a voz esganiçada de Lilian as interrompeu. — Leve essa fera daqui!

Kate estava aturdida. Tão aturdida que não sabia o que fazer. Não sabia se ralhava com Marianne ou se a levava a um médico. Decididamente, Marianne não estava bem. Sua agressividade estava passando dos limites. Parecia mesmo uma louca.

— Sinto muito, Lilian... — balbuciou Kate.

— Saia daqui! E leve esse monstrinho com você!

Ela já ia saindo quando ouviu a voz de súplica do sobrinho:

— Por favor, tia Kate, deixe-me ficar com Marianne.

— Depois.

Saiu puxando Marianne pelo braço, que se deixou conduzir passivamente para casa. Assim que entraram, escutaram choro de criança, e Kate subiu para o quarto. Deixara os filhos dormindo, e Kevin acordara e chamava pela mãe. Ela retirou o menino do berço, embalou-o e colocou-o de volta, distraindo-o com alguns bichinhos de pelúcia. Depois que ele sossegou, saiu à procura de Marianne.

Ela estava onde a havia deixado, sentada no sofá da sala, sem expressar qualquer reação. Com um certo receio, Kate aproximou-se e sentou-se diante dela, perguntando com voz sofrida:

— Por que você fez isso?

Ao final de alguns segundos, Marianne respondeu impassível:

— Isso o quê?

— Por que mordeu Lilian? Você quase arrancou um pedaço da barriga dela.

Marianne deu de ombros e, fazendo beicinho, respondeu com simplicidade:

— Margot me mandou atacá-la.

— Margot?

— É. Ela estava lá e me mandou atacar Lilian. Ela bateu em Ross. E depois, Margot quis bater nele também...

— Basta! — exaltou-se. — Deixe de inventar histórias! Não havia ninguém lá além de nós.

— Havia sim! Margot estava lá.

Kate respirou fundo e acrescentou:

— Sei que você não gosta de Lilian. Eu também não gosto. Mas não foi nada bonito mordê-la. E também não é bonito ficar inventando coisas.

— Não estou inventando nada. Margot estava lá...

— Se não parar com essa mentira agora mesmo, serei obrigada a tomar uma medida mais drástica!

Pronto. Lá vinha a mãe com suas palavras difíceis. Marianne não sabia o que era uma medida, muito menos drástica.

— Não estou mentindo. A culpa toda foi de Margot...

Kate já estava cansada daquelas histórias insanas. Levantou-se furiosa e segurou Marianne pelo braço, dando-lhe forte beliscão. A menina não gritou, limitando-se a olhar para a mãe sem entender. Kate puxou-a furiosamente, e foi só então que Marianne reagiu. Começou a espernear e a gritar, dando socos e chutes, tentando morder as mãos da mãe.

— Pare! — gritou Kate.

Marianne não parava. Parecia totalmente fora de si, tomada por um descontrole sobrenatural. Kate tentou contê-la o quanto pode, mas ela estava ficando incontrolável. Não viu outra saída, senão prender os braços dela e imobilizá-la. Assim tolhida, Kate conseguiu subir com ela.

Com tanta gritaria, era natural que as crianças acordassem, dando início a um berreiro sem fim. O choro das crianças fez crescer o desespero de Kate, que queria conter a filha e atender aos demais. Marianne era uma criança, contudo, os outros eram praticamente bebês. Kate queria que ela parasse, mas a menina atirava as pernas a esmo, espumando de um ódio assustador. Não podia entrar com ela no quarto dos outros filhos, que se apavorariam vendo a irmã naquele estado de aparente demência.

Sem perder tempo, abriu a porta do quarto com o pé e atirou Marianne lá dentro. Rapidamente, retirou a chave da fechadura e bateu a porta, trancando-a pelo lado de fora. A menina, descontrolada, dava investidas contra a porta, gritando para que a mãe a soltasse:

— Solte-me! Deixe-me sair!

Tomada pela exaustão, com o corpo dolorido e roxo, Marianne deixou-se cair rente à porta e pôs-se a chorar. Nunca se sentira tão só em toda a sua vida. Daria um braço ou uma perna para ter Ross ali junto dela. A mãe não entendia, a bruxa a odiava. E Margot? Enganara-se ao pensar que Margot era sua amiga. Se fosse, não teria mandado que ela atacasse a bruxa na hora em que sua mãe vinha chegando. E ainda tentara agredir Ross.

Não podia se iludir. Estava sozinha.

10

— Não quero mais essa menina aqui! — esbravejava Lilian. — Ela é uma selvagem, um animal!

— Marianne é apenas uma criança — Nathan tentava defender.

— Não interessa! Veja só o que ela fez! — levantou a camisola e exibiu o curativo na barriga, ainda sujo de sangue. — Ela é uma doida, isso sim!

Nathan levou a mão à testa, desanimado. Lilian, no fundo, tinha razão. Marianne estava se tornando uma menina difícil de se controlar, o gênio irascível aumentava cada dia mais. No entanto, tinha uma dívida de favor para com Kate e não podia, simplesmente, ignorá-la.

— Talvez seja melhor deixar Ross lá com eles — sugeriu Nathan.

Lilian considerou durante alguns segundos, e uma nova ideia se delineou em sua mente. O menino não era seu filho, e ela já estava se enchendo de tantos transtornos. Sem contar que a situação agora havia mudado e não lhe interessava mais ocupar-se com o garoto. Olhou para o marido com ar de dúvida e indagou:

— Você quer dizer, morando lá?

— Não exatamente. Ross é meu filho, e eu prometi à mãe dele que jamais nos separaríamos. Mas podemos deixar tudo como estava antes. Aposto como Marianne iria até melhorar.

— Não sei. Não me agrada a ideia de que seu filho, meu enteado, fique indo e vindo daquela casa. Ou vai de vez, ou não vai.

— Isso é um absurdo. Está sugerindo que eu me desfaça de meu filho? Que abra mão dele de vez? Não foi isso o que você me disse quando nos casamos. Prometeu cuidar dele.

Ela abaixou os olhos, visivelmente confusa e arrependida. É claro que prometera tomar conta do menino. Só não levou em conta que, de quebra, teria que enfrentar uma garota louca e mal-educada. Além do mais, não pensou que as coisas mudariam tão de repente.

— Não é isso — desculpou-se. — É que você não tem ideia do que passei hoje, com aquela menina grudada na minha barriga e me mordendo feito uma fera.

Lilian jogou-se na cama, chorando nervosamente, até que Nathan a abraçou e tentou consolá-la:

— Eu sei, querida, posso imaginar. Mas Marianne é uma criança... não tem noção do que faz.

— Diz isso porque não a viu. Ela estava transtornada, enlouquecida... Não sei não. Se eu fosse Kate, levaria aquela menina a um médico de doidos. Ela tem alguma coisa de loucura... pode-se ver pelo seu olhar. E depois, as coisas que faz... Que criança daquela idade você conhece que agride os outros com tanta fúria?

— Sei que tem razão, querida. Mas Kate tem sido tão boa para mim e para Ross...

— O fato de você ser-lhe grato não significa que tenha que se sujeitar a tudo. Ela o ajudou? Ótimo. Agradeça-lhe. Nós, no entanto, não podemos continuar vivendo assim. Essa menina ainda vai acabar estragando o nosso casamento.

— Você está exagerando.

— Não estou não. Até quando acha que irei suportar? Ela não é minha filha. Não tenho obrigação de tolerar os seus ataques.

— O que quer que eu faça? Que proíba Ross de vê-la? Isso seria muito pior.

— Pior para quem?

Durante alguns minutos, Nathan permaneceu em silêncio, tentando imaginar algo para dizer. Sabia, contudo, que qualquer coisa que dissesse não faria Lilian mudar de opinião. A mulher, por sua vez, regozijava-se. Aquela era a chance de dar início ao novo plano que idealizara. Aproveitando-se da situação, adoçou a voz e considerou:

— Você está certo. Afastar Ross de Marianne só serviria para piorar as coisas. Eu, todavia, não estou mais disposta a tolerar as suas sandices. Por isso, vamos nos mudar...

— Mudar? Para onde? E o meu trabalho?

— Vamos para outro bairro, um bairro melhor, mais elegante.

— Não vejo nada de errado com este. É um lugar muito bom de se viver.

— Não está sendo bom para nós.

— Ross não vai querer.

— Ele não tem querer. É criança, e crianças não têm vontade. Têm que obedecer.

— Marianne vai fazer um escândalo. Vai dificultar as coisas.

— Ela não precisa saber. Nem ela, nem ninguém. Por enquanto, vamos deixar as coisas como estão. Deixemos que Ross volte a conviver com Marianne como antes. Eu não vou interferir nem vou querer saber de nada. Ele que fique por lá o quanto quiser. Enquanto isso, vamos procurando uma outra casa. Quem sabe até não podemos comprar uma, ao invés de alugar? Você agora não está ganhando mal.

Nathan ficou em dúvida. Não lhe agradava fazer as coisas às escondidas. Sabia o quanto Ross e Marianne iam sofrer, e até Kate, que criara o menino como se fosse seu próprio filho. Lilian, porém, estava certa. Não tinha que se sujeitar às humilhações de Marianne. Soltou um suspiro prolongado e retrucou vencido:

— Está certo. Convenceu-me. Acho mesmo que tem razão. Já está na hora de vivermos a nossa própria vida. Kate e David vão entender.

— E Ross fará novos amigos. Com o tempo, nem se lembrará mais de Marianne.

Lilian queria subir na vida, e aquele bairro não estava à sua altura nem condizia com a nova condição social que pretendia adquirir. Graças a ela, Nathan agora ganhava bem. Podia comprar uma casa num bairro mais elegante. E Marianne acabara se tornando um ótimo pretexto para convencê-lo a se mudar.

Não disseram nada a Kate ou a David, muito menos às crianças. Fariam tudo às escondidas. Quando a casa estivesse comprada e a mudança acertada, Nathan participaria ao irmão e à cunhada, e pediria que saíssem com Marianne por um tempo. Se ela não visse nada, não sofreria tanto nem faria escândalos desnecessários. E, quando soubesse, seria tarde demais.

Naquela noite, Lilian foi dormir mais tranquila, sem desconfiar de que, a seu lado, o espírito de Margot a acompanhava furiosa. Não era possível que Lilian se livrasse da menina e estragasse seus planos de vingança. Lilian pensava que ficaria livre, mas estava enganada. Ela iria contar tudo a Marianne.

Já ia saindo quando deu de cara com outro espírito, parado na porta a olhá-la com ar aterrador:

— Eu não faria isso se fosse você — falou ele, em tom assustadoramente ameaçador.

Margot levou um susto e parou no meio do quarto, com a boca aberta, tentando adivinhar de onde havia surgido aquele desencarnado.

— Quem é você? — indagou receosa, com medo de que alguém o houvesse mandado para levá-la dali.

— Não sou nenhum mensageiro de luz, se é o que pensa — respondeu ele, lendo-lhe os pensamentos. — Acha mesmo que me pareço com um?

Margot olhou para ele, para seus trajes negros e seus olhos vítreos, e respondeu um pouco mais tranquila:

— Não. Ao contrário.

Luther soltou uma gargalhada e se aproximou da cama, onde o casal dormia despreocupadamente:

— Não deve se meter com Marianne, Margot.

— Você me conhece? — tornou ela surpresa, já que nunca o havia visto por ali.

— Digamos que eu sei das coisas.

— Sabe?

— Sei muito a seu respeito. Sei que você fugiu há muitos anos e vem acompanhando Lilian desde a encarnação passada.

— Você não sabe o que ela me fez.

— Já disse que sei muito sobre você, logo, sei o que ela lhe fez. Por causa dela, você foi presa, acusada de bruxaria, e a ignorância do povo a colocou sob uma placa de madeira, cobrindo-a com pedras até que seu pulmão estourasse e você morresse, afogada em seu próprio sangue. Não é verdade?

Margot começou a chorar e retrucou:

— Você não imagina o que ela me fez passar. E para quê? Para ficar com o meu homem! E ainda se dizia minha amiga.

— Para você ver. Não podemos confiar em ninguém hoje em dia, não é mesmo? — ela não respondeu, limitando-se a encará-lo com um certo temor. — Mas eu tenho uma amiguinha, sabia? Uma amiga de verdade. O nome dela é Marianne.

— Marianne?

— Exatamente. A mesma que você está querendo utilizar na sua vingança.

— E daí? Não vá me dizer que quer protegê-la.

— Sim e não. Marianne é minha, caso não saiba.

— Nunca o vi ao lado dela.

— Estou afastado por razões que não lhe dizem respeito. Mas não a abandonei. Sei de tudo o que se passa com ela. Sei até de você, como pode perceber.

Margot escutava aquele espírito das sombras que lhe parecia extremamente poderoso, dono de um ar de superioridade e uma imponência que a assustavam, como se ele fosse um imperador ou coisa parecida.

— Quem é você? — quis saber ela, algo confusa.

— Meu nome é Luther.

— De onde vem?

— Das profundezas do inferno — disse em tom maroto, soltando uma gargalhada cínica. — Estou brincando. Sou o dirigente de uma pequena cidade do astral inferior — ante o seu olhar de espanto, ele acrescentou: — Você deve estar se perguntando o que uma pessoa tão importante como eu faz por aqui, não é mesmo? Pois vou lhe dizer. Marianne é especial. Há muitos anos, ela fugiu de mim, levando muitos outros com ela. Passei um longo período sem vê-la, até que a encontrei nesse estado. Caso você não tenha percebido, ela é o que se pode chamar de maluca. Ela ainda não sabe, mas está enlouquecendo.

— O que você pretende com ela? Vingança?

— De uma certa forma, sim. Ela foi uma peste e, apesar disso, não posso trazê-la para o lado de cá. Seus amigos são poderosos, bem mais do que eu. Só que esse amigos estão do lado de lá, você entende?

— Quer dizer, do lado da luz?

— Isso mesmo.

— Então, por que não aparecem para livrá-la de sua loucura?

— Como você é tolinha, Margot. Se eles montassem guarda à cabeceira dela, de que adiantaria ser louca? Aliás, ela seria tudo, menos louca. Só que ela quis ser doida, pediu, implorou para ser doida varrida. Esse pedido já demonstra que não é normal. Pedi e obtereis[2] — ironizou. — Não é assim?

— Não compreendo...

— Será que você é tão estúpida quanto ela? Marianne escolheu ser louca, ou melhor, ter uma sensibilidade muito acima do normal. É como se ela não tivesse qualquer barreira separando o mundo visível do invisível. Dá para imaginar? Ela pode ver e ouvir todo tipo de espíritos. Será que você não percebeu?

— Percebi.

— Só que há seres iluminados que a vigiam o tempo todo, interessados em assegurar que se cumpra o que tem de ser, ou seja, que ela fique, literalmente, louca.

Margot sentiu uma pontada de tristeza. Afinal, não era ruim. Queria se vingar de Lilian porque ela fora má, enganara-a para tomar-lhe o homem amado e ainda a levara àquela morte horrenda. Marianne, contudo, era apenas uma menina e não lhe fizera nenhum mal.

— Ela não tem como evitar essa triste sina?

— Talvez, se tivesse escolhido pais mais esclarecidos e amorosos. Mas, cá entre nós, eles são umas pestes também, e isso é ótimo para nós. Facilita o nosso acesso.

— Pobre Marianne...

— Não pense assim. Ela sempre soube que seria muito provável me reencontrar. Somos amigos de longa data. Gostaria muito de trazê-la para o meu lado, mas não posso. Como lhe disse, ela tem amigos muito mais poderosos do que eu, contra os quais não tenho forças para lutar. Quando ela desencarnar, eles correrão para buscá-la, e eu não terei a menor chance. A não ser que ela se suicide... Mas não, acho que não...

---

2 Trata-se de uma ironia ao capítulo XXVII do Evangelho Segundo o Espiritismo, que os espíritos das trevas consideram contrário aos seus interesses (N.A.).

— Não estou entendendo.

— O tempo de que disponho é muito curto, e quero aproveitá-lo ao máximo. Marianne precisa enlouquecer, e sou eu que vou ajudá-la nesse processo. Para isso, não vou aceitar nenhum tipo de intromissão.

— Quem é que está se intrometendo?

— Você. Não a quero interferindo em meus planos.

— Eu? Não vou fazer isso. Não quero nada com Marianne. Meu negócio é com Lilian. É com esta aqui que tenho contas a acertar.

— E para isso, usa Marianne?

— Sim, mas não pretendo fazer-lhe mal.

— Sei que não. Só que os seus planos esbarraram nos meus.

— Como assim?

— Vou ser claro com você, Margot. Não é de meu interesse que Marianne saiba a respeito da mudança de Ross. Quero que tudo saia conforme eles planejaram. Por isso, vou dar-lhe um aviso. Faça com Marianne o que quiser. Use-a em sua vingança enquanto puder. Faça com que ela agrida Lilian, que a morda e a arranhe. Mas jamais lhe diga que Ross vai se mudar. Nem de longe sugira isso. Sequer a deixe desconfiar ou imaginar uma coisa dessas. Se o fizer, vai ter que se entender comigo depois. Compreendeu?

A superioridade dele era patente, e Margot simplesmente assentiu, com medo de despertar-lhe a fúria.

— Não ousaria desobedecer-lhe — tornou com reverência. — Mas posso perguntar por que é tão importante essa mudança?

— Pense, Margot, pense. Quem é o queridinho de Marianne? Não é o bobalhão do Ross, com sua vozinha de pederasta e seus gestos de bom moço? — ela assentiu. — Pois então, como acha que ela vai ficar quando ele, de repente, desaparecer?

— Maluca?

— Quase. Esse é o estopim que irá acender a bomba da loucura plantada na cabeça dela.

Margot ficou abismada. Aquele Luther era mesmo infernal. Contudo, por mais piedade que sentisse de Marianne, não tinha nada com isso. A menina não era problema seu. Só podia lamentar. Ela era um instrumento muito bom, mas Margot não ousaria contrariar as ordens de Luther. Não queria, ela também, integrar as suas hordas.

11

A noite caiu, e Kate terminou de colocar as crianças na cama, para só depois ir para seu quarto, passando antes pelo de Marianne. A menina passara o dia todo ali e mal se alimentara. Embora Kate não julgasse aquela a melhor solução, não via outra saída. Marianne passara dos limites.

A filha havia adormecido encostada à porta, de forma que foi preciso empurrá-la. Marianne, todavia, não despertou. Permaneceu deitada na mesma posição em que estava, e Kate abaixou-se ao lado dela. Alisou seus cabelos e engoliu um soluço. Cuidadosamente, apanhou-a no colo e deitou-a na cama, cobrindo-a com o cobertor.

Fechou a porta com cuidado, deixando-a destrancada. Já em seu quarto, conferiu se Suzie dormia e, retirando o robe, deitou-se ao lado de David.

— Não sei mais o que fazer com Marianne — comentou ela após alguns minutos. — Ela hoje se superou.

— Como assim?

— Ela mordeu a Lilian.

— Como é que é?

— Você ouviu. Marianne mordeu Lilian hoje cedo, em sua casa.

— Por que não me disse antes?

— Não queria que as outras crianças ouvissem.

— Por isso ela não desceu para o jantar?

Ela assentiu e enxugou as lágrimas, que não conseguiu evitar que caíssem.

— Eu a deixei trancada no quarto. Levei comida para ela, mas ela não quis...

— Isso é muito grave.

— Não sei mais o que fazer. Marianne não é como as outras crianças. Nunca foi muito sociável, mas agora está se tornando exageradamente agressiva. Bate nos irmãos, já me bateu também, e agora, mais essa com a Lilian. Imagine só o que ela deve estar falando nesse momento.

David virou o rosto para a janela, acabrunhado. Não sabia que as coisas estavam ficando tão sérias assim.

— E isso não é tudo — continuou Kate. — Hoje veio outra carta da escola. O professor reclama que ela não aprende. Voltou a ficar alheada e a não prestar atenção às aulas. Está tendo dificuldades com a leitura e não se interessa em aprender.

— Como pode ser isso, se no ano passado ela tirou até uma nota dez?

— Para você ver. Foi só daquela vez. Depois, voltou a ser a mesma estúpida de sempre. O professor acha que ela não vai passar de ano. As amiguinhas já estão lendo tudo, e ela não consegue sair das primeiras letras.

David levou a mão ao rosto e desabafou angustiado:

— Oh! Deus! Por que tivemos que ter uma filha assim? Logo nós, que nunca fizemos mal a ninguém.

— Também já me fiz essa pergunta. Mas Marianne é nossa filha, e precisamos cuidar dela. Isso não pode continuar assim.

— O que faremos?

— Não sei. Jane disse...

— O que Jane disse não interessa — rebateu ele, sem muita convicção, mais para impressionar a mulher do que para expressar o que realmente sentia. — Ela tem aquelas ideias extravagantes sobre psiquiatras, psicólogos ou seja lá como se chamam.

— Pense bem, David. Talvez ela tenha razão. Marianne anda mesmo muito esquisita. Faz coisas que ninguém normal faz. Será que um psiquiatra não resolveria o problema?

— Não sei.

— Marianne não é mais um bebê, já deveria ter ultrapassado essa fase de morder. E ela mordeu por raiva, com força, tirou muito sangue de Lilian. Não sei mais o que fazer com ela.

Há muito David sentia vontade de levar Marianne ao psiquiatra, todavia, algo dentro dele o fazia relutar. Não era o medo da reação de Kate, e sim um certo incômodo, uma sensação de estar fazendo algo errado. Queria levá-la, mas que a ideia partisse de Kate, para que ele não tivesse que assumir aquela responsabilidade. Como, porém, a mulher não se resolvia, talvez coubesse a ele o dever de dar-lhe um pequeno incentivo.

— Talvez devêssemos mesmo consultar o tal psiquiatra — disse ele com cautela.

Na mesma hora, Kate reconsiderou. Falara aquilo por falar, para desabafar, mas não estava pensando seriamente em levá-la ao médico.

— Não vamos nos precipitar — tornou insegura. — Acho que devemos esperar um pouco mais. Talvez você deva falar com Nathan e Lilian, desculpar-se e pedir para que Ross venha visitá-la. Quem sabe ela não melhora?

Mesmo não lhe agradando, David fez como Kate sugeriu e, no domingo seguinte, foi novamente bater à porta da casa do irmão.

— Tio David! — exclamou Ross, que abrira a porta. — Vamos entrando.

— Seu pai está?

Antes que o menino lhe respondesse, Nathan veio de lá de dentro, estendendo a mão para o irmão.

— Olá, David. O que veio fazer aqui?

David passou para o lado de dentro meio sem jeito. Não sabia ao certo o que dizer e começou a falar baixinho:

— Você é meu irmão... não gostaria que nos desentendêssemos.

— Quem falou em desentendimentos?

— Não gostaria que a atitude de Marianne abalasse a nossa amizade. Tente compreender.

— Então é isso? Está preocupado com o que Marianne fez? Ora, vamos, isso é coisa de criança. Deixe para lá, já passou.

— Quer dizer que você não está aborrecido?

— De jeito nenhum! Lilian me contou tudo. Marianne a atacou, é verdade, só que Lilian não ficou zangada.

— Mas...

— É claro que, na hora, ela ficou com raiva. Afinal, ninguém gosta de ser mordido, não é mesmo? Mas depois, até que achou graça.

— Achou?

— Claro! Quem pode se zangar com as diabruras de uma criança? Para falar a verdade, esse episódio serviu para nos mostrar o quanto estávamos sendo injustos com Marianne e Ross.

— O que quer dizer?

— Lilian e eu concordamos que não vimos agindo direito com os dois. Afinal, são primos, foram acostumados juntos desde pequeninos.

— É verdade...

— Por isso, achamos que não devemos mais interferir.

— Como assim?

— Bem, Ross pode ir ver Marianne quando quiser.

— Eu posso? — pulou Ross de seu canto, onde permanecera quieto, sem ser notado, só prestando atenção à conversa do pai e do tio.

Nathan se assustou. Nem se dera conta de que o filho estava ali e respondeu com uma certa irritação:

— É feio ficar escutando a conversa dos mais velhos, Ross.

— Eu vim apenas abrir a porta para o tio David...

— Não brigue com o menino, Nathan. Afinal, ninguém o mandou sair.

— Hum... está bem. Você tem razão. Ross sempre foi um menino muito gentil e educado.

— Posso ir ver Marianne? — era o garoto, transbordando de ansiedade.

— Pode... — titubeou o pai.

— Oba! Vou lá agora mesmo!

David notou o ar de contrariedade de Nathan, que parecia pensar o contrário do que dizia.

— Tem certeza? — indagou ele, e o irmão assentiu. — E Lilian? Não vai se zangar?

— Como lhe disse, Lilian concordou que seria o melhor. Fique sossegado, ela não vai se importar.

— Gostaria de falar com ela primeiro. Pedir-lhe desculpas.

— Não precisa. Lilian não está aborrecida. Realmente. E depois, está descansando. Acha mesmo que deveríamos importuná-la por tão pouco?

David meneou a cabeça e despediu-se, voltando para casa com o sobrinho. Depois que eles se foram, Nathan fechou a porta lentamente e virou-se na direção da cozinha, de onde Lilian escutara tudo. Ela apareceu e deu um sorriso de triunfo.

— Será que estamos agindo corretamente? — indagou Nathan confuso, sentindo que o remorso o corroía.

— É claro que sim. Ross vai visitar aquela selvagem. Não era isso que todos queriam?

— Não é a isso que me refiro, e sim ao fato de estar enganando meu próprio irmão.

— Em que você o enganou? Você apenas lhe omitiu certos fatos.

— Isso não é verdade. Disse a ele que você não estava zangada quando, na verdade, está furiosa. Também não é verdade que concordamos que Ross e Marianne voltem a se ver. Esta é uma farsa elaborada para encobrir as nossas reais intenções.

— E daí? O que você queria? Abrir-se com David? Dar-lhe a chance de contar tudo a Marianne e de ela vir aqui de novo me afrontar?

— Marianne é apenas uma criança.

— Ela é louca!

— Não diga isso.

— É verdade. Só não vê quem não quer. Marianne é louca e devia estar num hospício.

— Você está exagerando.

— Será que estou? Quer arriscar? O que ela fez comigo foi apenas uma pequena amostra do que é capaz. Não se iluda, Nathan, se Marianne precisar, vai enfrentar qualquer um, inclusive você e o próprio David. — Ante o desânimo dele, ela afagou os seus cabelos e acrescentou: — Não fique triste. Tenha certeza de que você está fazendo o melhor para todos nós. Pense no seu filho. Marianne é possessiva. O que fará a Ross quando estiver mocinha? Não vai deixá-lo um minuto sequer. Vai aterrorizar suas namoradas e prejudicar o seu futuro. É isso o que quer?

— Não, mas...

— Nada de mas. Você mesmo falou que eles pensam em se casar.

— Isso é coisa de criança.

— É coisa de criança agora. E mais tarde? Marianne vai arruinar a vida dele, vai espantar todos os bons partidos que você lhe arranjar. É capaz até de nem o deixar estudar direito. Imagine-a seguindo-o por toda parte, na universidade, nas festas, nos pubs[3]. E se ela resolver engravidar? É esse o futuro que espera para o seu filho?

— Não.

— Então, deixe de ser tolo e se aquiete. Vai dar tudo certo. Quando comprarmos nossa casa e nos mudarmos daqui, Ross vai ficar livre da influência perniciosa dessa menina.

— Você se esquece de que Ross também gosta dela.

— Porque não tem opção. Ele não sai, não vai a lugar nenhum. Marianne não deixa. Aposto que nem o deixa ter amigos.

Nathan calou-se. O filho era um menino muito sociável e se dava com todos na escola. Os professores viviam a elogiá-lo. Era inteligente, estudioso, interessado. Cordial com os colegas e muito educado. A verdade, no entanto, era que preferia a companhia de Marianne.

A semana que se passara fora péssima para Marianne, sem notícias do primo, que sequer a acompanhara à escola. Sua ausência fora deixando-a cada vez mais triste e acabrunhada. Já nem se alimentava direito. Andava tão deprimida que os pais nem tiveram coragem de repreendê-la pelo fracasso com a leitura.

David entrou com Ross e subiu direto as escadas, indo bater à porta do quarto da filha. Ela estava sentada na cama, fitando o vazio pela janela aberta, e não se interessou pela entrada do pai. Nem levantou os olhos. Apenas ouviu a voz dele, exclamando com euforia:

— Adivinhe a surpresa que trouxe para você!

---

3 Pub — espécie de bar no Reino Unido, onde se servem bebidas alcoólicas (N.A).

Marianne se voltou sem nenhum entusiasmo. David entrou primeiro e chegou para o lado, tornando Ross visível aos olhos dela. Ela mal podia crer. De um salto, pulou da cama e atirou-se ao pescoço dele.

— Não acredito! — exultou ela. — É você mesmo, Ross?

O menino estreitou-a com carinho e beijou o seu rosto, enquanto David completava:

— Lilian não vai mais impedir que se vejam, Marianne. Por isso, seja boazinha com ela e não a destrate.

Marianne nem ouviu o que ele disse. Puxou Ross pela mão e desceu correndo as escadas, saindo com ele para o quintal.

— Vamos tomar um sorvete? — sugeriu ele. — Meu pai me deu dinheiro.

Da porta dos fundos, Kate os observava e consentiu que ela fosse. De mãos dadas, os dois ganharam a rua. Sua felicidade era tanta que nem imaginavam o que estava por acontecer.

Da janela da casa vizinha, Lilian os seguia com o olhar. Desde que Ross saíra com David, ocultara-se atrás da cortina para esperar a reação de Marianne. Assim que eles passaram defronte à sua casa, a caminho da sorveteria, ela sibilou entre os dentes:

— Aproveite enquanto pode, sua pirralha maldita. Seus dias com Ross estão contados.

Soltou a cortina com fúria e foi para dentro, rindo de sua própria malícia e do destino que esperava por Marianne.

12

A vida na casa de Marianne parecia haver retomado a normalidade, e a menina se encontrava bem mais calma na companhia de Ross. Depois de se certificarem de que ela já estava melhor, Kate e David chamaram-na novamente para uma conversa a respeito da escola.

— O senhor O'Neill se queixou de você novamente — falou Kate, sentada em frente a ela no sofá. — Disse que você não aprende.

Marianne olhou para Ross de soslaio e não respondeu, limitando-se a ouvir as queixas dos pais.

— O que há, Marianne? — acrescentou o pai. — Pensei que pudéssemos confiar em você.

— Isso não se faz — prosseguiu a mãe. — Como foi que esqueceu tudo o que Ross lhe ensinou? E por que não presta atenção às aulas?

— Será que as aulas são muito aborrecidas? O professor O'Neill não é bom o bastante?

— Pelo visto, vai perder o ano. O que faremos se você for reprovada?

— Se isso acontecer, serei obrigado a mandá-la para aquela escola de Newcastle, da qual já lhe falei. É isso que quer?

— É claro que não, não é mesmo? Ainda mais agora, que conseguimos trazer Ross de volta.

— Contudo, não terei outra alternativa. Se você não passar de ano, serei mesmo obrigado a enviá-la para lá.

Marianne estava confusa. Os pais falavam sem parar e nem lhe davam tempo de pensar. De tudo o que diziam, pouco ela apreendia. Apenas uma coisa conseguira entender: eles a ameaçavam com uma escola distante. Por quê? Seria um castigo pelo que havia feito à bruxa? Mas a culpa não era dela. Tudo o que fizera fora seguir as ordens de Margot.

Ross também não dizia nada. Olhava para Marianne, tentando adivinhar no que estaria pensando, certo de que estava confusa. Ela sempre ficava.

— Estamos entendidos, Marianne?

Era a voz do pai, dando por encerrado o sermão. Marianne, no entanto, não se lembrava mais do que ele dissera no começo. Para não levar bronca nem apanhar, balançou a cabeça afirmativamente e tornou a olhar para Ross, que piscou um olho e sorriu.

— Não se esqueça — disse a mãe, aproximando-se dela, depois que o pai saiu: — estamos confiando em você.

— Pode deixar, tia Kate — intercedeu Ross. — Eu lhe ensinarei de novo.

Kate fitou o menino com emoção, grata por ele gostar tanto de Marianne. Apenas Ross sabia lidar com ela e tinha o poder de acalmá-la. Já nem sabia mais como lhe agradecer as horas roubadas da infância, cuidando de sua filha. Era um menino tão jovem e inteligente e, ao mesmo tempo, abnegado de sua própria vida e dedicado à prima.

As coisas sucediam conforme o planejado. Todos os dias, Ross se dedicava à difícil tarefa de ensinar Marianne. Cada vez mais, ela parecia desinteressada da lição, deixando o menino apavorado.

— Você não quer ir morar em Newcastle, quer? — dizia ele, tentando assustá-la para que prestasse atenção aos estudos.

— Não.

— Então, tem que se esforçar.

Marianne olhava do papel para Ross, tentando entender por que aquilo era tão importante. Não compreendia.

Em certa ocasião, apanhou o lápis da mão dele e aproximou-o do caderno. Ross suspirou aliviado, pensando que ela ia, finalmente, copiar as frases que ele escrevera. Ao invés disso, Marianne desenhou um coração e escreveu dentro dele as letras

R e M. Apesar de emocionado, Ross sentiu o desespero tomar conta dele e, com os olhos cheios de lágrimas, suplicou:

— Será que você não entende? Tio David não está brincando. Se você não passar de ano, ele vai mandar você para bem longe daqui. Você quer ir para o internato e me deixar? — Ela meneou a cabeça e ele prosseguiu: — Então tente. Sei que pode. Você já aprendeu a ler uma vez, não pode ter esquecido. Já tirou até um dez. Lembra-se do dez, Marianne?

— Lembro — respondeu ela com um certo orgulho.

— Então vamos. Pelo amor de Deus, se você não ler, não poderemos mais ficar juntos.

Vendo o desespero dele, Marianne compreendeu como era importante para Ross que ela lesse. Mas o que podia fazer se não gostava e não via utilidade alguma nas letras? Ele dizia que ela se esquecera, o que não era verdade. Apenas não se interessava.

Como Ross ficaria feliz se ela lesse aquelas linhas, foi o que fez. Afagou o rosto do menino e apanhou o caderno, onde ele havia escrito as frases que ela deveria copiar. Com voz pausada e sonora, foi lendo:

— Mamãe vai às compras no mercado; Papai saiu para o trabalho; O gato do vizinho subiu na árvore...

Ross sentiu a pele se arrepiar e suspirou aliviado. Ela estava lendo! Marianne sabia ler. Não se esquecera. Estava atrasada na escola porque queria. Sua teimosia, contudo, acabaria lhe custando o ano letivo. Tentou expor-lhe o problema:

— É claro que você sabe ler. Por que não acompanha o resto da turma? O senhor O'Neill está muito zangado com você.

Ela deu de ombros e respondeu com desinteresse:

— Não gosto de ler. Não acho que seja importante.

— Como não é importante? Se você não aprender a ler, vai ficar ignorante para sempre e perderá muitas coisas boas na vida. É isso o que você quer? Ser burra?

Ela deu de ombros novamente e retrucou:

— É importante para você?

— É muito importante para mim. E deveria ser para você também. Se você não acompanhar a turma, seu pai vai mandá-la para o internato em Newcastle.

— Não quero ir.

— Sei que não. Nem eu quero que vá. Por isso, trate de prestar atenção às aulas e fazer tudo direitinho como o senhor O'Neill mandar. Se ele mandar você ler, leia. Se a mandar escrever, escreva. Se lhe perguntar alguma coisa, responda.

— Está bem. Se é o que você quer...

Era ela quem deveria querer, para o seu próprio bem. Mas exigir dela essa consciência seria irreal e cruel. Por isso Ross contentou-se em ser a causa de seu interesse. Desde que ela aprendesse a ler, estava tudo bem.

— Vamos continuar então — animou-se ele. — Copie essas frases.

Com o lápis na mão, Marianne começou a copiar cada uma das frases que ele escrevera. Quando chegou na metade, sua paciência já havia se esgotado, e ela escreveu: Marianne ama Ross.

O menino a encarou com os olhos cheios de água. Não só porque ela criara uma frase sozinha, mas porque lhe fizera uma declaração muito bonita. Beijou-a discretamente no rosto, tentando ocultar as lágrimas, e disse baixinho em seu ouvido:

— Ross também ama Marianne.

No dia dos exames, Marianne conseguiu tirar uma boa nota. Embora não fosse outro dez, um oito e meio foi considerado mais do que satisfatório pelo senhor O'Neill. No dia da entrega das provas, o professor acercou-se dela e falou:

— Muito bem, Marianne. Sua nota foi muito boa. Excelente mesmo. Demonstrou que você não é uma menina estúpida. Por que se recusa a aprender?

— Estou aprendendo, senhor O'Neill — respondeu ela friamente.

A menina na carteira da frente virou-se para trás e fez uma careta, deixando Marianne indignada. Pensou em puxar-lhe as tranças, mas uma outra menina se aproximou e falou carinhosamente:

— Não ligue não. Ela ainda tem muito que aprender.

Havia tanta doçura na voz daquela menina, que Marianne respondeu, tentando parecer doce também.

— Tem razão. Ela não sabe de nada.

— Com quem está falando, Marianne? — era a voz do professor.

— Com essa menina aqui — respondeu, apontando para o lado. — Não sei o seu nome.

— Nikita — respondeu a outra com um sorriso.

— Com a Nikita — repetiu Marianne.

O professor a olhava como se ela fosse louca, assim como as outras meninas, que pareciam meio assustadas.

— Que Nikita ?

— A Nikita, ora. Essa aqui. Fale com eles, Nikita.

— Não posso. Eles não podem me ver ou ouvir.

— Por quê?

Antes que Nikita respondesse, o senhor O'Neill já havia se levantado e se aproximado da menina da carteira da frente, que se chamava Anne.

— Por que está chorando, Anne? — perguntou ele.

Em lágrimas, Anne, balbuciou:

— Nikita... Era assim que a chamávamos... Era minha irmãzinha... Morreu afogada no verão passado...

— Oh! — fizeram as outras meninas, ao mesmo tempo.

— Acha engraçado debochar do sofrimento de sua colega? — zangou-se o professor, batendo com a varinha na carteira de Marianne.

— Eu não fiz isso.

— Quem lhe contou sobre Nikita?

— Ela mesma.

— Você a conheceu?

— Conheci-a agora. Ela está bem aqui ao meu lado.

Anne desatou a chorar convulsivamente, e o senhor O'Neill, cada vez mais indignado, continuou a recriminar:

— Pare já com isso, está me ouvindo? Ou serei obrigado a tomar medidas mais drásticas.

— Marianne é malvada — falou uma outra menina. — Só porque Anne lhe fez uma careta...

— Não foi! — berrou Marianne, já impaciente. — Não foi nada disso. Nikita está aqui ao meu lado. Só não a vê quem não quer!

— Não diga mais nada — aconselhou Nikita, penalizada. — Você é a única que pode me ver e ouvir.

— Mas... — balbuciou Marianne — ... elas estão me chamando de malvada.

— Não ligue. Faça de conta que eu não existo.

— Não posso. Você está aqui. E foi tão simpática! Ninguém nunca é simpático comigo. Só o Ross. Às vezes, tia Jane também é.

— Não fale mais nada. Pelo seu próprio bem, fique quieta.

Marianne deu de ombros e acrescentou com voz chorosa:

— Se é o que quer...

Olhou para a frente novamente. Todos os olhares estavam cravados nela, inclusive os do professor que, de boca aberta, a varinha parada no ar, não sabia o que pensar daquele monólogo.

— Seus pais vão saber disso, pode estar certa — replicou ele, recuperando o autocontrole — É muito feio tripudiar sobre o sofrimento alheio.

Embora Marianne não entendesse bem o que ele dizia, sabia que seus pais receberiam uma nova carta. Nova carta, nova bronca, nova ameaça. E tudo porque uma menina idiota resolvera inventar aquela história de irmã afogada. Então não percebiam que aquela Nikita não podia ser a irmã de Anne?

Aos pouquinhos, a raiva e a indignação foram tomando conta de Marianne, que via os ombros de Anne sacudidos pelos soluços. Um ódio feroz e irracional se apoderou dela, fazendo-a perder o domínio de si mesma. Subitamente, deu um salto para a frente e agarrou os cabelos da menina, batendo com a testa dela diversas vezes na carteira.

O professor O'Neill mal acreditava no que estava acontecendo. Ouviu os gritos agoniados de Anne e, mais que depressa, agarrou Marianne pela cintura e lutou com ela, forçando-a a soltar os cabelos da outra. Gritando feito louca, foi arrastada pela porta, enquanto Anne soluçava, um galo crescendo na testa ferida.

A própria diretora foi acompanhar Marianne até em casa. Deixou Anne e as demais alunas aos cuidados dos professores e da secretária e saiu com a menina. Não dava mais para aguentar aquela criança descontrolada e maluca. Era obrigação dos pais cuidarem dela, não sua. Ela dirigia uma escola, não um asilo de loucos.

Colocada a par da situação, Kate pensou que fosse morrer de vergonha. Ouviu as queixas da diretora em silêncio, interrompido apenas por desajeitados pedidos de desculpas. Marianne também não disse nada. Nem se defendeu. De que adiantaria? Ninguém acreditava mesmo nela.

— Que fique bem claro — disse a diretora em tom intimidador — é a última vez que Marianne apronta na escola. A última vez, eu juro. Da próxima, terei de expulsá-la.

Depois que a diretora foi embora, exigindo providências enérgicas, sob pena de expulsão, Kate se virou para a filha com ar ameaçador. Estava furiosa. Não suportava mais tanta vergonha. Agarrou a menina pelos cabelos, desferindo-lhe diversos tapas nas faces, e saiu arrastando-a escada acima. Marianne chorava e esperneava, mas Kate não amolecia. Precisava dar-lhe uma lição. Abriu a porta do quarto e atirou-a lá dentro, fechando a porta com estrondo.

— Você vai ver só quando seu pai chegar! — berrou Kate do lado de fora. — Vai levar uma surra da qual jamais irá se esquecer!

Marianne se jogou na cama e desatou a chorar, sentindo-se em completa solidão. Ross nada sabia do ocorrido. O que pensaria quando passasse na escola e não a visse?

Medo, foi o que ele sentiu. Como Marianne não apareceu, Ross temeu por ela e correu à sua casa o mais rápido que pode.

— Tia Kate, tia Kate! — chamou ele preocupado. — Marianne... Ela sumiu!

— Não sumiu não. Está no quarto dela.

— Ela voltou mais cedo? Por quê? Está doente?

— Não. Ela passou dos limites. De novo.

Brevemente, Kate narrou a Ross o que havia acontecido. A história não lhe pareceu tão fantasiosa como a tia dissera. Ele acreditava em Marianne.

— E se Marianne não estiver mentindo? — sugeriu ele. — Ela pode mesmo ter visto o fantasma da menina.

— Não me venha com essa você também. Fantasmas não existem.

Não adiantava argumentar com Kate, nem Ross estava disposto a isso. Só queria saber de Marianne.

— Posso vê-la? — pediu.

— Hoje não. Ela está de castigo. Só sai depois que o pai deixar.

Marianne passou o resto do dia trancada no quarto e não saiu nem para almoçar. Depois, veio a hora do chá, e nada. A hora do jantar já estava se aproximando, e Kate não aparecia. Ross também não. Só muito mais tarde foi que a porta se abriu com um estrondo, e o pai entrou, fuzilando de raiva.

— Muito bem, Marianne Landor! — esbravejou. — Isso é coisa que se faça? Bater em sua colega?

— Pai...

David nem quis escutar. Tirou o cinto, esticando-o pelas pontas, e aproximou-se de Marianne, que se encolheu toda. O primeiro golpe acertou-a no braço, que ela erguera para se proteger. Outros dois a atingiram nos flancos e, quando ela se virou, mais um acertou-lhe em cheio as costas. Tudo aconteceu muito rápido. Com apenas quatro vergastadas, David abrira enorme ferida no coração de Marianne. Depois que terminou, apontou o dedo para ela, caída no chão com a carne ardida, e vociferou:

— Isso é para você aprender a não agredir mais suas colegas. Da próxima vez, tenha respeito, se não quiser que eu a mate!

As palavras de David arderam como ferro em brasa nos ouvidos de Marianne, que ergueu o corpo alquebrado e, olhando bem fundo nos olhos do pai, disparou com toda a força de seu ódio:

— Odeio você! Você não é meu pai! Animal, monstro, demônio! Eu o odeio! Odeio! Saia daqui, demônio, saia! Eu o odeio!

David nunca vira tanto ódio nos olhos de uma criança. Tomado de surpresa, rodou nos calcanhares e saiu em desabalada carreira pelas escadas, até onde Kate o aguardava em companhia dos outros filhos, que choravam assustados. Abraçou a mulher e chorou também. Não sabia mais o que fazer. Marianne os estava consumindo e, naquele momento, ele pensou o quanto seria bom se ela jamais houvesse nascido.

13

Marianne voltou à escola acabrunhada. Assim que despontou na soleira da porta, as colegas começaram a cochichar entre si e a dar risadinhas abafadas. Rosto ardendo, entrou a passos vagarosos e foi sentar-se no lugar de sempre. À sua frente, Anne mal disfarçava a raiva. Acompanhou a entrada da outra e, depois que ela se acomodou, falou entre os dentes:

— Isso não vai ficar assim, sua maluca. Minha mãe disse que você é uma doida perigosa, e o melhor é manter distância das suas esquisitices.

— Ela tem razão — rebateu Marianne, mal contendo a raiva. — Se não quiser que eu a morda.

— Até parece...

Marianne chegou o corpo para a frente e mordeu Anne no ombro. Enquanto a menina gritava, as outras, assustadas, fizeram menção de se levantar, mas o professor entrou e todas se calaram, com medo.

— Bom dia — cumprimentou ele, carrancudo como sempre.

Antes que Anne se levantasse para fazer queixa dela, Marianne soprou em seu ouvido:

— Se disser uma palavra, vai se ver comigo. Vou lhe mostrar o quanto sou perigosa.

Pela primeira vez em sua vida, Marianne ameaçou alguém. E o mais surpreendente foi o resultado. O tom ameaçador de sua voz intimidou não apenas Anne, mas a menina do lado e outras que se encontravam próximas. Logo Marianne percebeu que causava medo nas colegas, e essa descoberta representou uma arma poderosa para sua defesa.

Na saída da escola, contou a Ross sobre o ocorrido e a ameaça que fizera a Anne. Os tios, certamente, não aprovariam aquela conduta, mas Ross viu nela uma forma de Marianne se manter em segurança. Deixou-a em casa e seguiu mais feliz.

Ao anoitecer, Ross notou algo estranho no ar. Lilian parecia diferente. Exibia um ar de triunfo que o incomodou.

— Como está Marianne hoje? — indagou com ironia.

— Bem — respondeu ele, desconfiado. — Por quê?

— É bom que esteja bem, porque essa alegria vai durar pouco.

— Por que faz isso, Lilian? — repreendeu Nathan. — Deixe Marianne em paz.

Ross não entendeu nada. Passou por eles e foi para o quarto, enquanto escutava a voz da madrasta:

— Vá se lavar. O jantar será servido em breve. Um dos últimos...

— Pare com isso! — tornou Nathan. — Quer estragar tudo?

Lilian antegozava sua vitória. Depois de quase um ano de buscas, encontrara a casa de seus sonhos. O preço era razoável, e a casa, muito boa; ampla, com quatro quartos espaçosos e um jardim maravilhoso. Ficava num bairro distante, numa rua muito distinta, onde ela não seria obrigada a conviver com aquela família insossa e sem modos que o marido lhe arranjara.

Ao ouvir Ross fechar a porta do quarto, ela se aproximou do marido e falou com euforia:

— A casa é uma beleza. Já nos vejo morando lá.

— Por que a pressa?

— Você sabe que não gosto daqui. E depois, você prometeu.

— Eu sei. Mas eu ainda nem vi a casa.

— Tenho certeza de que vai adorar. É ideal para nós.

— Não acha que o preço é um tanto alto?

— Não vá me dizer que ficou sovina de repente!

— Não se trata disso. Temo apenas não poder pagar.

— Deixe de bobagens. Já conversei com o proprietário, e ele sugeriu uma hipoteca. Disse que todo mundo faz assim.

— De qualquer forma, preciso pensar. Não posso tomar nenhuma decisão antes de ver a casa.

— Amanhã podemos passar lá antes de você ir para o trabalho. O proprietário vai estar nos esperando.

Não havia mais meios de dissuadir a mulher daquela ideia de mudança. Nathan protelara o quanto pudera e agora não tinha mais jeito. Podia dizer que não gostara da casa, contudo, não suportava mais a pressão para se mudarem. E ele não aguentava mais a mulher se queixando de Kate e Marianne. Talvez o melhor mesmo fosse se mudarem para longe, um lugar onde encontrasse um pouco de sossego. Sentiria falta do irmão e da família, mas tinha que pensar na felicidade da esposa e na sua própria paz.

A seu lado, invisível, Margot acompanhava o desenrolar dos acontecimentos.

— Pois é — suspirou o espírito. — Vai ser uma pena. Já tinha feito planos para você, Lilian, mas com Marianne longe, vai ficar difícil. Quem mais vou encontrar com a sensibilidade dela?

Margot saiu desanimada e foi até a casa de Marianne. A menina e os irmãos estavam brincando no chão da sala, embora ela mantivesse uma brincadeira isolada com sua boneca.

— Olá, Marianne — cumprimentou ela, sentando-se a seu lado, e Marianne respondeu com um aceno de cabeça. — Gosta de bonecas?

Marianne deu de ombros e respondeu sem muito interesse:

— Gosto. Pelo menos elas não falam.

— Entendo o que quer dizer. As pessoas às vezes são bem chatas, não são?

— São sim.

— Com quem está falando, Marianne? — interrompeu Roger, olhando para os lados.

— Com Margot.

— Onde ela está?

— Bem aqui ao meu lado.

— Não vejo ninguém.

— Isso é porque você é um menino muito tolo.

— Mas...

Irritada, Marianne deu-lhe um tapa na mão, e Roger começou

a choramingar, voltando sua atenção para o cavalinho de pau que tinha a seus pés.

— Vou contar para a mamãe — queixou-se ele.

— Se contar, vai apanhar!

O tom incisivo de Marianne, mais uma vez, intimidou o interlocutor e, a exemplo do que ocorrera na escola, Roger também não disse nada. Margot, já impaciente com a intromissão do menino, aproveitou que ele havia se calado e continuou:

— Veja Lilian, por exemplo.

Marianne desviou a atenção do irmão e retrucou friamente:

— O que tem ela?

— É uma verdadeira bruxa.

— Engraçado... até que ela não tem implicado comigo.

— Sabe por quê?

— Não.

Não fosse a lembrança da figura aterradora de Luther, Margot lhe teria contado sobre a mudança.

— Lilian é uma fingida — acrescentou ela. — Finge-se de amiga de Ross, mas não gosta dele nem um pouquinho.

— Ela tem nos deixado em paz.

— Não se iluda. Ela está lhe aprontando uma falseta.

— Como assim?

— Está preparando um novo bote.

— Não entendo. O que você diz não faz sentindo algum.

— Agora mesmo, Lilian está lá na casa dela implicando com Ross. Por que não vai lá ver?

Marianne estava em dúvida. A mãe mandara que ela olhasse os irmãos enquanto preparava o jantar.

— Não posso ir lá — protestou hesitante. — Minha mãe pode não gostar.

— Desde quando você tem medo de sua mãe? Pensei que fosse mais esperta.

Roger a olhava pelo canto do olho, intrigado com aquela conversa com o invisível e temeroso em fazer perguntas.

— Não posso ir — insistiu Marianne. — Minha mãe vai me bater.

— Se ela quiser bater em você, prometo ajudá-la.

— Como?

— Você vai ver — como a menina hesitava, Margot praticamente implorou: — Por favor, Marianne, só dessa vez.

— Mentirosa! Como é que vai me ajudar se minha mãe nem consegue ver você?

— Confie em mim. Prometo que nada vai lhe acontecer. Agora, quanto a Ross...

Uma suposta ameaça a Ross era algo muito sério, e Marianne resolveu verificar o que estava acontecendo. Soltou a boneca no sofá e saiu pela porta da frente, a fim de que a mãe não a visse. Deu a volta na casa até a tábua na cerca e passou para o quintal vizinho.

Ross jantava em companhia do pai e da madrasta quando ouviram batidas na porta da cozinha.

— Quem poderá ser? — indagou Lilian surpresa.

— Deve ser Marianne — respondeu Nathan. — Ela sempre vem pelos fundos.

Ante aquela possibilidade, Ross correu a abrir a porta antes que Lilian pensasse em impedi-lo. A prima estava ali parada, com Margot, invisível a seu lado, soprando-lhe coisas ao ouvido.

— Está tudo bem, Marianne? — indagou Ross, após efusivo abraço.

— Está — respondeu ela, espichando o pescoço para espiar do lado de dentro. — Vim apenas ver como você está passando.

— Que bobagem é essa agora? — cortou Lilian, que surgira atrás do menino.

— Por que você está implicando com ele? — redarguiu Marianne, encarando Lilian com ar gélido.

— Em primeiro lugar, não é você, é senhora. Em segundo lugar, não tenho tempo para ficar de implicância com crianças.

— Mas estava. Não estava, Ross?

Sem saber o que dizer, ele deu de ombros e não respondeu.

— Venha terminar o seu jantar, Ross — ordenou Lilian.

— Entre, Marianne — convidou o menino.

— Ah! isso é que não! Essa selvagem não entra mais em minha casa!

Lilian colocou a mão na frente de Marianne, impedindo sua passagem, e Nathan interveio:

— Vá com calma, Lilian. Ela não está fazendo nada.

Embora contrariada, Lilian saiu da frente e Marianne entrou, puxou uma cadeira e sentou-se ao lado de Ross.

— Já jantou? — indagou o tio.

— Ainda não.

— Quer jantar?

— Não, obrigado — ela se esforçava ao máximo para parecer educada. — Minha mãe está preparando minha comida.

— Ótimo! — cortou Lilian. — Por que não vai logo para casa?

— Está vendo só? — instigou Margot, parada ao lado de Marianne. — Ela quer que você vá embora só para continuar a maltratar o seu primo. Não gosta dele. Até a ouvi dizer que vai fazer uma poção mágica para transformá-lo em sapo.

— Que horror! — indignou-se Marianne, acreditando integralmente nas palavras de Margot. — Não vou deixar!

— O que houve? — perguntou Nathan.

— Tio... Essa mulher — apontou para Lilian — é uma bruxa. Quer enfeitiçar Ross, transformá-lo num sapo.

— Ora, sua atrevida... — rebateu Lilian furiosa, levantando a mão para bater nela.

— Quem lhe disse isso? — interrompeu Nathan, segurando a mão da esposa.

— Foi a Margot.

— Quem é Margot?

— Ela.

Apontou para o espírito, que ficou indeciso. Percebendo o rumo que a conversa tomava, Ross soltou a colher no prato, levantou-se correndo e tomou a mão de Marianne, puxando-a em direção à porta.

— Venha, Marianne, vamos embora. Sua mãe deve estar preocupada.

— Você ainda não respondeu — insistiu Nathan. — Quem é Margot?

— É uma colega da escola de Marianne — intercedeu Ross. — Vive fantasiando e inventando coisas.

Marianne nem teve tempo de protestar, pois Ross já corria com ela pelo quintal. Ao mesmo tempo, em sua casa, Kate ajeitava as crianças à mesa, enquanto perguntava a si mesma:

— Aonde será que foi essa menina? Mandei que tomasse conta dos irmãos.

— Acho que ela saiu com Margot... — contou Roger de forma inocente.

Kate fez cara de espanto. Será que o filho também estava dando para ver coisas? Já ia perguntar quando Ross entrou correndo na cozinha, trazendo Marianne pela mão.

— Onde foi que você se meteu? — indagou o pai com aborrecimento. — Sua mãe não lhe mandou olhar seus irmãos?

— Não briguem com ela, por favor — pediu Ross. — Fui eu que pedi a Marianne para ir levar-me um livro.

Obviamente, nem Kate, nem David acreditaram, contudo, preferiram não fazer perguntas. Era até bonito o esforço de Ross para proteger Marianne. Ela passou pelos pais e sentou-se em seu lugar, lançando ao primo um sorriso de cumplicidade, que ele devolveu com outro, carregado de amor.

14

Os dias transcorriam normalmente. Marianne se encontrava bem mais calma, livre, inclusive, da influência de Margot, que não conseguia mais atingir Lilian por seu intermédio. Por mais que tentasse, não tinha sucesso, já que Ross estava sempre por perto e impedia. E a própria Marianne perdera muito de seu interesse em Lilian, desde que o primo voltara ao convívio de sua casa.

Lilian, por sua vez, só pensava na casa nova. Finalmente encontrara uma que era exatamente o que procurava e combinou de passar pela fábrica e pegar o marido, para irem vê-la juntos. Terminado o almoço, Nathan foi falar com o senhor Bradley, que, com excessiva simpatia, autorizou-o a sair.

Dentro de cinco minutos, Lilian apareceu eufórica, passando as luvas de uma mão à outra. Recebeu o beijo discreto do marido e foi com ele descendo a rua.

— E agora? — indagou ele. — Para onde vamos?

— Vamos tomar o metrô — respondeu ela bem-humorada.

Sem que Nathan percebesse, o senhor Bradley os acompanhava com olhar enigmático, até que eles sumiram de vista. Em breve chegaram à casa, e um senhor idoso veio atender.

— Bom dia, senhora Landor — cumprimentou ele polidamente.

— Bom dia, senhor Carlson — respondeu ela, acenando com gestos aristocráticos. — Este é meu marido, Nathan Landor.

— Muito prazer — acrescentou o homem, estendendo a mão para Nathan, que a apertou indeciso. — Entrem e fiquem à vontade.

Lilian tomou o braço do marido e seguiu com ele para o interior da casa, com o proprietário logo atrás.

— A casa é muito bonita, toda em estilo vitoriano. Apesar de ser uma construção de quase cinquenta anos, está muito bem conservada, como pode ver.

Nathan, olhar crítico, balançou a cabeça afirmativamente e encarou a mulher, que sorria encantada, mal conseguindo ocultar o entusiasmo.

— E então, meu bem? — tornou eufórica. — O que me diz?

O olhar discreto de Nathan fez o senhor Carlson perceber que o casal precisava conversar a sós, e ele disse polidamente.

— Podem ficar à vontade. Se precisarem, estarei lá embaixo.

Assim que ele saiu, Nathan foi logo falando para a mulher:

— Esta casa está muito acima de nossas possibilidades.

— Mas ela é tão bonita! Não podemos pensar na hipoteca?

— Não sei. Tenho medo de não conseguir pagar.

— Acho que está com medo à toa. Nem é tão cara assim. Tenho certeza de que, com esforço e economia, conseguiremos resgatar a hipoteca em pouco tempo. Pense em Ross. Ele está crescendo. Não acha que merece viver num lugar melhor? A vizinhança aqui é muito seleta.

— Por Ross, continuaríamos em nossa casa, tenho certeza.

— Mas aquela casa não é nossa! É alugada.

— Que diferença faz? Quase todo mundo vive de aluguel, não é nada de mais. Não somos felizes ali?

Lilian colocou as mãos na cintura e, batendo o pé no chão, retrucou em tom de zanga:

— Mas que falta de ambição! Como pode se contentar em viver num imóvel que não lhe pertence, quando pode ter a sua própria casa?

— Não sou ganancioso e estou preocupado com meu filho. Não quero que ele sofra.

— Você está é preocupado com aquela maluca da Marianne!

— Não é bem assim.

— É assim, sim. Você prometeu que iríamos nos mudar e agora está querendo mudar de ideia. Tudo por causa daquela doida!

— Talvez devêssemos esperar um pouco mais. Procurar algo mais em conta, talvez.

— Nada disso. Sei muito bem que você tem condições de pagar essa hipoteca. Ou está com medo de Kate?

— Não é isso...

— É isso mesmo. Será que se tornou um covarde de repente? Com medo da cunhada? Ou você hesita em deixá-la porque se apaixonou por ela? É isso, Nathan? Você ama a mulher de seu irmão?

— Não me venha com esses disparates! — indignou-se. — Você sabe que não é nada disso.

— Pois então, qual o problema?

Nathan não sabia o que dizer. Se pudesse, daria o que tinha para voltar atrás na promessa que lhe fizera, contudo, não podia. Ainda mais porque não queria que Lilian fizesse mau juízo de Kate. Ele gostava muito da cunhada, mas jamais pensara nela como mulher. Ela era a esposa de seu irmão.

— Está certo — sussurrou vencido. — Seja como você quiser. Vamos chamar o senhor Carlson e acertar tudo.

Como Nathan não encontrou dificuldade em conseguir a hipoteca, marcaram para breve a data da assinatura da escritura. Apesar da tristeza em deixar a família, agradava-o a euforia da mulher. Lilian não era tola. Percebia nitidamente a contrariedade do marido. Sabia, porém, que a propositada suspeita sobre sua paixão por Kate seria motivo mais do que suficiente para ele manter a promessa.

— Não fique triste — falou ela com voz melíflua. — Estamos fazendo o melhor. E Ross poderá vir visitar Marianne quando quiser.

— Será que não é melhor contarmos a Kate e David? Para irem preparando o espírito de Marianne?

— Se contar, ela vai estragar tudo.

— Mas a casa já está praticamente comprada. Pense em Marianne. Ela é uma criança...

— Uma criança mal-educada e atrevida. Vai ser bem feito para ela.

Ao lado de Lilian, o espírito de Margot se remoía de raiva.

Como gostaria de contar tudo a Marianne! Não apenas para insuflar a menina contra Lilian, mas porque, inesperadamente, acabara se afeiçoando a ela e não queria que sofresse. No entanto, a só lembrança de Luther a paralisava.

Com um suspiro doloroso, saiu pela parede e foi ao encontro de Marianne. Ela estava deitada em sua cama, pronta para dormir, quando Margot entrou.

— Olá, Marianne — cumprimentou com um sorriso amargo.

— Como vai? — respondeu Marianne, sonolenta. — O que foi que houve? Está triste?

Margot se sentou na beira da cama e respondeu quase num lamento:

— Deu para perceber?

— É claro. O que foi que aconteceu?

— Não gosto de Lilian...

— Nem eu. Não gosto de Lilian porque ela vive implicando comigo e tentando me afastar de Ross. E você? Por que não gosta dela? O que foi que ela lhe fez?

— Digamos que ela destruiu a minha vida.

— Como?

— Roubando-me o homem amado.

As duas se entendiam muito bem, e Marianne comentou como se falasse a uma amiga:

— Quase ninguém fala comigo do jeito como você fala. As pessoas, em geral, não gostam de mim e procuram se afastar. Mas você não. Conversa comigo normalmente, entra em minha casa como se fosse da família. Por quê?

— Gosto de você — respondeu com cautela.

— Deve ser a única, além de Ross.

— Seus pais não a amam?

Ela chegou o rosto para a frente e falou bem baixinho:

— Vou lhe confessar uma coisa.

— O quê?

— Eles não são meus pais.

— Não?!

— Eles dizem que são, mas sei que não são.

— Como assim?

— Fui deixada aqui na casa deles, mas eles não são meus pais.

— Onde estão seus pais verdadeiros?

Marianne fez um gesto de dúvida, e Margot compreendeu tudo. Em sua confusão mental, ela ainda retinha na memória a lembrança de seus pais na última encarnação, que não eram os mesmos da atual. Por isso não os reconhecia.

Ela olhou de soslaio para a porta e acrescentou:

— Procuro não falar nada. Eles ficam zangados à toa, e eu tenho medo.

— Eles a maltratam?

— Às vezes. Minha mãe me bate e me tranca no quarto, sem comida. Meu pai também me bate. Só que com mais força.

— Ora, vamos, eles não são assim tão ruins. Sei que foi seu pai quem convenceu seu tio Nathan a permitir que Ross voltasse a frequentar sua casa.

— Isso às vezes acontece.

— E você não gosta deles?

— Não sei. Eles são estranhos. Não veem as pessoas ao seu redor. Não entendo como pode.

— Como assim?

— Ora, eles nem conseguem ver você! Não compreendo isso. Por que existem pessoas que ninguém vê?

Margot sentiu imensa tristeza. Marianne não desconfiava que falava com espíritos e, para completar, havia aquela coisa em seu cérebro, invisível aos olhos humanos, mas que, energeticamente, lhe tolhia a razão.

— Luther me disse que eu posso falar com os mortos — acrescentou ela, para surpresa de Margot.

— Conhece Luther?

— Esteve aqui algumas vezes. Mas não sei se acredito nele. Ninguém parece morto. Você está morta, Margot?

Cada vez mais compadecida de Marianne, Margot abaixou a cabeça e não respondeu. Se, por um lado, tinha vontade de esclarecê-la, por outro, não pretendia assustá-la. Apesar de movida pela vingança, Margot não era má, e em seu coração brotou uma compaixão genuína e uma ternura sincera.

Tal rompante de lucidez e de sentimentos nobres desanuviou o coração do espírito, permitindo a proximidade de seres sábios e iluminados. Sem que ela percebesse, os amigos invisíveis irradiavam sobre sua mente a luz da sensatez, de forma que ela começou a refletir sobre a própria vida, espelhado-se em Marianne.

Se estava naquela situação, não era por culpa de ninguém, e sim por escolha dela mesma, que se recusava a tomar outros rumos e preferia permanecer na crosta terrestre, como se dela ainda fizesse parte. Marianne, por sua vez, não tinha escolha. Por mais que houvesse um plano divino por trás de tanto sofrimento, naquele instante, quem sofria era a menina que desconhecia os comprometimentos da própria alma.

A comparação lhe pareceu injusta, e sua ação sobre Marianne tomou ares de crueldade. Será que tinha o direito de utilizar-se da sensibilidade da criança só para empreender sua vingança pessoal? Pensando melhor, não lhe parecia correto debruçar-se sobre o fardo de Marianne para acrescentar-lhe mais peso. A garota não tinha escolha. Ela, sim.

E havia algo que Margot reconhecia em Marianne e que ela jamais possuíra: coragem. Não devia ter sido fácil aceitar aquela reencarnação de loucura, porém, Marianne a enfrentava com persistência. Mesmo que a mente consciente estivesse distante daquela verdade, a alma da menina resistia ao aparente infortúnio, quando bem podia desistir e desencarnar.

Marianne era realmente corajosa. E ela? Tinha coragem para quê? Vingar-se? Não era preciso coragem para se vingar. Qualquer um podia fazer o que ela fazia. Difícil mesmo era perdoar, desistir da vingança e olhar para dentro de si, reconhecendo que a causa da dor estava em si mesma.

Constatar a verdade foi um choque para Margot. De repente percebeu não apenas que não tinha o direito de usar Marianne, mas também que Lilian não era responsável pelo seu sofrimento. A rival estava numa situação melhor que a dela, de volta à vida e casada com outro homem. E ela? De que valia o seu ciúme se Lilian não se lembrava do passado nem de quem era ela? Não teria sido melhor, ao invés de persegui-la pelos séculos, tomar coragem e reencarnar junto dela para buscarem um entendimento?

Mas havia o outro lado. Margot fora condenada àquela morte

horrenda em virtude da acusação infundada de Lilian. Só que havia se esquecido, e agora se lembrava, de que, numa existência ainda anterior, havia lhe tirado tudo, inclusive a vida, só para ficar com o marido dela. Então, não devia ter-se queixado quando Lilian lhe dera o troco.

E era por isso que ela agora se vingava. Porque Lilian se vingara por algo que ela fizera, e talvez, numa próxima encarnação, viesse a vingar-se de novo, por causa do que ela agora fazia. Então, ela se vingaria outra vez, e Lilian novamente... E quando é que aquela vingança ia acabar? A ideia de uma vingança eterna a incomodou, provocando o questionamento sobre a utilidade da tudo aquilo. A conclusão a que chegou foi de que, quanto mais se vingassem, mais estariam presas uma à outra.

Lilian, apesar de tudo, não parecia mais presa a ela. Era ela que se prendia a Lilian. A outra nem ao menos sabia da sua existência, não lhe registrava a presença e, não fosse por Marianne, continuaria em seu mundinho de ilusões e futilidades.

Ilusões... Ela também alimentava uma ilusão, só que muito pior. Iludia a alma com a satisfação da vingança. Mas que alma se deixa iludir para sempre, quando a verdade eterna não é um sentimento mesquinho e fugaz, incapaz de gerar felicidade? Vive para sempre o amor que floresce no coração. E que amor Margot havia plantado no seu?

Margot sentiu-se mais sozinha do que nunca. Olhando ao redor, não viu ninguém a quem pudesse chamar de amigo, já que o espírito de luz continuava invisível. Só havia Marianne, pequenina e indefesa ante o poderoso ser das sombras. Por um momento, Margot esqueceu-se de si mesma e fitou a menina, cujas pálpebras pesadas iniciavam o processo de adormecimento.

— Você não está morta — afirmou Marianne, praticamente adormecida. — Não pode estar...

Os olhos de Marianne se fecharam lentamente, liberando seu corpo fluídico, igualmente adormecido, no espaço invisível do quarto. Margot deu um suspiro de alívio, sem saber que o ser de luz que a acompanhava interferira no sono de Marianne, para que as duas não se encontrassem no astral. Podia ir embora tranquilamente, sem se ver obrigada a mentir ou a lhe contar uma dolorosa verdade.

15

O tempo foi passando, e com a chegada do verão e das férias, as duas crianças se aproximaram ainda mais e passavam o dia todo juntas, conversando ou brincando. Ross ainda não sabia da casa nova, já que Lilian atrasara um pouco a mudança por causa das muitas reformas que planejara.

Tudo era feito em absoluto sigilo. Lilian cuidava pessoalmente das obras, deixando Ross aos cuidados de Kate. Nos finais de semana, Nathan a acompanhava, abismado com a grande soma de dinheiro que ela gastava no que ele considerava futilidades e caprichos.

— Não acha que está exagerando? — indagou ele preocupado. — Como pensa que vou pagar por tudo isso?

— Não seja mesquinho — rebateu ela com azedume. — Você agora está ganhando muito bem.

Era verdade. Logo após a promoção, o chefe de Nathan lhe oferecera o cargo de gerente, pois o anterior falecera num acidente de trem, deixando o lugar vago de uma hora para outra.

— Tem razão — concordou ele, pensando em sua imensa sorte —, embora ache tudo muito estranho. Foi muita coincidência e muito azar para o Clayton. Era tão jovem! Perder a vida num acidente de trem foi uma fatalidade terrível.

Na segunda-feira, como sempre, Lilian saiu para a casa nova logo depois do almoço. Cuidou pessoalmente de cada detalhe, deu ordens e sugestões e, cerca de uma hora depois, tornou a sair. Foi caminhando pela rua, nariz empinado, com ares de grande dama, até que alcançou um automóvel estacionado bem perto da esquina.

A porta do carro se abriu e ela entrou, orgulhosa por poder andar num carro moderno e luxuoso feito aquele. Sentou-se toda coquete e encarou o homem que a esperava e, sorrindo, falou com paixão:

— Olá, Richard. Demorei muito?

Ele a tomou nos braços e deu-lhe um beijo prolongado.

— Sua espera é sempre demorada — disse com voz melosa, pondo o carro em movimento. — Você sabe que sinto saudades.

— E Nathan? — sondou ela.

— Trabalhando, como sempre.

— O idiota... — desdenhou. — Não desconfia de nada.

— Não entendo por que se casou com ele. Eu não havia lhe prometido uma casa, roupas, joias, dinheiro...?

— Prometeu-me tudo, menos o que eu mais queria, que era o casamento.

— Você sabe que não posso. Sou casado...

— Por isso acabou me deixando, e eu tive que arranjar a minha vida. Nathan apareceu e, com a promoção, surgiu uma boa oportunidade.

— Ainda assim, não precisava ter feito isso.

— Queria que eu ficasse à sua espera a vida inteira? Você mesmo me disse que jamais deixaria sua esposa.

— O que tivemos foi apenas uma briguinha sem importância. Devia saber que logo acabaríamos voltando. Não precisava ter-se casado por isso.

— Precisava sim. Era a única maneira de salvar a minha reputação e o meu futuro. Nathan não é tão mau partido assim.

— Ainda mais agora que, providencialmente, inventei um acidente para o Clayton e o despedi, deixando o lugar vago para ele.

— É o mínimo que pode fazer por mim. Se me quer a seu lado, não vá esperando que me contente com migalhas. Trate de gratificar muito bem o meu marido, para que eu possa ter tudo do bom e do melhor. Se não, pode voltar para sua mulherzinha.

Richard apertou o volante, mordeu os lábios com força e retrucou:

— Eu amo você, Lilian...

— Então, continue pagando um bom salário a Nathan. É a única forma de me compensar por tudo a que tenho que me sujeitar para estar com você.

— Não me agrada que você tenha que dormir com outro — reclamou acabrunhado.

— E você? Também não dorme com outra?

— Sara é minha mulher.

— E Nathan é meu marido. Pronto.

— Mas é diferente. Sou homem...

— Não é diferente nada. E você devia se dar por satisfeito por eu ainda continuar com você.

— Você não me deixaria. Sou eu quem sustenta seus caprichos.

Lilian apertou o braço do amante e deu-lhe um beijo na face, enquanto o automóvel continuava seguindo em direção ao pequeno apartamento que ele comprara só para se encontrar com ela.

— Detesto esse lugar — falou Lilian, já dentro do quarto. — Não tem o mínimo de conforto e classe.

— Ao menos aqui não corremos o risco de que alguém nos veja.

— Não vejo a hora de poder encontrá-lo em minha própria casa.

— Ficou louca? Quer que Nathan descubra?

— Nathan é um idiota e não vai descobrir nada.

— E o menino? E se ele falar alguma coisa?

— Estou arranjando isso também. Mais um pouco e convenço Nathan a deixar Ross com a tia Kate e a priminha maluca.

— Não sei, não. As pessoas comentam...

— Ninguém vai ver. E você é o chefe de Nathan. Não é difícil encontrar uma desculpa convincente para ir à minha casa.

Ele fez um muxoxo e retorquiu:

— Não sei qual é o problema com esse apartamento...

— Não é um apartamento! É um buraco sujo, feio e sombrio. Francamente, Richard, pensei que merecesse coisa melhor.

— Ao menos, não levanta suspeitas. Ninguém de minhas relações frequenta esse bairro.

— As pessoas de suas relações são finas e elegantes, assim como eu. Não mereço esse apartamento.

Lilian encerrou o assunto com um beijo, e ambos entregaram--se ao sexo. Ao mesmo tempo, na fábrica, Nathan não sabia o que pensar. Ficara muito penalizado com a morte de Clayton, ainda mais porque tudo acontecera de repente, e ninguém fora nem avisado do enterro. O mais estranho, contudo, eram os olhares que o seguiam. Todo mundo o encarava como se ele fosse culpado pela morte do outro.

Apenas os mais próximos sabiam que Clayton havia sido despedido, e ninguém entendia por que o patrão tivera que inventar aquela história só para colocar Nathan no lugar dele, ameaçando dispensar o primeiro que desse com a língua nos dentes. Como ninguém queria ou podia perder o emprego, seguiram-se o silêncio e os olhares indagadores. E Nathan, que nunca recebia uma promoção, de repente se vira agraciado com duas sucessivas, e em tão curto espaço de tempo.

À noite, Lilian preparava o jantar e recebeu-o com o beijo frio de sempre, a mente ocupada com projetos mesquinhos. Havia muitos planos a executar, mas a prioridade agora era Ross. Logo após o casamento, ainda brigada com Richard, Lilian quisera afastar o menino daqueles vizinhos horrorosos. Reatado o antigo caso com o amante, a situação mudou, passando Ross a representar um empecilho e um perigo para ela e Richard. Agora, o que precisava era dar um jeito de Nathan deixar o filho em casa do irmão.

— Como está Ross? — perguntou ela ao marido, logo após servi-lo de um prato de sopa.

— Bem.

— Ele quase não para mais em casa. Passa o tempo todo em companhia de Marianne. Nem vem mais para jantar.

— Não vamos retomar esse assunto, por favor. Sabemos que ele está em casa de David.

— Eu sei. E é por isso que estou comentando. Só agora, com a convivência, é que estou me convencendo de que Ross e Marianne sofreriam muito se fossem afastados.

— Agora é um pouco tarde. Gastei quase todo o meu dinheiro com a casa e a reforma. Sem contar que já comuniquei a mudança ao senhorio.

— Não pense que desisti de me mudar. Vai ser o melhor para

nós. Só não sei se será o melhor para Ross. Ele vai sentir muita falta de Marianne, e ela dele.

Nathan fitou-a incrédulo e tornou desconfiado:

— Pensei que não gostasse de Marianne.

— E não gosto. Mas não sou nenhum carrasco. Posso ver o sofrimento da menina.

— Hum...?

— Estive pensando. Talvez seja melhor que Ross vá morar com Kate.

— Em absoluto! Você sabe que não abro mão de meu filho. Kate tem sido muito boa para ele, e Marianne é como sua irmã, mas não posso viver sem Ross. Prometi à minha querida esposa Evelyn...

Lilian mordeu os lábios e virou-lhe as costas, para que ele não visse sua careta de raiva.

— Você é quem sabe — tornou entre os dentes. — Só falei porque me preocupo. Estou pensando no melhor para Ross.

— O melhor para ele seria que não saíssemos daqui.

— Você mesmo sabe que agora não tem mais jeito. Mas ainda é tempo de poupar o menino dessa tristeza. Ross não precisa ir, se não quiser.

— Já disse que Ross fica comigo. Não vou quebrar minha promessa.

— Você fala em promessas feitas a uma morta. Faz parecer que você mesmo não se importa com seu filho. É isso, Nathan? Por você, ele ficaria com Kate?

— Não. Por Evelyn e por mim, ele vai conosco.

Os argumentos haviam se esgotado, e Lilian teve que engolir a derrota. Se pudesse, gritaria com o marido para impor sua vontade, contudo, tinha medo de que ele desconfiasse de alguma coisa e acabasse descobrindo seu caso com Richard. Por isso, achou melhor silenciar e buscar outro meio de se livrar do garoto.

16

No final de agosto, tudo estava pronto para a mudança. Na véspera, Lilian embrulhava, com um entusiasmo irritante, louças, cristais e porcelanas. Sem saber o que se passava, Ross ficou zanzando pela casa, tentando descobrir o significado de tudo aquilo. Por fim, não aguentou mais a curiosidade e resolveu descobrir:

— O que está fazendo, Li... — ela o repreendeu com o olhar, e ele corrigiu-se: — dona Lilian? Vai vender nossas coisas? As coisas de minha mãe?

Lilian fuzilou-o, mas conseguiu conter a raiva e respondeu com fingida cordialidade:

— Não é nada disso. Estou apenas tirando as coisas dos armários. Amanhã vamos começar a pintar a casa e não queremos que nada se quebre, não é mesmo?

— A casa vai ser pintada?

— O proprietário achou que já estava na hora.

— Mas papai não disse nada...

— Seu pai é muito esquecido. Pensei que soubesse.

— Não.

— Não tem importância. Agora suba para seu quarto e vá se deitar. Amanhã cedo eles estarão aqui. Ah! já ia me esquecendo. Coloquei as suas coisas na mala. Os homens precisarão arrastar os móveis, e as roupas pesam muito.

Apesar da sombria desconfiança, Ross não contestou. Por mais que sentisse algo estranho no ar, não sabia definir do que se tratava e só imaginava que Lilian, maldosamente, pretendia livrar-se das coisas que haviam pertencido a sua mãe.

Propositadamente, Nathan chegou mais tarde do trabalho naquela noite, evitando, assim, encontrar-se com Ross, que já estava dormindo. Jantou sozinho e dirigiu-se à casa do irmão. David atendeu, já de roupão, e indagou alarmado:

— O que faz aqui a uma hora dessas? Aconteceu alguma coisa?

Nathan entrou com uma expressão dolorosa. Passados alguns segundos, Kate desceu as escadas, também assustada com a presença do cunhado.

— O que foi que houve? — perguntou surpresa. — Alguma coisa com Ross?

— Não. Ross está bem. Vim aqui porque preciso conversar com vocês.

— Muito bem — falou David. — Venha sentar-se.

Sentado no sofá, Nathan permanecia de olhos vidrados no chão, sem coragem de encará-los. Olhava do irmão para a cunhada, sem coragem de iniciar uma conversa que lhes revelaria um ato de traição.

— Estamos esperando, Nathan — encorajou Kate.

Ele olhou para a cunhada e o irmão e, finalmente, venceu o constrangimento e iniciou a conversa:

— O motivo que me traz aqui não é dos mais agradáveis. Como vocês sabem, Lilian não se adaptou bem aqui e...

Parou de falar, a voz embargada denunciando o nervosismo.

— E o quê? — incentivou Kate.

— Pelo amor de Deus, homem! — exclamou David, já irritado. — Diga de uma vez. O que foi que houve com Lilian?

Nathan sentia o embaraço como uma navalha cortando sua garganta e afogando suas palavras. Apertando as mãos nervosamente, continuou:

— Lilian não se adaptou aqui. Sabem como é, foi criada no centro de Londres e está acostumada a outros ares.

— Não sei que ares — ironizou Kate. — Até parece que é uma dama da alta sociedade.

David lançou-lhe um olhar de reprovação, e ela se calou. Nathan tossiu de leve, cada vez menos à vontade, e prosseguiu:

— Na verdade, não foi por causa de Lilian que vim até aqui. O assunto é grave e envolve as nossas famílias. A minha e a de vocês.

— As nossas famílias? A minha e a de vocês? — repetiu David, agora prevendo um desfecho desagradável para aquela conversa. — Pensei que fôssemos todos parte de uma família só.

— Não foi isso que quis dizer — contestou Nathan com rubor. — É claro que somos parte da mesma família. Mas é que agora estou casado, e é natural que Lilian queira constituir sua própria família.

— Isso não significa que tenha que nos excluir da sua vida — acrescentou Kate com frieza.

— Não os estou excluindo. É só que... como disse, Lilian não se adaptou, e nós estivemos pensando... Talvez seja melhor morarmos em outro lugar e...

— Está tentando nos dizer que pretendem se mudar? — interrompeu Kate perplexa. — É isso?

— É.

Kate balançou a cabeça, já sentindo as lágrimas forçarem seus olhos, enquanto David se esforçava para conseguir entender.

— Quando é que isso vai acontecer? — questionou ele, lutando para não demonstrar a decepção.

Nathan engoliu em seco e retrucou em tom quase inaudível:

— Amanhã...

— O quê? — explodiu Kate, dando um salto da poltrona. — Como assim, amanhã?

— Amanhã. Amanhã nos mudaremos para outro bairro.

— Você quer dizer, no dia seguinte a esta noite?

— Exatamente.

— Mas como? Assim, de repente?

— Não foi de repente.

— Para onde vão? Sua casa é aqui!

— Essa casa nunca foi minha.

— Como não? É o seu lar. Sempre foi!

— Agora não é mais. Comprei uma outra casa para mim, para Lilian e para Ross.

— Você comprou uma casa e não nos disse nada?

— Estou dizendo agora.

— Planejou tudo isso pelas nossas costas? — acrescentou David com raiva.

— Por quê? — exasperou-se Kate. — Pensei que fôssemos amigos.

— Nós somos. Vocês sabem o quanto são importantes para mim...

— E Ross, o que diz disso? — questionou David.

— Ele também não sabe.

— Está se mudando sem o conhecimento do seu filho?

— Compreendam... — retrucou Nathan, sentindo o rosto arder — Não quis prejudicar ninguém.

— Oh! não — concordou Kate em tom mordaz. — Você apenas quis nos poupar dos dissabores que sua partida traria a nossas vidas...

— É isso mesmo. Não queria preocupá-los à toa.

— Agradeço a consideração.

— Por favor, Kate, sem sarcasmos. Não sabe o quanto está sendo difícil para mim...

— O que está sendo difícil para você? — enfureceu-se ela. — Assumir que nos traiu, que não confiou em nós e que não tem um pingo de gratidão pelo que fizemos a você e ao seu filho?

— Não é nada disso. Eu não queria... Mas Lilian insistiu.

— Lilian, sempre Lilian. Por que permite que ela mande na sua vida?

— Não se trata de mandar.

— Não. Trata-se de desprezo e indiferença, que é o que você sente por nós.

— Não coloque as coisas dessa forma. Não é justo...

— Não pense que achamos que esteja preso a nós só porque Kate cuidou de Ross a vida inteira — contemporizou David.

— É claro que não — concordou Kate. — Você é livre para fazer o que quiser de sua vida. Só achei que merecíamos um pouco mais de consideração, e o mínimo que você devia ter feito seria nos contar o que pretendia fazer.

— Eu não podia. Lilian me pediu...

— Por quê? — rebateu David. — Que mal poderia haver?

— Já sei — adivinhou Kate. — Lilian tem medo de que Marianne atrapalhe, não é?

— Marianne... — repetiu David, agora compreendendo tudo. — Tem razão. Marianne não vai aceitar essa separação.

— Foi por isso que não quis nos contar, não foi, Nathan? — ele permaneceu calado, sem coragem de encará-los. — Para que Marianne não faça uma cena e torne tudo mais difícil, não é mesmo?

Sem poder suportar a pressão, Nathan acabou confessando:

— Foi pelo bem da menina. Marianne é um pouco nervosa. Já imaginaram o que poderia fazer?

— Estavam com medo de uma criança? — indignou-se Kate. — O que Marianne poderia fazer de tão horrível? Tocar fogo na casa?

— Não duvidaria nada — defendeu-se Nathan. — Bem sabem que ela é capaz de tudo.

— Pelo amor de Deus, Nathan! — exasperou-se David. — O que pensa que Marianne é? Alguma selvagem? Ela é uma criança!

— Uma criança louca... totalmente desequilibrada.

Chamar sua filha de louca já era demais, e Kate, olhos chispando fogo, deu uma bofetada na face do cunhado e rugiu colérica:

— Saia daqui! Nunca mais quero tornar a vê-lo! Podia aceitar isso de qualquer um, menos de você! De você, não! Você viu Marianne nascer, sabe o que temos passado. Ela é sua sobrinha!

Tomado pela surpresa, Nathan não reagiu, mas sentiu o peso da humilhação. Levantou-se magoado e olhou para a cunhada e o irmão, que permaneciam sentados, paralisados pela indignação.

— Lamento que tenham entendido tudo errado — atalhou ele com frieza. — Ainda assim, vou lhes dar um conselho: tirem Marianne daqui amanhã. Levem-na para passear e só voltem ao cair da noite. Será menos doloroso do que ver o primo partir.

Saiu apressado, batendo a porta, e Kate desabou nos braços do marido:

— Oh! David, o que será de Marianne?

— Ela vai ficar arrasada. Só Deus sabe qual será sua reação.

— Como faremos para lhe dar essa notícia?

— Não sei, mas concordo com Nathan. Não podemos deixá-la presenciar a partida de Ross. Será muito doloroso para ambos. É melhor sairmos pela manhã e só voltarmos à noite.

— Para onde iremos?

— Vamos visitar sua irmã.

Combinaram tudo e foram arrumar algumas coisas para o dia seguinte. Prepararam uma bolsa com roupas para as crianças e alguns brinquedos. Naquela noite, nenhum dos dois conseguiu conciliar o sono, até que Kate se levantou e foi até o quarto da filha. Marianne dormia tranquilamente. Vendo o sono inocente da filha, Kate ajoelhou-se a seu lado e, sufocando o pranto, sussurrou sentida:

— Perdoe-nos pelo que vamos fazer, Marianne. Por favor...

Alisou os cabelos da filha, engoliu as lágrimas e saiu do quarto dela, desejando nunca ter tido filhos.

17

O dia mal acabara de nascer, e todos já estavam prontos para a partida. As crianças se mostravam eufóricas, principalmente porque a tia Jane morava longe e era necessário cruzar boa parte da cidade, o que transformava o passeio numa pequena viagem.

Somente Marianne não demonstrava tanto entusiasmo. Gostava da tia e de passear, todavia, separar-se de Ross era sempre um problema.

— Não podemos levar Ross, papai? — indagou ela, os olhos voltados para a casa do primo.

— Infelizmente, não — respondeu David penalizado. — Seu tio tem outros planos para ele.

Marianne queria perguntar que planos seriam aqueles, mas a mãe a chamou para ajudar a descer as bolsas. Terminou rapidamente a tarefa e, sem que ninguém percebesse, passou pela cerca e correu à casa de Ross, com tempo apenas de enfiar um pedaço de papel por debaixo da porta e voar de volta.

Da casa vizinha, Nathan observava a movimentação com olhar sentido. Desde a véspera, não conseguia conciliar o sono, lamentando o futuro do filho e da sobrinha. Sentia-se um covarde, contudo, não se atrevia a contrariar a mulher, que dormia despreocupada.

Quando Lilian acordou, lançou um olhar significativo para Nathan, que respondeu com um aceno de cabeça, sem ânimo para encará-la. Ela aquiesceu com arrogância e desceu para fazer o café. Sua vitória era quase completa. Mais um pouco e, com certeza, convenceria o marido a deixar o filho com a tia perfeita.

Pouco depois, Nathan acordava o menino. Ross abriu um olho, depois outro, espreguiçou-se e, bocejando, indagou:

— Por que me acordou tão cedo? Estou de férias...

— Levante-se — cortou Nathan, de má vontade. — Vista-se depressa e desça. Precisamos sair.

— Aonde vamos? — retrucou sonolento.

— Você vai ver.

Sem nada entender, Ross espreguiçou-se e foi-se aprontar. Na cozinha, Lilian arrumava a mesa, e ele a cumprimentou sem muito interesse:

— Bom dia, dona Lilian.

Ela sorriu exultante. O menino estava aprendendo a respeitá-la.

— Bom dia. Sente-se e tome seu café.

Nathan já estava sentado, tendo nas mãos uma xícara de café fumegante, e evitava olhar para ele. Ross deu a volta na mesa para ocupar seu lugar habitual. Puxou a cadeira pelo encosto e já ia se sentar quando percebeu um papelzinho branco enfiado por debaixo da porta. Abaixou-se e o apanhou, reconhecendo a letrinha miúda e indecisa de Marianne.

— O que é isso? — perguntou Lilian, curiosa.

— É para mim — respondeu Ross, de forma inocente. — De Marianne.

Lilian e Nathan se entreolharam preocupados, mas não tiveram tempo de retirar o papel das mãos do menino, que já o havia desdobrado e começara a ler:

Querido Ross,
Fui com papai e mamãe visitar tia Jane. Volto de noite.

Nada mais. Não estava nem assinado. Aquele bilhete deveria ter exigido muito esforço de Marianne, e Ross sentiu imenso orgulho dela.

— Aconteceu alguma coisa? — indagou Nathan, tentando aparentar um ar casual.

— Marianne foi visitar tia Jane.

— Tia Jane? — surpreendeu-se Lilian, mal-humorada.

— Jane é irmã de Kate — esclareceu Nathan.

— Então não é sua tia — objetou ela, fuzilando Ross com o olhar.

— É como se fosse — protestou o menino aborrecido.

— Ross sempre a chamou de tia — explicou Nathan em tom de desculpa.

— Pois não devia — zangou-se ela. — Não quero mais isso. Essa tal de Jane não é tia de Ross.

— Pelo amor de Deus, Lilian! — exasperou-se Nathan, já bastante agastado. — Não tem nada de mais. Deixe de implicar com o menino e vamos logo com isso.

Lilian fez beicinho e não respondeu, enquanto Ross a fitava com ar de vitória. Não estivesse tão atenta aos ruídos externos, teria lhe dado um tapa. Um barulho de motor veio se aproximando da frente da casa, e ela correu pela sala bagunçada, para anunciar eufórica:

— São eles! Finalmente!

Nathan limpou a boca com o guardanapo e se levantou, seguido de Ross, que subitamente se lembrara de que Lilian lhe havia dito que iriam pintar a casa.

— São os pintores? — indagou, ingênuo.

Ninguém respondeu, mas Lilian abriu a porta, dando entrada a três homens mal-encarados. Do lado de fora, um imenso caminhão estacionava junto ao meio-fio, provocando uma admiração sem igual no menino.

— Uau! — exclamou Ross. — Um caminhão! Nunca havia visto um de tão perto. Posso ir lá fora ver?

— Fique quieto — repreendeu Lilian. — Não atrapalhe.

Com um leve cumprimento de cabeça, os homens arregaçaram as mangas e começaram a arrastar os móveis. Ergueram o sofá da sala e saíram com ele, depositando-o na carroceria aberta. Em seguida, voltaram e saíram com a mesa, depois com as cadeiras, e assim por diante.

Ross assistia a tudo com ar aturdido, tentando imaginar por que era preciso esvaziar a casa só para pintá-la. Pensou em perguntar, mas o pai não lhe dava atenção, e Lilian nem se lembrava de que ele existia. Quando começaram a descer com as camas e as malas, ele se convenceu de que algo muito errado estava acontecendo.

— Pai... — arriscou timidamente, puxando a barra do casaco de Nathan. — Não compreendo... por que estão tirando tudo? Para onde estão levando nossas coisas? E onde estão os baldes de tinta?

Não dava mais para enganá-lo. Nathan puxou-o para um canto, segurou-o pelos ombros e, olhando fixamente em seus olhos, disparou:

— Acho que você já tem idade suficiente para compreender as coisas. Não vamos pintar a casa. Estamos nos mudando.

— Mudando? — repetiu atônito.

— Exatamente. A partir de hoje, não moramos mais aqui.

— Como não? Esta é a nossa casa!

— Não é mais. Vamos para outra, maior e mais bonita.

— Não quero ir para outra. Gosto desta aqui.

— Gosta porque nunca conheceu outros lugares. Nossa nova casa fica num bairro elegante, e você vai fazer novos amigos.

— Não quero novos amigos. Aqui tenho a escola e... Marianne.

— Sinto muito. Marianne terá que entender.

— Você não está falando sério, não é? Vamos apenas pintar a casa, você falou...

— Não é verdade — sussurrou ele, abaixando os olhos, envergonhado.

— Você mentiu para mim?

— Foi preciso, para que você e Marianne não criassem problemas.

Ninguém disse nada a Marianne? — ele meneou a cabeça. — Foi por isso que ela foi para a casa de tia Jane?

— Achamos que era o melhor.

— O melhor? Pois fique sabendo que eu não vou. Vou esperar tia Kate voltar e vou pedir para morar com ela.

— Isso está fora de cogitação. Você é meu filho e tem que me acompanhar. Além do mais, prometi a sua mãe.

— Por favor, pai, não... Deixe-me ficar aqui...

O sofrimento de Ross era tão real que Nathan sentiu as lágrimas arderem em seus olhos. Como desprezava a si mesmo por aquela covardia! Devia ter sido homem suficiente para recusar-se a fazer a vontade de Lilian e mandar aqueles carregadores embora dali, levando consigo o caminhão de mudança.

Num gesto de desespero e arrependimento, Nathan puxou o filho para si e balbuciou sentido:

— Ah! Meu filho, não posso. Quisera eu poder mudar de ideia...

O menino se agarrou a ele, soluçando, e Nathan chorava também. Estavam tão envolvidos naquele momento de ternura que nem ouviram Lilian se aproximar. Ao ver os dois ali abraçados, ela se deixou invadir por uma onda de irritação e censurou com desprezo:

— Parem com isso e saiam do caminho. Não veem que estão atrapalhando?

Eles se separaram, e Nathan enxugou as lágrimas discretamente, afagando de leve os cabelos do filho. Ross, contudo, não sentia os afagos do pai. Tomado por um ódio descomunal de Lilian, pôs-se a gritar colérico:

— Megera! Bruxa! Marianne tinha razão: você não passa de uma bruxa e faria mais bem ao mundo se estivesse morta!

A surpresa só não foi maior do que a raiva, e Lilian, mordendo os lábios, ergueu a mão e desferiu violenta bofetada no rosto de Ross, que se desequilibrou e teria ido ao chão, não fosse o amparo do pai.

— Isso é para você aprender a me respeitar — desafiou ela.

—Por que bateu nele? — retrucou Nathan.

—Ele está ficando muito abusado. E a culpa é sua! Sua e de Kate, que só fazem mimá-lo e tratá-lo feito um maricas. Aprenda a ser homem, Ross!

— Cale a boca, Lilian! — esbravejou Nathan. — Deixe que eu cuido do meu filho.

— Muito bem — tornou ela com desdém. — Mas depois não venha pedir a minha ajuda quando não puder mais controlá-lo.

Saiu sem dizer mais nada, fuzilando de ódio daquele garoto malcriado.

— Não devia ter dito isso, meu filho — ralhou Nathan, sem convicção. — Lilian é sua madrasta.

— Eu odeio aquela mulher — rosnou Ross entre os dentes. — E sei que ela me odeia também.

— Lilian não o odeia. Quer o melhor para você.

— Foi o que ela disse? — Nathan não respondeu. — E você acreditou? Ela o está enganando. Será que só você não percebe?

— Lilian é geniosa e um pouco deslumbrada, mas quer o seu bem.

— Cadela... — balbuciou baixinho.

— O que foi que disse? — revidou Nathan, que não havia ouvido direito. — O que disse de sua madrasta?

Durante alguns minutos, Ross permaneceu olhando para ele, com medo de repetir o que havia dito. Aos poucos, o medo cedeu lugar à revolta, e ele pensou como seria bom agredir e ofender aquela mulher que ele tanto detestava, além de mostrar ao pai que não era um covarde feito ele. Por isso, Ross empinou o nariz o mais que pôde e, sem titubear, confessou com arrogância:

— Disse que ela é uma cadela.

O tapa veio espontâneo e doeu mais do que o recebido por Lilian, porque partira do pai.

— Lilian não devia ter feito o que fez, mas não vou permitir que você a desrespeite — repreendeu ele. — Você é uma criança, e ela é como sua mãe.

— Ela não é minha mãe!

Ross começou a chorar e levou a mão ao rosto, esfregando-o no local onde a vermelhidão começava a se espalhar.

— Por Deus, Ross, tente compreender — tornou Nathan, mais calmo. — Você precisa aceitar que Lilian agora é minha esposa.

— Eu aceito. Mas deixe-me ficar com tia Kate.

— Não posso. Você é meu filho. Prometi a sua mãe cuidar de você.

— Não quero me separar de Marianne.

— Lamento, mas já está decidido. Você vai comigo e ponto final. Marianne vai acabar aceitando.

Enquanto falavam, a casa ia sendo esvaziada, e Lilian dava ordens para que não estragassem nada. Desembaraçando-se de Nathan, Ross subiu ao seu antigo quarto, agora vazio. Recostou-se na parede em frente à janela e fitou o céu, magoado com a bofetada do pai e imaginando o que aconteceria a Marianne quando descobrisse aquela traição. Pensou em escrever-lhe um bilhete, contudo, os homens da mudança já haviam levado todos os seus lápis e cadernos.

No andar de baixo, Lilian exultava. De longe, ouvira praticamente toda a conversa, quase se atirando sobre Ross quando a chamara de cadela. Nathan acompanhava a mudança, sem dizer nada, os pensamentos presos ao filho e ao tapa que lhe dera. Nunca, em toda a sua vida, levantara a mão para bater-lhe, e agora perdia a cabeça por causa de uma mulher.

— Como está Ross? — indagou Lilian, tocando o ombro de Nathan com fingida doçura.

Havia mágoa no olhar de Nathan, e uma acusação muda se insinuou no tom de sua voz:

— Ele vai superar. Tem que superar.

— Você não devia se sentir culpado. Está fazendo o que é melhor para ele.

— Não, Lilian. Estou fazendo o que é melhor para você.

Deu-lhe as costas e foi andando pela sala, olhando bem para cada canto vazio, como se quisesse reter nos olhos as lembranças da felicidade que vivera ali.

— Não entendo você — insistiu ela, indo atrás dele com irritação. — Pensei que tivéssemos decidido que era o melhor para todos. Você concordou porque quis. Não tem o direito de colocar em mim a culpa pela infelicidade do seu filho.

— Não estou colocando a culpa em você.

— Mas é como se estivesse. Ross está infeliz porque vai ser obrigado a se separar daquela maluquinha. E de quem é a culpa por querer dar a ele amizades mais saudáveis? Minha, é claro. — Como ele não respondesse, ela prosseguiu: — É claro que você podia evitar isso, se quisesse. Bastava deixá-lo ficar...

— Chega, Lilian! Sei que é isso que você quer, mas está fora de cogitação.

Lilian achou melhor se calar. Apesar da raiva e do arrependimento visíveis, não havia mais como voltar atrás. Ela vencera, e Nathan não lhe importava, desde que continuasse o cordeirinho de sempre.

Em pouco tempo, a mudança havia terminado. Quando Nathan bateu a porta, pela última vez deu uma olhada na casa em que vivera boa parte de sua vida. Na casa ao lado, não havia nenhum movimento. David, na certa, só chegaria tarde da noite, a fim de evitar explicações dolorosas.

O caminhão partiu, e quando, finalmente, a última peça do mobiliário foi instalada na nova residência, Nathan suspirou aliviado. Lilian caminhava de um lado a outro pela casa, mudando os móveis de lugar a toda hora, causando irritação nos homens, cansados de carregar peso.

— Não nos leve a mal, dona — queixou-se um deles. — Já transportamos tudo. Agora, se a senhora não sabe onde colocar cada coisa...

Calou-se, ciente da ousadia que poderia lhe custar o emprego. Percebendo o mastar e a iminente explosão de ira de Lilian, Nathan sacou a carteira e, colocando o dinheiro na mão do homem, arrematou:

— Pode deixar conosco agora. Estão dispensados, obrigado.

— Por que fez isso? — censurou Lilian. — E agora, quem é que vai ajeitar os móveis?

— Pelo amor de Deus, Lilian! Será que você não percebeu que os homens estavam esgotados?

— E daí? Não foram pagos para isso?

Nathan não respondeu. Apanhou o casaco e saiu.

— Aonde você vai? — questionou ela da porta.

— Comprar umas rosquinhas — respondeu com pesar. — Não temos jantar.

O desgosto era tanto que, se pudesse, Nathan sumiria dali com Ross. Toda a esperança do casamento, os sonhos, os planos com Lilian se esvaíam aos poucos, à medida que ela ia revelando seu temperamento fútil e arrogante. Quanta decepção! Não era à toa que o filho não gostava dela, e era óbvio que tampouco Lilian gostava dele.

Como se não bastasse a decepção do menino, Lilian ainda o punira por seu atrevimento, colocando-o de castigo no quarto. Na hora, Nathan pensou em contestar. Quem lhe dera autoridade para colocar seu filho de castigo? No entanto, não se sentia com ânimo para enfrentar a discussão que a contrariedade causaria na mulher.

Queria sair dali, fugir daquele lugar, fugir daquela vida. Uma vida que não era a sua. Jamais seria.

18

Alheia ao drama de Ross e Nathan, Marianne seguia no táxi acompanhando as árvores que passavam apressadas pela janela. Apesar da falta que sentiria de Ross, uma mudança de ares até que a animou, e ela continuava, sonhadora, imaginando o dia em que ela e Ross poderiam viver a sua liberdade.

Chegaram à casa da tia, e Marianne acompanhou os pais e os irmãos sem expressar qualquer emoção. Bateram à porta, e Jane levou um susto ao vê-los ali.

— Kate! — exclamou ela. — O que foi que houve? Está tudo bem?

Meio sem graça, Kate encarou a irmã e falou com hesitação:

— Perdoe-nos por vir sem avisar. Não tivemos tempo... Precisamos de sua ajuda. Será que podemos passar o dia com você?

O olhar de súplica de Kate denunciava a gravidade da situação, e Jane, cheia de compreensão, apanhou Suzie no colo, deu a mão a Kevin e fez com que todos entrassem. David não os acompanhou. Ficou parado na porta e disse para a mulher:

— Preciso ir trabalhar. Volto no final do dia para buscá-los. — E, com ar de gratidão, arrematou: — Obrigado, Jane.

Logo que a porta da sala se fechou, Jane levou a irmã e os sobrinhos para uma enorme varanda que ficava na parte de trás da casa. Colocou Suzie no chão e foi buscar uma cesta de palha, onde guardava alguns brinquedos antigos de seus filhos.

As crianças sentaram-se à volta dos brinquedos e puseram-se

a desvendar a misteriosa cesta. Inclusive Marianne, que parecia encantada com tantas coisas diferentes e fantásticas. Certificando-se de que os filhos não lhe prestavam atenção, Kate fez sinal a Jane, e ambas foram se sentar num banco mais afastado, de onde podiam vigiá-los.

— Muito bem — iniciou Jane, preocupada. — O que foi que aconteceu para você vir à minha casa em plena segunda-feira pela manhã?

— Onde estão os meninos? — perguntou Kate, procurando pelos sobrinhos.

— Ainda estão dormindo. E Bill está no trabalho. Não se preocupe, ninguém irá nos incomodar.

Com um suspiro doloroso, Kate desviou os olhos para as crianças, demorando-se um pouco mais em Marianne. Engoliu em seco e começou a chorar baixinho.

— Estou apavorada... — calou-se, a voz embargada, e fixou-se em Marianne outra vez.

— É algo com Marianne, não é?

— Sim — hesitou por uns instantes, até que revelou com sofrimento: — Ah! Jane, você nem imagina. Nathan foi a nossa casa ontem à noite nos avisar que hoje iriam se mudar...

— Mudar? Você quer dizer, para outra casa?

— Exatamente. E o pior foi que fez isso às escondidas. Tramou tudo pelas nossas costas e nos fez tirar Marianne de casa, para que não os visse partir.

— Marianne não sabe?

— Não tivemos coragem de lhe contar. Você já imaginou como ela vai reagir?

— Nem quero pensar! Vai ser doloroso, e você sabe como Marianne reage à dor.

— É isso que nos preocupa, a David e a mim — ela olhou para a irmã com os olhos rasos de água e desabafou: — Nathan não podia ter feito isso. Foi uma traição. Preparar a mudança sem nos dizer nada! Se nos tivesse dito antes, teríamos arranjado um jeito de ir preparando o espírito de Marianne. Mas agora, confesso-me perdida. Não sei o que fazer. E Marianne anda tão calma! Passou de ano na escola, está feliz ao lado de Ross. Quando souber que não vão mais se ver, vai se descontrolar.

Jane pensou durante alguns minutos e retrucou:

— Sei que é horrível, mas uma mudança não é o fim do mundo. Marianne vai sofrer, mas acabará se acostumando. O principal agora é encontrarmos um meio de lhe contar sem provocar uma crise.

— Mas nós nem sabemos para onde eles foram! Nathan não nos contou. Acho que não quer mais que as crianças se vejam.

— Ele não lhes deu o novo endereço?

— Não. Tudo por culpa de Lilian. Foi ela quem influenciou Nathan para nos deixar.

— Espere um pouco, Kate, você não sabe disso.

— Tenho certeza. Ele mesmo falou. Lilian não gosta de Marianne e quer afastá-los a qualquer custo. Você se lembra do que aconteceu quando ela proibiu Ross de ir lá em casa, não se lembra?

— Vagamente. Na época, você não quis se abrir comigo.

— Eu tinha vergonha. Desculpe-me se deixei de procurá-la, mas é que David ficou tão zangado com a história do tal psiquiatra!

— Sugeri um psicólogo. Ele poderia ajudá-los.

— David não acredita. Acha que o único remédio para a loucura é o hospício.

— Eu nunca disse que Marianne é louca.

— Também eu gostaria de acreditar que não é. Deus sabe o quanto fingi que não há nada de errado com a cabeça de Marianne. Mas todos nós sabemos que ela não é normal.

— Isso não significa que tenha que ser internada.

— Tenho medo de David — confidenciou Kate. — Se ele se convencer de que Marianne é louca, tenho certeza de que irá colocá-la num hospício.

— Que horror! Hospício não é a solução. E não pense que sua filha é louca. Ela tem problemas que talvez possam ser sanados no consultório de um moderno psicólogo.

— Não sei, Jane. Tenho medo. David não vai concordar. E se insistir na internação?

— Por que fica tão submissa a David? Não é porque ele é seu marido que pode mandar em você. Marianne é sua filha. Não permita que ele faça com ela o que quiser, passando por cima da sua vontade.

— É fácil falar... Mas David não é homem de se deixar contrariar. E não é culpa dele. Não é por culpa de David que Marianne está assim. É por causa daquela sirigaita esnobe e metida a grande dama.

— Acha mesmo que Lilian é a culpada?

— Não tenho dúvidas! Até ela aparecer em nossas vidas, estávamos muito bem.

— Isso não é verdade. Marianne já tinha problemas muito antes de Lilian se casar com Nathan.

— Mas nós a controlávamos. Sempre dávamos um jeito de remediar a situação. Agora que Lilian levou Ross embora, não sei o que será de Marianne.

— Não é justo culpá-la. Afinal, por que Nathan permite que ela faça o que quer?

— Porque ele é um frouxo. Nunca teve fibra, nem quando a mulher morreu. Ficou desesperado, sem rumo, pensando no que fazer para criar sozinho uma criança. Não fosse por mim, sabe-se lá o que teria acontecido.

Jane fitou Marianne, que brincava com uns soldadinhos de chumbo velhos, e sentiu um aperto no coração.

— Pobre Marianne... — lamentou. — E pobre Ross também. São os dois que mais irão sofrer com essa mudança.

— Tudo por causa daquela mulher. Nathan foi muito ingrato. Não quero mais relações com ele.

Em silêncio, Jane tornou a olhar para a sobrinha. Ela era tão jovem, tão inocente. Será que merecia aquele sofrimento? Tentando segurar o pranto, acrescentou com voz sentida:

— Sei que não há muito que eu possa fazer, mas pode contar comigo para o que precisar. Gosto de Marianne e farei o que estiver ao meu alcance para ajudar. Seja o que for, pode pedir.

Kate apertou as mãos da irmã emocionada, sentindo-se reconfortada por não estar tão só naquela batalha. Durante o resto do dia, não tocaram mais no assunto da mudança. Aproveitaram para passear e levar as crianças ao parque. Só voltaram ao final da tarde, exaustas e felizes. Tomaram banho, vestiram roupas limpas e desceram para esperar o jantar.

Quando o marido de Jane chegou, ficou deveras surpreso

com a presença da cunhada e dos sobrinhos. Colocado a par da situação, não disse nada. Bill era um homem compreensivo e generoso, e muitas foram as conversas que havia tido com a mulher sobre a esquisitice de Marianne, concordando que a melhor solução seria levá-la ao psicólogo.

— Podemos ir — disse David a Kate, logo após o jantar. — Passei por lá antes de vir para cá, e eles já foram.

— Não acha melhor contar a Marianne antes? — sugeriu Bill.

— Não — contestou David, mais que depressa. — Não saberia o que lhe dizer.

— A verdade. Será melhor do que a surpresa.

— Não sei... Acho que a surpresa será menos dolorosa. Ao menos não precisaremos nos confundir com desculpas esfarrapadas. O vazio da casa lhe dirá tudo.

— Será menos dolorosa para quem? — tornou Bill perplexo. — Para vocês ou para ela?

David engoliu em seco e, olhos pregados no chão, acabou por confessar:

— Para mim, Bill. Não tenho coragem de lhe dizer.

— Quer que eu conte? — ofereceu-se Jane.

— Não. Agradeço, mas não creio que seja o mais conveniente.

Kate suspirou e foi buscar os filhos. Suzie e Kevin já estavam dormindo, e Roger, sonolento, começou a choramingar. Apenas Marianne estava desperta. Passara o dia todo longe de Ross e mal podia esperar a hora de vê-lo.

— Ross já deve estar dormindo — avisou David. — Amanhã poderá vê-lo.

A mentira desagradou Kate, que olhou para o marido com ar de repreensão. Já bastava a falseta que lhes haviam aprontado. Não era necessário inventar mentiras que, muito em breve, seriam desmascaradas, e da forma mais traumática possível.

19

Logo que o sol nasceu, Marianne deu um pulo da cama e desceu correndo as escadas. Passou pela mãe feito uma bala, sem dar ouvidos aos seus chamados angustiados. Atravessou a cerca às pressas e correu para a entrada da cozinha da casa de Ross. A porta ainda estava fechada, e ela bateu eufórica. Nada. Nem um som ou movimento. Bateu novamente, mas ninguém veio atender. Tornou a bater, sem sucesso, porém.

Desceu os degraus e afastou-se um pouco da casa, olhando para o alto contra o sol, na esperança de avistar Ross na janela de seu quarto. O vidro da janela estava fechado, e a cortina, imóvel. Reparando melhor, percebeu que todas as cortinas permaneciam paradas, algumas cerradas, outras abertas, mas, invariavelmente, imóveis, porque todas as janelas, estranhamente, estavam fechadas.

Apesar de assustada, não lhe passou pela cabeça que Ross tivesse se mudado. Nem sabia o que era uma mudança. Nunca se mudara, nem ninguém que conhecesse. Correu para a varanda da frente. O tapete havia sido retirado, e as plantas que guarneciam o alpendre já não estavam mais lá.

A porta estava trancada, de forma que ela não teve sorte com a maçaneta. Bateu repetidas vezes sem obter sucesso. A porta nem se mexia. Começou a sentir um pânico desmedido, um medo atroz de que algo terrível tivesse acontecido a Ross, como um feitiço que o houvesse aprisionado para sempre. Apavorada ante a ideia, correu para a lateral da casa, em busca de uma janela aberta. Encontrou uma, com as venezianas encostadas na parede, fechada apenas com o vidro. Na ponta dos pés, espiou para dentro, passando os olhos pala sala desocupada. Todos os móveis haviam sido retirados.

O vazio da casa a sobressaltou de tal forma que ela rodou nos calcanhares e correu, gritando espavorida:

— Mamãe! Mamãe! Aconteceu alguma coisa com Ross! Roubaram tudo da casa dele!

Parada no meio da cozinha, Kate esperava a volta da filha, sem coragem de ir atrás dela. Estava sozinha, pois David saíra cedo para o trabalho, para não ter que presenciar a confusão. Agora cabia a ela, somente a ela, a tarefa de colocar Marianne a par do acontecido.

Vendo Kate paralisada, olhos rasos de água, Marianne teve certeza de que algo muito grave havia acontecido a Ross e começou a chorar e a gritar feito louca:

— Ele morreu! Ross está morto! Você sabe! Foi a bruxa! Ela o matou e o comeu! Cadê o meu Ross? Quero o meu Ross!

Era o início de uma crise violenta. Kate teve vontade de virar as costas à filha e correr, para não ser obrigada a acompanhar seu desespero. Não podia. Era mãe. Era dela a tarefa mais dolorosa. Dela e de mais ninguém.

— Marianne — chamou com voz incisiva, provocando um susto na filha, que parou de gritar e a fitou. — Você precisa ser forte. Ross não morreu. Foi embora. Mudou-se. Seu tio Nathan e Lilian o levaram. Ele não vai mais voltar.

A notícia foi rápida como um furacão, tão rápida que a mente de Marianne não a acompanhou.

— Não compreendo... — gemeu ela, confusa. — O que está dizendo?

— Exatamente o que você ouviu. Ross se foi e... — ela engoliu em seco e teve dificuldade em repetir a última frase: — não vai mais voltar.

— Não pode ser. Você está enganada. Ross não faria isso. Ele me ama. Nós vamos nos casar...

— Não crie ilusões desnecessárias — cortou Kate com

angústia. — Seu pai e seu tio brigaram. Não estão se falando mais. Por isso, foram embora e levaram seu primo.

— Se eles brigaram, o que Ross e eu temos a ver com isso?

— Estou lhe dizendo que ele foi embora. Acredite em mim.

— Por que está fazendo isso comigo, mãe? O que foi que eu fiz?

— Não fez nada. Quero apenas que você entenda.

— O quê?

— Você foi lá, não foi? — ela assentiu. — E o que viu?

A mente confusa de Marianne agora começava a compreender.

— Não vi nada — balbuciou incrédula.

— A casa está vazia. Não está? — ela fez que sim. — Pois então? Não estou mentindo. A casa está vazia porque não há mais ninguém morando lá. Ross foi embora, mudou-se. Levaram todas as coisas dele. Ross não mora mais aqui. Não é mais nosso vizinho. A casa está vazia, outras pessoas vão morar lá.

— Mas... para onde ele foi?

— Não sei. Só o que sei é que seu tio se mudou, e Ross não vai mais voltar. Você precisa aceitar isso, para o seu próprio bem. Ele não vai mais voltar.

Marianne olhava para a mãe com estupor, mentalmente repetindo aquela frase estúpida. Subitamente, entendeu tudo. Começou a tremer, a respiração a lhe faltar, a cabeça a rodar. Seu corpo todo foi tomado por um acesso de fúria, e ela balançava a cabeça de um lado para outro, repetindo maquinalmente:

— Não vai mais voltar... não vai mais voltar... não vai mais voltar...

A razão parecia haver desaparecido do cérebro de Marianne. Não via mais nada. A única coisa em que podia pensar eram naquelas últimas palavras da mãe: não vai mais voltar, que ela ficava repetindo insistentemente. De repente, tentou fugir. Precisava encontrar Ross o mais rápido possível, antes que a bruxa o desintegrasse.

Não foi possível. Com medo do que ela poderia fazer, Kate agarrou-a com força, impedindo-a de se mover. O jugo a enfureceu de tal forma, que ela começou a gritar e a se debater, aumentando a força de Kate sobre seus ombros, na tentativa de contê-la a todo custo. Quanto mais Kate apertava, mais recrudescia a fúria, até que Marianne, na iminência de ser dominada, lançou mão do único recurso de que dispunha para tentar se soltar.

Com gestos estabanados, começou a morder e arranhar. Kate fez força, contudo, a dor e o sangue em seus braços fizeram com que ela afrouxasse as mãos o suficiente para Marianne escapar. Livre, a menina pôs-se a correr sem rumo, puxando louças, talheres, panelas, qualquer coisa que estivesse na sua frente e que pudesse atirar ao chão.

Não havia nem tempo para pensar. Kate a apanhou por trás e empurrou-a de encontro à parede. Foi pior. Gritando feito um animal, Marianne batia com a cabeça na parede, levando a mãe a retroceder e fazer força, dessa vez para trás, agora lutando para afastá-la. Não conseguia, pois Marianne, de repente, parecia ter adquirido a força de dez homens. Ela continuava batendo com a testa na parede, ao mesmo tempo em que sussurrava:

— Não vai mais voltar... não vai mais voltar... não vai mais voltar...

Num último e desesperado esforço, Kate conseguiu derrubá-la ao chão, imobilizando-a de barriga para cima, e ela direcionou as batidas da cabeça para o piso frio.

— Marianne, pelo amor de Deus! — gritou Kate desesperada. — Pare com isso! Pare!

Sem lhe dar ouvidos, Marianne continuava a investir contra os ladrilhos frios da cozinha, até que Kate, num esforço supremo, conseguiu erguer-lhe a cabeça e colocar a mão sob sua nuca. Foi então que viu os seus olhos. Havia tanto ódio no olhar de Marianne que Kate se sentiu invadida por uma onda maligna que a fez recuar. Assustada, soltou um grito e largou Marianne, que se voltou para ela, atacando-a com uma fúria impossível de se imaginar numa criança daquela idade, dando-lhe tapas e unhadas ferozes. Kate se defendia como podia, revidando os golpes com outros, que a filha parecia nem sentir.

Supondo uma possível e violenta reação de Marianne, Kate deixara os outros filhos no quarto, para sua segurança. Mas as crianças, ouvindo aquela gritaria, assustaram-se e começaram a chorar, levando Roger, o mais velho dos três, a abrir a porta e descer as escadas para ver o que estava acontecendo.

— Mamãe... — choramingou.

Ao dar de cara com o menino, Marianne rosnou feito uma fera

diante da presa. Sua boca espumava de um ódio irracional, e ela correu para ele, indo alcançá-lo no meio da escada, antes que a mãe pudesse detê-la. Puxou-o pelos cabelos com força, fazendo-o rolar pelos degraus, sob os gritos apavorados de Kate.

Por sorte, o tapete lhe amortecera a queda, e o menino se levantou sem um arranhão, embora chorando e gritando pela mãe. Surpreendentemente, Marianne não voltara para novo ataque, dando a Kate tempo de pegar o menino e acalmar o seu pranto. Pensava que, com a queda do irmão, Marianne houvesse se assustado e se aquietado. Todavia, ao procurá-la no alto da escada, não a encontrou mais.

Prevendo o pior, Kate disparou escada acima, atrás de Marianne, que, a essa altura já havia entrado no quarto dos outros irmãos e se dirigia para o berço, onde a pequena Suzie também chorava, braços estendidos, gritando pela mãe entre soluços. Marianne estava fora de si. O ódio que sentia era tanto que só pensava em destruir. Aproximou-se e tentou puxar a irmã por cima das grades, mas, como também era pequena, não conseguiu, e Suzie, por intervenção divina, arriou o corpinho no berço, ficando fora de seu alcance.

Voltou-se para o outro lado e viu Kevin encolhido a um canto, tremendo de pavor. Partiu para cima dele e agarrou seus cabelos com força. Foi nessa hora que Kate chegou. Prendeu Marianne por trás e puxou-a violentamente, fazendo-a recuar, ainda agarrada à cabeleira do irmão.

— Solte-o, Marianne! — gritou Kate desesperada, enquanto a sacudia. — Solte-o!

Marianne não soltava. Rugia e grunhia feito um animal, deixando Kate apavorada. Kate colocou a mão sobre a da filha e fez força para abri-la, até que conseguiu levantar-lhe os dedos e soltar Kevin. Saiu arrastando Marianne porta afora, em meio à gritaria das crianças. Ela resistia, aos gritos e tapas, e Kate se viu obrigada a esbofeteá-la para tentar contê-la.

— Tranque a porta, Roger! — berrou. — Tranque a porta!

O menino, de apenas sete anos, fez como a mãe ordenara. Rodou a chave na fechadura e trancou a porta, para alívio de Kate, que agora os sentia em segurança.

Marianne não parava de se debater e de rugir. Kate pensou que jamais havia visto algo semelhante em toda a sua vida. Surpreendendo-a ainda mais, Marianne começou a xingá-la com ira:

— Vagabunda! Ordinária! Cachorra! Solte-me, bruxa!

— Pare com isso! Respeite sua mãe!

— Você não é minha mãe! Não sou filha de uma porca! De uma cadela! De uma diaba! Solte-me! Solte-me!

Kate a havia envolvido num abraço paralisante, e Marianne mordia seu braço com toda força. A despeito da dor, Kate continuou a arrastá-la pelo corredor, certa de que, se a soltasse, ela acabaria matando uma das crianças.

— Calada, criatura infernal! — esbravejou Kate, coberta de horror. — Você é que não é minha filha! Não posso ter gerado um monstro! É o que você é! Monstro!

Tentando ignorar as imprecações de Marianne, e abstraindo-se da dor de suas mordidas, Kate continuou a empurrá-la em direção ao quarto. Parecia que nunca chegava. Por fim, depois de minutos de extrema agonia, conseguiu alcançá-lo. Escancarou a porta e tentou empurrar Marianne para dentro. A menina logrou soltar os braços e fincou as unhas nos portais, lutando para não entrar, mas Kate a esbofeteou diversas vezes e deu-lhe socos nas mãos, quase esmagando seus dedos.

Mesmo não sentindo dor, os dedos de Marianne foram amolecendo, até Kate conseguir puxá-los e soltá-los dos portais. Finalmente, atirou Marianne para dentro com força, e ela caiu no chão. Rapidamente, antes que se levantasse, Kate retirou a chave do lado de dentro da fechadura e puxou a porta, ao mesmo tempo em que Marianne a segurava pelo outro lado, tentando impedir que se fechasse.

— Não vai me prender aqui, megera!

No auge do desespero, Kate enfiou o pé na altura do estômago de Marianne, jogando-a ao chão novamente. Puxou a porta com violência, enfiou a chave com mãos trêmulas e conseguiu trancá-la, enquanto Marianne a esmurrava pelo lado de dentro, forçando a maçaneta, que já não cedia mais.

— Deixe-me sair! — gritava enfurecida. — Cadela! Vagabunda! Vaca! Deixe-me sair!

Kate não ficou para escutar suas imprecações. Guardou a chave no bolso do avental e correu para o outro quarto, batendo na porta com ansiedade.

— Roger! Abra, meu filho. É a mamãe!

O menino entreabriu a porta devagarzinho. Vendo a mãe parada do lado de fora, chorando copiosamente, escancarou-a de vez e Kate entrou, abraçando-o com fervor. Kevin imediatamente acercou-se dela, abraçando-a também. Agarrada aos filhos, ela correu para o berço e ergueu Suzie, que soluçava sentida.

Abraçada aos três, Kate permaneceu ali, chorando a sua dor e a sua frustração. Lutara com Marianne como se ela fosse um demônio forte e poderoso, e não uma menina de apenas nove anos. Ela estava louca. Se chegara a ter dúvidas, agora tinha certeza de uma loucura visível, amaldiçoada e, acima de tudo, perigosa.

O que poderia fazer? Marianne era sua filha, mas não podia esquecer que tinha ainda outros três, que nada sabiam das loucuras dela. Quanto mais pensava nisso, mais se angustiava. Estreitando as crianças cada vez mais de encontro ao peito, deu vazão a toda sua angústia, confundindo com o dos filhos o seu pranto de desilusão.

20

Ao entrar em casa naquela noite, David encontrou a mulher sentada no sofá, com Roger, Kevin e Suzie a seu lado. Da cozinha, um cheiro de carne refogada recendia no ar, atingindo-lhe em cheio as narinas, e ele comentou num gracejo:

— Hum... que cheirinho bom. Até abre o apetite.

Por uns breves segundos, o aroma do assado desviara sua atenção do problema do qual fugira pela manhã, mas que agora, inevitavelmente, teria que enfrentar. O olhar sofrido e acusador de Kate, por si só, já dizia tudo. As crianças tinham um ar assustado e mudo, e Marianne não estava entre eles.

— Está tudo bem? — foi só o que conseguiu perguntar.

— Onde esteve o dia inteiro? — redarguiu ela, os lábios trêmulos de revolta. — Por que não ficou aqui para me ajudar?

— Tive que trabalhar...

— Muito conveniente para esconder a sua covardia. Preferiu fugir a enfrentar sua filha. Marianne é sua filha também. Era seu dever estar ao meu lado, apoiar-me e transmitir-lhe segurança. Mas o que você preferiu? Fugir feito um fraco.

David engoliu em seco e perguntou baixinho:

— O que aconteceu?

— Será que você não pode imaginar? Não é capaz de adivinhar a reação de Marianne ao constatar que Ross não está mais aqui?

Ela apertou os lábios, tentando conter as lágrimas, e estreitou Suzie contra o corpo, lembrando-se do episódio da manhã.

— Lamento... — murmurou.

— Lamenta? É só o que você tem a dizer? Faz ideia do que eu passei com aquela menina? Do que fui obrigada a fazer para proteger os nossos filhos? Como se Marianne não fosse nossa filha também?

Consciente de sua covardia, David abaixou os olhos e exprimiu com dor:

— Conte-me o que aconteceu.

— Marianne tentou nos matar — revelou Kevin em sua simplicidade infantil, e os três começaram a chorar.

David não conseguiu articular nenhum som. O pouco que lhe disseram, aliado ao visível estado de exaustão e medo da mulher e dos filhos, era mais significativo do que todas as palavras juntas. Ainda assim, Kate juntou as forças que ainda lhe restavam e contou tudo ao marido, sem omitir ou suavizar qualquer detalhe. Ao final da narrativa, ele estava com os olhos úmidos, sentindo desprezo por si mesmo, pela sua covardia, pela escolha da saída mais fácil.

— Perdoe-me, Kate — conseguiu balbuciar. — Perdoe a minha covardia, minha fraqueza...

— Nem você, nem ninguém jamais poderá imaginar o que passamos aqui. Marianne parecia outra pessoa. Não sei onde conseguiu tanta força. E as imprecações então? Pergunto-me onde aprendeu tantos palavrões. Uma menina de nove anos! Minha filha... Tive que esmurrar e chutar minha própria filha. Como poderei me perdoar por isso...?

Kate começou a chorar descontrolada, e David, sem saber o que fazer, tomou a única atitude que lhe pareceu possível no momento, abraçando-a com força e chorando junto com ela. As crianças nada diziam, ainda assustadas e traumatizadas com a violência da irmã. Suzie, muito pequenina, adormecera no sofá, e apenas Roger e Kevin acompanhavam o sofrimento da mãe.

— Não se culpe — ele tentou confortar. — Você fez o que era certo.

— Será que fiz? Meti o pé em minha própria filha! Sabe o que é isso? Sabe o que é, para uma mãe, lutar com sua filha? Uma criança! Mas eu tinha que proteger os outros. Não podia deixar que Marianne os machucasse.

— Você não teve escolha. Oh! Deus, como me arrependo de minha covardia! Mas tive medo... medo de que nossa filha fosse louca. O que faremos se ela for louca?

Uma fumaça cheirando a queimado elevou-se da cozinha, e Roger comentou sonolento:

— Estou com fome...

Kate enxugou os olhos, afagou a cabeça dos meninos e falou sem entusiasmo:

— Preciso ir ver a carne. Deve estar queimando.

David ficou olhando a mulher ir para a cozinha e abrir a porta do forno para espiar o assado. Fazia aquilo mecanicamente, e ele sentiu o peso da culpa e da traição por tê-la abandonado naquela hora tão difícil. Fora trabalhar, deixando em casa seus problemas para serem solucionados por Kate.

Os meninos saíram do sofá e foram sentar-se à mesa da cozinha, para esperar a comida. De onde estava, David continuava observando-a e sentiu imenso orgulho dela. Ela, sim, era uma mulher de fibra, uma mulher de verdade, não uma fraca feito ele.

Devia-lhe, ao menos, uma reparação pelo que a fizera sofrer. Enquanto ela cozinhava, daria um jeito de minorar o seu sofrimento. Levantou-se lentamente, e ela, percebendo o seu movimento, indagou da cozinha:

— Aonde vai?

— Vou ver Marianne.

Kate nada disse, e o seu silêncio levou até ele a súplica de compreensão. David entendeu seu pedido mudo, balançou a cabeça e se virou, subindo as escadas vagarosamente. Queria chegar e não queria.

21

Em seu quarto, Marianne permanecia sentada no chão, corpo encostado na parede, exausta de tanto gritar. Durante muito tempo, ficara esmurrando a porta, na tentativa de se soltar. Seus músculos pareciam não se importar com os movimentos repetitivos, e ela permaneceu horas a fio dando socos na madeira, sempre com o mesmo gesto mecânico. No fim, após imenso esgotamento emocional, foi preciso parar.

A crise passara. Ela estava agora mais calma e mais lúcida. Em sua confusão mental, lembrava-se de que brigara com a mãe por causa de Ross. Aquela bruxa da Lilian o havia levado embora, e ela agora não podia mais vê-lo. Recordava-se vagamente de haver agredido a mãe e gritado com ela, assim como de ter tentado atacar os irmãos.

Não entendia direito por que havia feito aquilo. Queria parar, mas não conseguia. As vozes... de repente, sussurros invencíveis começaram a ecoar em sua cabeça, mandando que ela fizesse aquelas coisas. Deixara-se envolver e dominar pelo seu comando, e logo estava fazendo exatamente o que lhe diziam.

Não fosse por essas vozes, teria gritado e esperneado, talvez até batido com a cabeça no chão, unhado e mordido a mãe. Até então, estava sozinha. Todavia, ao ver o irmão descendo as escadas, algo despertou dentro dela. As vozes começaram a soar, a princípio baixinho, depois recrudesceram até se tornarem gritos ecoando dentro da sua cabeça. E lhe diziam apenas uma coisa: Acabe com eles. Dê o troco nessa intrometida.

As vozes pareciam anônimas e sinistras, uma força surgida do lado oculto, sobre a qual ela não tinha conhecimento nem domínio. Eram consciências externas à de Marianne, seres do invisível atraídos pela força dos sentimentos inferiores. Espíritos envolvidos pelas brumas do medo, da inveja, do ódio e da vingança. Criaturas relacionadas ao passado de Marianne e outras, atraídas pela desordem das vibrações de mãe e filha. Antigos inimigos de Kate, que se aproveitaram da oportunidade para atingi-la também.

Em seu estado de confusão, Marianne via sombras ao seu redor, sem saber que eram espíritos. As sombras-espíritos falavam, e as vozes eram nitidamente audíveis, impositivas e imperativas, retirando de Marianne a força de vontade para resistir. Terminada a luta, o silêncio foi se insinuando em seus pensamentos. Aos poucos, as vozes foram-se afastando e diminuindo, tornando-se esparsas até silenciarem por completo, deixando-a só com seus pensamentos, os únicos que ainda ouvia naquele oceano de ecos distantes.

A solidão do quarto a envolvia num calor sufocante. Ela agora chorava de mansinho, como se as lágrimas, conspirando contra ela, fizessem menção de abandoná-la também. Pensou que poderia morrer sozinha com sua dor. O pensamento da morte era sedutor, uma fuga daquele mundo de pessoas estranhas e incompreensivas, pessoas que pareciam viver na fantasia das regras e da perfeição.

A janela, com suas cortinas esvoaçantes, pareceu-lhe tentadora, uma passagem para a dimensão sem dor. Sentado no parapeito, propositadamente oculto aos olhos de Marianne, Luther comandava sua horda de assassinos e suicidas astrais, que tentavam transmitir a ela ideias fascinantes de morte.

O assédio quase surtiu efeito. Em dado momento, contudo, algo aconteceu. Uma pequenina luz começou a brilhar acima da cabeça de Marianne, que a percebeu de forma indistinta. Seu corpo fluídico fora tão embebido em vibrações maléficas que ela não conseguia divisar com clareza a transparência do astral superior.

Apesar de o caminho da loucura ter provocado um rompimento parcial com o mundo sutil mais depurado, o fato é que

Marianne tinha amigos entre os seres iluminados. Não estava sozinha. Espíritos esclarecidos a acompanhavam dia e noite, embora sem intervir, cuidando para que ela não se tornasse presa dos inimigos das sombras.

Foi assim que neutralizaram os pensamentos de suicídio e espargiram no ambiente partículas minúsculas de uma luminosidade suave e refrescante. Aos poucos, Marianne foi sendo envolvida por aquela luz de calma, até suas pálpebras pesarem e buscarem o sono. A exaustão física, finalmente, se abateu sobre ela, trazendo a bênção do repouso.

Despertou muito mais tarde, com o ruído de chave girando na fechadura. Alguém abria a porta do seu quarto. De olhos parcialmente descerrados, viu um vulto que se esgueirou para dentro, indiscernível contra a luz do corredor. Julgando tratar-se de novos espectros assustadores, Marianne se pôs de quatro e engatinhou pelo chão, até a parede do outro lado.

Sentou-se, toda encolhida, e quando a luz do quarto se acendeu, pôde enfim distinguir a silhueta austera do pai. Um arrepio explorou cada canto da sua pele, derramando em sua mente o pavor de uma nova surra. O rosto de David defrontava o seu, indecifrável. Ele se aproximou e parou em frente a ela, a sombra aumentada pela projeção da luz que vinha por trás. Quando a sombra do pai encobriu-lhe o corpo, ela chorou baixinho.

Para sua surpresa, o pai se ajoelhou ao seu lado e passou a mão sobre os seus cabelos, dizendo com uma ternura cuidadosamente calculada:

— Venha, Marianne, vamos jantar.

Os olhinhos dela brilharam, e Marianne esboçou um sorriso. De repente, descobriu que estava com fome. O estômago, subitamente, começou a doer. Não havia comido nada o dia todo e, até agora, não tivera apetite algum. Feita a limpeza espiritual, inclusive no campo energético de David, o corpo de Marianne começou a responder, e logo veio o significativo e salutar sinal da fome. Comer, contudo, não era o mais importante. Principal mesmo era que o pai fora gentil e não ia bater nela. Sem nem se dar conta, David também fora envolvido pelos fluidos iluminados deixados no ambiente, que o faziam ver em Marianne apenas a menina assustada e vulnerável que era sua filha.

Marianne aceitou a mão dele com uma felicidade desconhecida. Nunca o pai fora carinhoso com ela, e era preciso aproveitar bem aquele momento. David ajudou-a a levantar-se, e ela deixou escapar um gemido descuidado, que imediatamente tratou de reprimir, com medo de que o pai percebesse o seu corpo dolorido e se afastasse dela.

De mãos dadas, pai e filha saíram do quarto e desceram as escadas. Na cozinha, as crianças já haviam começado a jantar, e Kate dava de comer a Suzie. Quando viu David e Marianne entrarem juntos, seu coração de mãe se confrangeu. Como gostaria que fosse sempre assim! Com os olhos rasos de água, soltou por instantes a colher com que alimentava a filha e puxou uma cadeira para Marianne.

Era impossível não perceber que os irmãos haviam se encolhido e endereçado à mãe um pedido de socorro. Tinham medo de que Marianne os machucasse novamente. O olhar confortador de Kate, entretanto, deu-lhes segurança, e eles continuaram a comer, embora com uma certa apreensão.

Sem dizer nada, Kate serviu a filha e o marido, voltando para junto de Suzie, que espalhava a comida pelo chão, tentando comer sozinha. Marianne encarou a mãe com olhos expressivos, e Kate lhe retribuiu com um sorriso afável. Com voz carinhosa, recomendou:

— Coma, Marianne, vai lhe fazer bem.

A menina segurou o garfo e começou a comer. A cada vez que engolia, o estômago, ferido pelo golpe do pontapé, se contraía todo, mas ela se forçou e conseguiu comer quase tudo. A comida estava gostosa, e ela estava com fome. Quando terminou, levantou-se em silêncio e foi ajudar a mãe a recolher os pratos. Era sua maneira de pedir desculpas. Esperou até que a mãe lavasse a louça, apanhou um pano e pôs-se a enxugá-la, colocando-a cuidadosamente sobre a mesa, para que Kate a guardasse depois.

Sem saber o que fazer ou dizer, Kate aceitou sua ajuda, permanecendo calada enquanto trabalhavam. O mutismo da mãe não foi bem recebido por Marianne, que esperava um sinal, por menor que fosse, de que ela a amava e não estava zangada. Sendo ainda tão pequena, não compreendia o significado do silêncio, que lhe soou como indiferença.

Tudo terminado, Marianne abaixou os olhos e deixou a cozinha. Os irmãos, sentados na sala em companhia do pai, olhavam-na desconfiados, torcendo para que ela não se aproximasse. Ela não se aproximou. Tomou a direção das escadas e subiu para o quarto. No meio do caminho, ouviu a voz da mãe:

— Boa noite, Marianne.

Parou para ouvir o que a mãe dissera, na esperança de que fossem palavras de carinho. Como estas não vieram, galgou os degraus sem se voltar. Lá em cima, correu para o banheiro, trancou a porta e vomitou. No quarto, atirou-se na cama sem nem mesmo trocar de roupa e, em instantes, adormeceu.

Depois que ela subiu, Kate apanhou os outros filhos e, ajudada por David, levou-os para o quarto. Suzie agora dormia com os meninos, pois era impossível acomodá-la com Marianne. Depois que eles adormeceram, ela encostou a porta do quarto e foi ver a outra filha.

Encontrou-a adormecida e sentiu, forte em seu coração, um misto de repulsa, compaixão e amor. Quase a matara, mas ela estava doente e era sua filha. Andando na ponta dos pés, retirou uma camisola do armário e trocou Marianne que, de tão cansada, nem percebeu a presença da mãe. Ajeitou-a cuidadosamente sobre o travesseiro, cobriu-a com a manta, acariciou seus cabelos e saiu.

Em seu quarto, David a aguardava.

— Como está Marianne? — perguntou interessado.

— Está dormindo.

— Trancou a porta do quarto dela?

— Acha necessário?

— Não sei se é seguro deixá-la solta por aí. E se ela tiver outra crise e atacar os irmãos?

— Isso não vai acontecer.

— Como é que você sabe?

— Marianne só age por impulso, quando provocada.

— Você não pode ter essa certeza. E o que a provoca? Kate fez ar de dúvida, e ele mesmo respondeu: — Tudo. Qualquer coisa é capaz de provocá-la.

Kate deitou-se na cama e apagou o abajur. Com o rosto voltado para a parede, considerou:

— Ela está doente.

— Fico me perguntando se já não é hora de a levarmos ao psiquiatra. Não me agrada essa ideia, mas que outra saída temos?

Embora Kate soubesse que era o que tinham que fazer, ainda se mostrava resistente. Esfregou a testa, empertigou o corpo e, mudando de postura, respondeu incisiva:

— Ainda não. Vamos esperar para ver o que acontece. Quem sabe ela melhora?

— Sem o Ross? Acho difícil.

— Vamos dar tempo ao tempo. O tempo cura todas as feridas. Há de curar também as de Marianne.

— Você mesma disse que temia pelas crianças. Se esperarmos mais, não estaremos pondo em risco a segurança delas?

— Posso controlar Marianne, sei que posso. Ela é uma criança, minha filha. Tenho que manter o domínio sobre ela.

— Não sei se as coisas são bem assim.

— Não posso fazer isso com minha filha. Tenho medo de que o psiquiatra recomende a internação. Como irei suportar?

— Sei que isso não agrada ninguém, mas será que não seria melhor?

— Nunca!

Na mesma hora, David se arrependeu do que dissera, imaginando que males um hospício seria capaz de produzir na mente de uma criança. Todavia, a insanidade de Marianne precisava ser considerada. Se ela era mesmo louca, talvez o sanatório fosse o lugar certo para ela. Havia, contudo, a resistência de Kate. Como mãe, não seria fácil tomar uma decisão como aquela.

Então, se ficasse provado que Marianne era mesmo louca, caberia a ele, no papel de pai e chefe de família, cuidar da mulher e dos demais filhos, protegendo-os de agressões externas. Naquele momento, tendo já se dissipado as vibrações que captara no quarto de Marianne, David voltava a raciocinar sob a influência de seres malignos, que se aproveitavam de sua repulsa à loucura para incutir nos pensamentos dele o único destino possível para Marianne.

22

Quando Nathan chegou a casa no final da tarde, Lilian estava em seu quarto, sentada em frente ao toucador, penteando os cabelos. Olhou para o marido pelo espelho, sorriu e, sem se voltar, cumprimentou:

— Olá, querido. Como foi o seu dia?

— Bom...

Ele pousou o chapéu em cima da poltrona, sentou-se na cama e ficou olhando-a pelo espelho. Ela terminou a maquiagem e tornou a olhar para ele.

— Aconteceu alguma coisa?

Fitando-a com ar enigmático, ele respondeu:

— Fui promovido.

Lilian soltou o vidro de perfume que espargia pelo colo e virou-se abruptamente:

— Promovido? Isso é maravilhoso!

Nathan se sentia pouco à vontade. Não entendia por que, de uma hora para outra, recebera tantas e sucessivas promoções. No começo, pensou que fosse um acaso da sorte ou do destino. Agora, porém, não tinha tanta certeza. Os olhares dos antigos companheiros o incomodavam, como se o acusassem de deslealdade e oportunismo.

— Eles estão com inveja — disse Lilian. — Não ligue. Você não precisa mais deles.

Mas ele ligava, e as justificativas dela não o convenciam. Conhecia aquela gente desde sua admissão na fábrica, havia quase quinze anos. Sempre foram amigos até que, de uma hora para outra, todos passaram a ignorá-lo e se calavam toda vez que ele se aproximava, como se ele fosse um traidor ou espião.

Revendo seus passos na fábrica, lembrou-se que todos acharam justa sua promoção a chefe de produção. Era um empregado antigo, muito responsável e conhecia o serviço como ninguém. Logo depois, quando fora chamado a ocupar o cargo de gerente, a reação foi de desconfiança. Mas ele não era culpado pela morte de Clayton, o gerente anterior, e não podia recusar a promoção. Ninguém recusaria.

E agora, passados poucos meses desde a última vez em que fora promovido, o chefe o chamara e lhe oferecera o cargo de diretor de vendas. Trocara-o de setor. Já não trabalharia mais na produção, e sim nas vendas. Seria encarregado de contatar os clientes, oferecer seus produtos, discutir preços e elaborar cláusulas de contratos favoráveis à fábrica. Coisas com as quais Nathan, absolutamente, não estava familiarizado.

A única coisa de que entendia era de produção. A indústria têxtil havia crescido muito nos últimos anos, e Nathan se tornara um especialista em tecelagem. Não compreendia por que tinha que ser desviado para um setor burocrático para o qual nem se achava preparado.

Além do mais, o senhor Jack White, antigo diretor de vendas, estava no cargo havia muitos anos, e sua aposentadoria fora motivo de estranheza. Ele sempre dissera que gostava do seu trabalho e queria morrer trabalhando. E então, de uma hora para outra, resolvera se aposentar.

O pior de tudo era que ele estaria obrigado a constantes viagens. A fábrica do senhor Bradley era muito grande e próspera, e seus tecidos eram comercializados por todo o país e até no exterior. Ele lhe dissera que teria que viajar muito, inclusive para a América, onde as vendas começavam a disparar.

Nada daquilo o agradou. Não queria se afastar da família e não estava à altura do cargo que lhe ofereciam. Tentou dizer isso ao patrão, mas ele não aceitou suas desculpas.

— Nem pense nisso! — dissera. — Você é meu homem de confiança. Conhece a fábrica como ninguém.

— Mas senhor Bradley — rebateu Nathan, confuso —, tenho

família. Não poso me ausentar. E depois, não entendo nada de vendas.

— Isso não é problema. É claro que não vou atirá-lo aos leões sem qualquer defesa. Você vai se preparar adequadamente, aprender a função. Vou lhe mostrar tudo e, em breve, você será um excelente diretor.

— Mas...

— Nada de mas, Nathan. E depois, o salário é excelente.

— Sei disso e não quero que pense que sou mal-agradecido. Mas é que, como disse, a minha família...

— Que eu saiba, sua esposa é uma mulher jovem e saudável, que, inclusive, já trabalhou aqui. E seu filho já é um rapazinho.

— Eles precisam de mim.

— Precisam. E de dinheiro também. Pense em tudo que poderá lhes proporcionar com o salário que estou lhe oferecendo. Você comprou uma casa nova, não foi? — ele assentiu. — E num bairro elegante, não é?

— Sim. Mas está hipotecada...

— Mais um motivo para aceitar, pois o novo salário lhe assegurará o pagamento da hipoteca. Vamos, homem, deixe de sentimentalismos. É uma proposta irrecusável, e você vai se surpreender com a realidade de que todos podem passar muito bem sem você.

Pensando no quanto Lilian ficaria furiosa se ele recusasse o novo cargo, Nathan se deu por vencido:

— O senhor tem razão. Sua proposta é mesmo irrecusável.

— Quer dizer então que aceita?

— Aceito.

— Excelente! — exclamou exultante. — E não pense que está me fazendo um favor. Você mereceu essa promoção. Esteja certo de que não vai se arrepender.

Já estava arrependido. Agora, fitando a mulher, envolta em rendas e fitas, imaginou se havia mesmo agido corretamente. Ela era ambiciosa e não ligava a mínima para ele ou para seu filho. Só pensava em roupas e joias, que ele vinha comprando com sacrifício. E de uma hora para outra, milagrosamente, tinha condições de satisfazer seus caprichos mais extravagantes.

— Agora sim, serei uma dama de verdade — comentou ela,

sonhadora. — Para começar, podemos dar uma festa. Toda a alta sociedade londrina estará presente.

— Devagar, Lilian. Só fui promovido. Não fiquei rico.

— Como não? Você agora vai ganhar bem. Não é mais um operário. É diretor, está ingressando na elite industrial...

— Vou ter que viajar — cortou ele.

— Viajar? Para onde?

— Não sei. Pelo país e pelo exterior.

Um brilho de vitória despontou no rosto de Lilian, e ela sorriu intimamente. Enquanto ele viajasse a negócios, ela e Richard estariam livres para se encontrar e, quem sabe, viajar também. Fora uma grande prova de amor. Por que outro motivo Richard teria obrigado Jack White a requerer a aposentadoria, sob pena de despedi-lo, para dar o cargo a Nathan? Por ela. Pensando nisso, sorriu maliciosamente e elogiou com disfarçado fingimento:

— Ah! Nathan, fico muito feliz por você. Foi merecido.

— Não está aborrecida por eu ter que viajar?

— É claro que não!

— Pensei que sentiria minha falta.

Ela tossiu levemente e se aproximou dele, segurando suas mãos com fingida ternura:

— É claro que sentirei a sua falta, mas será um sacrifício que terei que fazer em benefício do seu sucesso.

— Tem certeza?

— Absoluta. Prometa-me apenas que não irá me trair com nenhuma americana. Ouvi dizer que elas têm modos muito despojados.

Se lhe dar tempo de contestar, abraçou-o e começou a morder seu pescoço, deixando-o louco de desejo. Lilian sabia como dobrá-lo. Conhecia seus pontos fracos e aqueles que lhe davam mais prazer.

Na hora do jantar, Nathan estranhou a mesa posta para dois e indagou preocupado:

— Onde está Ross?

— Trancado no quarto — respondeu ela secamente. — Não quis sair nem para almoçar.

— E você deixou?

— O que queria que fizesse? Que o arrancasse de lá à força e o arrastasse até aqui? — Como ele fizesse menção de sair, ela segurou sua mão e falou com voz melíflua: — Deixe-o. Ele ainda está chateado por causa da mudança. Depois passa.

— Ross é uma criança e precisa se alimentar.

— Vou mandar Nora levar-lhe algo para comer.

Tocou a sineta e a empregada apareceu. Deu-lhe ordens para que fizesse um prato e o levasse ao quarto de Ross. A criada obedeceu e preparou a refeição. Bateu de leve na porta, mas o menino não escutou, perdido que estava olhando pela janela, o coração oprimido pela saudade de Marianne. Como ele não atendia, Nora abriu a porta e entrou.

— O que quer? — indagou ele de má vontade, ao vê-la com a bandeja na mão.

— Sua mãe mandou trazer-lhe a refeição.

— Ela não é minha mãe! — esbravejou. — E leve isso daqui. Não estou com fome.

A criada pousou a bandeja na mesa e saiu devagarinho. Assim que chegou de volta à sala, Nathan indagou ansioso:

— Ele comeu?

— Não, senhor. Deixei a bandeja lá, mas ele nem olhou para ela.

Nathan balançou a cabeça e dispensou-a. Não estava acostumado à presença de estranhos às refeições e queria ficar a sós com Lilian.

— Não sei o que fazer com Ross — desabafou ele, levando o copo de vinho aos lábios. — Ele está ficando rebelde.

— Influência de Marianne. Aquela menina é uma praga.

— Ela é prima dele... Ross sente a falta dela.

— Quanto a isso, não há nada que possamos fazer.

— Talvez eu deva ir falar com David. Somos irmãos e nunca havíamos brigado antes.

— Para dizer-lhe o quê? Que está arrependido?

— Poderia pedir-lhe desculpas, para começar.

— Vai se desculpar por ele ter uma filha doida varrida?

— Não se trata disso. Preocupo-me com meu filho. Marianne e Ross foram criados juntos. A separação está sendo difícil para ambos.

Lilian enxugou os lábios com o guardanapo e rebateu friamente:

— E você pretende reaproximar os dois.

— Acho que não seria má ideia.

— Faça isso e transforme nossa casa num hospício.

— Você está exagerando. Marianne é dócil quando bem tratada.

— Está querendo dizer que eu a trato mal?

— Não é isso...

— É isso sim. Pois deixe que lhe diga: não gosto de Marianne e não a quero entre nós. Não vou tolerar a presença de uma doida nesta casa.

Nathan ficou alguns minutos pensativos, até que sugeriu:

— Talvez Ross é que possa ir visitá-la.

— Se consentir nisso, ele vai perder de vez o respeito por mim.

— Não creio...

— Já se esqueceu das imprecações que ele falou de mim?

— Ele estava com raiva, perdeu a cabeça.

— E vai perder de novo se continuar a se encontrar com aquela pirralha maluca. Ela é uma péssima influência para ele.

— Você está se dando muita importância. Marianne só quer saber de Ross. Se os deixarmos em paz, ela nem se lembrará da sua existência.

— Tem razão, precisamos deixá-los em paz. E é por isso que insisto que o melhor para ele seria morar de vez com a adorada priminha.

— Por favor, Lilian, não recomece com isso. Você sabe que eu não vou permitir.

— Ross gosta mesmo é de Kate e de Marianne. Não gosta de mim. Por que não satisfazer a sua vontade?

— Está enganada. Conheço o amor do meu filho por mim. E eu o amo também.

— Chama isso de amor? Veja como ele está! Trancado no quarto feito um bicho do mato.

— Não compreendo você. Não quer permitir que ele vá visitar Marianne, mas sugere que eu o deixe morar com ela. Não vai nisso uma grande contradição?

— De jeito nenhum! Se permitirmos que ele a visite, corremos o risco de chegar a casa um dia e termos a desagradável surpresa de encontrar Marianne aqui. Agora, se ele for morar com ela, não terá motivos para trazê-la a nossa casa, você não acha?

— O que acho é que você está tentando me afastar do meu filho, mas não vou permitir. Proíbo-a de tocar novamente nesse assunto. Já está decidido: Ross fica comigo e pronto.

A discussão tirou o apetite de Nathan, que se levantou aborrecido e saiu para a rua. A pressão de Lilian estava se tornando insuportável. Agora percebia tudo. Como fora idiota! Lilian queria se livrar de Ross a todo custo. Não gostava dele, talvez não gostasse de ninguém além de si mesma. Interessava-se apenas pelas futilidades que o dinheiro podia comprar.

O pior não era ela. Era ele. Lilian era interesseira e fútil, provavelmente sempre fora assim. Kate tentara avisá-lo, no entanto, não lhe dera ouvidos, surdo pelas falsas palavras de amor com que Lilian o enfeitiçara. Jamais devia ter-se afastado da família por causa de mulher alguma. Como fazer agora para voltar atrás?

Nathan chutou uma pedra e atravessou a rua, admirando a casa grande e bonita pela qual se endividara tanto. Tudo para satisfazer os desejos e os gostos de Lilian. Ela estava satisfeita em sua vaidade, e para isso, tanto ele quanto o filho tinham que ser infelizes. Era preciso reagir e impor a sua vontade. Mas como, se não tinha coragem de contrariá-la? Perguntava-se por que era tão covarde e não encontrava a resposta.

Deu uma última olhada para a casa e soltou um suspiro profundo, descendo a rua a passos lentos. Uma mulher passou ao seu lado, e ele se deteve impressionado. Seria mesmo Kate? Não podia ser. Ela estava muito longe, feliz com o amor de sua família.

Instintivamente, voltou-se e viu a mulher se afastar. Tão diferente e, ao mesmo tempo, tão semelhante à cunhada. Kate era uma mulher bonita. Será que tinha consciência de sua beleza? Provavelmente não, sufocada pelos afazeres domésticos e os cuidados com os filhos, principalmente com Marianne e seu enorme problema.

Como gostaria de, naquele momento, estar ao lado de Kate! Só ela saberia compreendê-lo e confortar o sobrinho, a quem criara como filho. Sim, para Ross, ela sempre fora sua verdadeira mãe. E para ele, o que ela realmente seria?

23

Foi na noite imediata ao acesso de loucura de Marianne que Luther deu um ultimato aos espíritos das trevas. Reunidos nas profundezas do astral inferior, ouviam com revolta as imprecações e ordens do espírito, que caminhava de um lado a outro com visível impaciência.

— Seus incompetentes! — vociferou. — Deixei-a aos cuidados de vocês, e o que fizeram? Divertiram-se e aproveitaram bastante, mas nada de trazê-la para cá. Será que é tão difícil assim levar uma louca ao suicídio? Agora chega. Ninguém mais mexe com ela. Cuidarei de Marianne pessoalmente, que era o que deveria ter feito desde o início.

— Mas Luther — tentou protestar um espírito —, isso não é justo. Você não tem o direito de impedir nossa vingança.

— E você não tem o direito de impedir a minha. Já não tiveram sua chance? Agora é a minha vez, seus inúteis.

Um dos espíritos, de rosto cadavérico e olhar assustador, encarou Luther com raiva e disse entre os dentes:

— E se nós não obedecermos?

— Vocês é que sabem. Mas depois, não digam que não avisei.

— Quem é você para nos ameaçar? — vociferou outro.

Luther lançou-lhe um olhar sarcástico, acercou-se dele e segurou-o pelo colarinho, cravando as garras em seu pescoço:

— Eu sou aquele que manda e que você não gostaria de enfrentar — rosnou com ar aterrador.

O outro, sentindo o poder de Luther, engoliu em seco e tentou retirar as mãos de seu pescoço. Luther apertou um pouco mais e, em seguida, empurrou-o com violência de encontro à parede.

— Será que preciso lembrar a todos que eu sou o chefe aqui? Conquistei esse posto por mérito, graças a muita dedicação e paciência. Aprendi a me defender e, principalmente, a saber o momento certo de atacar. Quem quiser me contestar, vai ter que me enfrentar e provar que é mais forte e mais poderoso do que eu. Alguém quer experimentar? — Ninguém se atreveu, e Luther prosseguiu: — Muito bem. Assim está melhor.

— Por que a defende? — arriscou uma mulher toda rota.

— Defendo a minha presa e, consequentemente, a mim mesmo e os meus interesses.

— Por quê?

— Isso, só a mim diz respeito.

— Você tem contas a acertar com ela — aventou uma velha desgrenhada. — Assim como nós.

— Muito justo. Todavia, como disse, vocês tiveram a sua chance e a desperdiçaram.

— Achei bonito o seu pequeno discurso de poder — desdenhou um espírito grandalhão e com cara de mau, que não era dali. — Todavia, não me convenceu. Você é um só, e nós somos muitos. O que nos impede de atacá-lo e tomar o seu posto?

— Bem se vê que você é um estranho nas minhas terras — retrucou Luther com frieza. — E é só por isso que não vou destruí-lo.

O outro soltou uma gargalhada tenebrosa e, de forma inopinada, avançou em cima de Luther com uma adaga, derrubando-o ao chão e montando em cima dele, com a faca encostada em seu pescoço.

— Quem vai destruir quem agora?

Luther não se deixou intimidar. Permitiu que o outro o ameaçasse por alguns instantes, até que, segurando a mão da faca, atirou para longe a criatura que o dominava, sem qualquer esforço. Os outros, impressionados, quedaram-se boquiabertos, incapazes de emitir qualquer som. Como se nada houvesse acontecido, Luther levantou-se, espanou a poeira astral e continuou a falar, alheio ao estado de quase demência em que deixara seu agressor:

— Lembrem-se de que só estão aqui porque eu consenti. Muitos de vocês já me conhecem e até trabalham para mim. Para aqueles que são novos e nunca ouviram falar de mim, como nosso amigo ali — apontou, sem emoção, para o espírito caído —, saibam que toda essa região está sob o meu domínio, e tenho um exército ao meu dispor. Quem quiser tomar o meu lugar, vai ter que lutar por ele, assim como eu lutei para estar aqui. Só que, ao contrário do meu antecessor, não estou enfraquecido pelo deslumbramento de uma dissimulada iluminação. Não acredito no poder da luz. Creio na potência das trevas, na soberania da força e na propagação do medo para a conquista e a imposição do poder absoluto. O poder é tudo que importa.

O episódio era mais do que suficiente para provar a todos a superioridade de Luther. Os espíritos não ousaram mais enfrentá-lo nem com palavras, nem com gestos, e limitaram-se a olhá-lo com ar resignado. O silêncio era total, até que, por fim, uma mulher levantou um dedo hesitante e, após o consentimento de Luther, perguntou com timidez:

— Não poderemos fazer nada?

Luther fez um ar de mistério e retrucou bem-humorado:

— Vamos ver. Aqueles de vocês que quiserem me seguir e obedecer poderão me auxiliar... E, auxiliando-me, terão novas oportunidades.

— Você quer nos escravizar? — perguntou, perplexo, o espírito de rosto cadavérico, procurando ficar fora do alcance de Luther, temendo que lhe acontecesse o mesmo que acontecera ao companheiro atacado.

Luther fitou-o com desdém e respondeu entre os dentes:

— Não gosto de você, animal. Mesmo assim, vou responder a sua pergunta. Não tenho necessidade de escravizar ninguém. Só se tornam meus escravos aqueles que me devem alguma coisa — disse isso olhando bem fundo nos olhos do outro, que se encolheu assustado. — Aos demais, dou a oportunidade de me servirem. Se quiserem, poderão conseguir sua vingança pessoal, desde que executem minhas ordens. Se não quiserem, podem partir e buscar outra vítima.

— Não queremos outra! — protestou alguém. — Temos contas a ajustar com Marianne.

— Pois então, pensem bem. Se quiserem chegar até Marianne, eu sou o caminho. Se não forem a ela através de mim, desistam. Ela se tornou inacessível a vocês. A decisão é sua — Luther nem lhes deu tempo de responder. — E agora, vão dando o fora. Só quero aqui os que me são fiéis.

Alguns espíritos, atraídos pelas vibrações de ódio, de vingança, de medo e de desarmonia, mas que não estavam ligados energeticamente a Marianne, foram saindo de fininho, sem dizer nada. Queriam apenas se alimentar daqueles fluidos sem se prender a ninguém. Muitos, contudo, permaneceram. Espíritos presos a ela por vidas passadas, e ainda outros ligados a Kate e David, cujo propósito era atingi-los através da menina. Todos em busca de algum tipo de vingança.

As criaturas ligadas a Kate e David guardavam ressentimentos e ódios amealhados em sua última encarnação. Marido e mulher, na outra vida, foram homens, irmãos e médicos de loucos. O exercício da medicina nos séculos passados constituía uma tarefa árdua, e a loucura, em especial, era vista com muito mais medo e preconceito do que na época de Marianne.

Kate e David não fugiam à regra da ignorância. Loucura era sinônimo de vergonha para as famílias, e sempre que um paciente com problemas mentais ou simples ideias extravagantes lhes era apresentado, aconselhavam os familiares a interná-lo no hospício e esquecer-se dele. Que nem fossem visitá-lo. Deixassem-no entregue à disciplina dos hospitais, com suas pancadas, grilhões e torturas.

Loucos não tinham sentimentos, inteligência ou vontade. Por isso, não era preciso dispensar-lhes consideração. Sempre que algum pai mais zeloso os contradizia, argumentando com a desculpa do amor, eles o criticavam e acusavam de impedir o tratamento, insistindo na perpetuação de uma doença incurável e altamente perniciosa, não apenas ao enfermo, mas a toda a família e à sociedade.

Com o diagnóstico precipitado da loucura, muitos doentes foram atirados aos hospícios e lá esquecidos, levando uma vida de maus tratos, de sujeira, de humilhações e falta de amor. Desencarnados, muitos seguiram com enfermeiros do espaço, para serem tratados no astral e recompostos no equilíbrio da mente.

Outros, contudo, principalmente os que não eram realmente loucos, encheram-se de tanto ódio que a morte lhes surgiu como oportunidade de vingança. Invisíveis, podiam perseguir seus algozes sem qualquer tipo de empecilho ou controle. Os médicos estavam à mercê de sua sanha, indefesos ante os ataques obsessivos.

Quando Kate e David desencarnaram, viram-se diante de muitos cobradores, que exigiam reparação pelos anos de tortura nos hospícios. Foi difícil a prisão no astral inferior, sob o ataque constante de espíritos dementados. Por fim, lembraram-se da existência de Deus e, sinceramente arrependidos, buscaram auxílio.

Uma nova chance lhes foi concedida, dessa vez para reencarnarem em sexos diferentes e, casados, receberem como filha um espírito mentalmente desequilibrado e facilmente sugestionável pela influenciação do invisível. Com o cérebro assim predisposto e impressionável, Marianne retornou ao mundo da matéria, carregando consigo o espinho cerebral que a impediria, por toda a vida, de raciocinar com clareza e controlar suas emoções, dificultando, com isso, sua interação com o mundo físico.

Logo nos primeiros anos de vida, nada de anormal podia ser notado no comportamento de Marianne. As lesões cerebrais de que era portadora não eram visíveis aos encarnados, já que situadas para além da matéria densa. Tratando-se de uma desordem do veículo mental, incapaz de controlar a dilatação destemperada do emocional, gravitavam mais em torno desses corpos, inacessíveis à razão humana de então.

Desorganizadas as emoções, com intensa vibração e alargamento do condutor astral, ficou mais fácil para os espíritos, soltos e à vontade em seu próprio mundo[4], captarem-lhe a confusão e, aliando tudo isso a uma mediunidade sem controle e sem limites, puderam facilmente aumentar-lhe o distúrbio da mente.

4 O mundo astral também é o das emoções e é onde se situa a mediunidade. É acessível pela morte, sonho ou qualquer estado de transe. Como os desencarnados vivem e se locomovem nesse mundo, é muito mais fácil para eles perceberem as vibrações emocionais dos encarnados, visto que estão, eles mesmos, vivenciando intensamente suas próprias emoções (N.A.).

Ao final do terceiro ano, Marianne foi-se modificando. De um temperamento gracioso e alegre, passou a se tornar desconfiada e arredia, falando e agindo de forma estranha e pouco comum a crianças da sua idade. Não raras eram as vezes em que via seres imaginários ao seu redor, a princípio, fadas e duendes, depois pessoas nada amistosas.

Elementais[5] e espíritos pouco a pouco foram se tornando recorrentes e indistinguíveis, partes inseparáveis da realidade de Marianne, que não discernia entre o corpóreo e o não corpóreo. Até os sete anos, sob a proteção de espíritos amigos, conseguiu manter a lucidez, apesar das esquisitices. Após essa idade, iniciada a individualização de seu ser, reuniu condições para enfrentar o próprio destino, seguindo sozinha em sua caminhada terrena.

Na verdade, Marianne não estava sozinha de todo. Embora não tivesse qualquer relação pretérita com seus pais, contava com a companhia de Ross, o único que se dispusera a acompanhá-la, movido pelo amor genuíno. Todos os que a ela se haviam ligado em outras vidas não necessitavam passar por aquela experiência, de forma que Marianne foi entregue aos cuidados de pais totalmente estranhos a ela. Foi uma combinação de necessidades entre ela, Kate e David. Se, por um lado, Marianne precisava vivenciar a loucura, por outro, seus pais tinham que aprender a lidar com a doença de forma amorosa e compreensiva. Com uma diferença fundamental: o germe da insanidade estava instalado em Marianne, não em seus pais, que, além disso, não possuíam nenhum dom mediúnico extraordinário, além do normal humano.

Nem todos os espíritos eram amigos de Marianne. Assim como havia aqueles interessadas em seu progresso e na vitória sobre seu passado, outros clamavam por vingança. E não foram poucos os inimigos que Marianne conquistara em suas outras vidas. A exemplo de Luther, muitos outros aguardavam o momento de empreender a cobrança que tanto desejavam. E ela ia lutando, consigo mesma e com seus demônios, para sobreviver em seu universo selvagem.

5 Elementais são seres da natureza que habitam o mundo astral, como duendes, silfos, ondinas e salamandras (N.A.).

Como seu maior e mais feroz inimigo, Luther conhecia todas essas histórias. Mesmo porque Marianne, um dia, fizera parte de seu séquito. Ele a mantivera presa por muito tempo, porque ela muito lhe devia. Todos os que lhe deviam eram cobrados, e o pagamento era a escravidão, servindo em suas hordas de assassinos astrais.

Só que Marianne lhe dera um golpe. Às escondidas, sem que ele percebesse ou sequer desconfiasse, conseguira ludibriá-lo e se bandear para o lado inimigo das sombras. Como Luther se enfurecera ao descobrir que ela o deixara! Urrara e se debatera em fúria, mas em vão. Inexplicavelmente, ela escapara e fora recolhida em algum dos muitos centros de reabilitação espalhados por ali, lugares protegidos aos quais ele não tinha acesso. Dali para algum posto de socorro acima da crosta terrestre não era difícil. As vibrações luminosas da esquadrilha do bem era salvo-conduto mais do que suficiente para conduzir as almas até paragens mais límpidas.

Assim, ele a perdera, mas não inteiramente. Ainda podia sentir os fluidos de medo que partiam dela. Ficou à espera. Não foi difícil perceber o seu retorno nem localizá-la no meio de pessoas estranhas. Ao contrário, tudo ficou mais fácil. A família não a amava, e a falta de amor lhe facilitava as investidas. Além disso, seus pais tinham lá os seus comprometimentos e não eram dados a orações nem coisas do gênero, facilitando ainda mais o seu acesso a Marianne.

E agora, ele se encontrava ali, na iminência de efetivar sua vingança. Não havia mais espíritos bonzinhos nem a boa vontade da mamãe. O único e possível obstáculo era o garoto intrometido, que agora estava fora. Luther estava praticamente sozinho, sem nada que lhe dificultasse os planos.

Então agora, era só concretizá-los.

24

Não foi possível para as crianças tornarem a se ver. Durante um bom tempo, permaneceram afastadas, cada qual em sua casa, imersas na saudade e na dor. Não passava um dia em que ambos não pensassem numa maneira de fugir e se ver. Todavia, a vigilância era constante e, principalmente para Marianne, tudo era muito mais difícil, não apenas pela pouquíssima idade, como também pela dificuldade de tomar decisões e cuidar de si mesma.

Marianne mal se alimentava. Passava os dias à janela, sonhando com Ross, imaginando sua chegada em um cavalo branco, tal qual os príncipes dos contos de fadas que ele costumava ler para ela. Nada do que os pais faziam para animá-la surtia efeito, o que também não era muita coisa. Marianne não tinha amigos, e, desde sua última crise, os irmãos a evitavam, com medo. Nem Margot a visitava mais. Apenas de vez em quando, via um elemental ou outro subindo pelas árvores, mas eles nunca falavam com ela. Estava mais só do que nunca.

O verão passou correndo, anunciando o fim das férias, e os ventos gelados do outono trouxeram à Marianne um novo ânimo. As aulas iam começar, e ela encheu-se de esperança de que Ross viria buscá-la para irem à escola juntos.

Naquela tarde escura de domingo, Marianne esperava ansiosa pelo dia seguinte, quando, finalmente, encontraria Ross. Desconhecia a surpresa que a aguardava. Logo ao amanhecer do dia, saltou da cama, exibindo uma animação comedida, e esmerou-se no penteado, colocando, inclusive, uma fita cor-de--rosa no cabelo. Tudo para agradar Ross.

Depois de pronta e perfumada, apresentou-se para o café, a toda hora olhando pela janela da cozinha. Kate e David se entreolhavam preocupados. Ao matricular Roger, que, naquele ano, iniciaria os estudos, ficaram sabendo que Ross não renovara a matrícula. Deviam ter contado logo a Marianne, todavia, foram adiando a notícia, a fim de evitar-lhe maiores sofrimentos.

Na hora de sair, Marianne ainda não se convencera de que o primo não iria aparecer. Enquanto Kate ajeitava a fita em seu cabelo, perguntou:

— E o Ross, mamãe? Cadê ele?

David havia acabado de sair, como sempre antes das tempestades, de forma que caberia a ela, mais uma vez, cuidar daquele assunto sozinha.

— Não sei de Ross — respondeu sem encará-la.

— Ele não vem me buscar?

— Ele não mora mais aqui.

— Mas a escola dele fica perto da minha! Pensei que fôssemos juntos...

A hora de contar era aquela, contudo, Kate não conseguia. Roger, a seu lado, demonstrava toda a ansiedade do primeiro dia de aula, e ela não queria desapontá-lo. Aquela, decididamente, não era a hora mais apropriada para uma cena. Talvez mais tarde, quando estivessem de volta, ela levasse a filha para o quarto e, sozinha com ela, lhe contasse tudo.

— Ross deve ter ido direto de sua casa — mentiu. — Vai encontrá-lo depois.

Marianne não disse nada, embora não conseguisse ocultar a decepção. Saiu com a mãe e os irmãos, inclusive os pequenos, que não tinham com quem ficar. Naquele momento, Kate não podia prestar muita atenção a Marianne, ocupada com a euforia de Roger e em cuidar dos menores. Com Kevin em uma mão e Suzie no colo, Roger ia ao seu lado tagarelando, enquanto Marianne seguia mais à frente, alheia à conversa deles, embora sob o olhar atento da mãe.

Na escola, Kate se despediu dela com um beijo e seguiu

apressada para a de Roger, que também fora a de Ross. Marianne demorou-se um pouco mais, vendo a mãe e os irmãos se afastarem, sobressaltando-se a cada automóvel que parava por perto. Todos os meninos se pareciam com Ross, e quando ela estava prestes a gritar o nome dele, confundindo-o com outro garoto que passava, ouviu uma voz familiar atrás de si:

— Pode entrar que ele não vem.

Virou-se bruscamente, mas não viu ninguém. A despeito de conhecer aquela voz, deu de ombros e procurou o garoto, que agora ia longe, e escutou novamente:

— Está perdendo seu tempo. Já disse que ele não vem.

Dessa vez, ao se voltar, enxergou o espírito atrás dela, sentado no corrimão de pedras da escada.

— Como é que você sabe? — rebateu de má vontade.

— Simplesmente sei.

— Quem lhe disse?

— Ninguém precisa me dizer nada, pois sei de muitas coisas.

— Sabe onde ele está? — animou-se.

O espírito não respondeu e ficou observando duas meninas que passavam. Vendo Marianne parada no alto da escada, falando sozinha, elas não resistiram e começaram a rir.

— Acho que estão rindo de você — anunciou ele.

Marianne deu de ombros outra vez e afirmou sem interesse:

— Problema delas. Eu não ligo.

Impressionadas e assustadas com a atitude de Marianne, foram chamar o professor. O senhor O'Neill foi-se aproximando lentamente e parou no corredor, de onde podia avistá-la no patamar de cima. Ela parecia mesmo falar com alguém, contudo, não havia ninguém ao lado dela. Resolveu aproximar-se.

— Bom dia, Marianne — cumprimentou em tom severo.

A menina se calou e fitou o espírito, que escorregou pelo corrimão. Seguiu-o com o olhar, acompanhada pelo senhor O'Neill, que não via nada nem ninguém.

— Algum problema? — continuou ele, tentando chamar sua atenção.

Ela olhou-o em silêncio, abraçou a pasta da escola e passou para o lado de dentro, seguida de perto pelo professor. Sem dizer nada, tomou o rumo da sala e entrou. Como, porém, uma menina que ela não conhecia ocupava o lugar que costumava ser dela, escolheu outra carteira e sentou-se.

— Quem lhe deu autorização para trocar de lugar esse ano, Marianne? — era o senhor O'Neill.

— Tem uma aluna nova no meu lugar — esclareceu ela mal-humorada.

— Que menina? — retrucou, perplexo, o professor.

As outras crianças se entreolharam e começaram a dar risinhos abafados. Não viam ninguém no lugar de Marianne.

— Que menina? — repetiu ele.

O tom de voz do senhor O'Neill lhe causou muito medo, e ela deduziu que levaria uma advertência. Tudo porque aquela menina estúpida resolvera se sentar no seu lugar. Quando ia responder que não conhecia aquela aluna nova, a outra se virou para ela com ar zombeteiro e, sem dizer nada, simplesmente esvaneceu no ar.

Melhor assim. Marianne levantou-se e foi para o seu lugar, e o professor deu início às lições. Ninguém sabia o esforço que ela fazia para aguentar a aula até o fim. À hora da saída, como a mãe ainda não havia chegado, deduziu que Ross é quem iria buscá-la, e uma alegria espontânea iluminou o seu rosto. Olhava, impaciente, na direção da escola dele, mas nada. Ross não aparecia.

Cerca de dez minutos depois, Kate surgiu, com Roger e Kevin de um lado, e Suzie no colo. A um olhar seu, Marianne desceu as escadas, segurando a vontade de chorar.

— O Ross não vem? — perguntou.

Kate não respondeu. Pôs-se a caminho de casa com as crianças em seu encalço, ouvindo as novidades que Roger contava e preocupada com a aparência derrotada de Marianne. Como uma criança tão jovem podia estampar tanto sofrimento nos olhos? Engoliu em seco e soltou a mão de Kevin, estendendo-a para a filha, que a tomou mecanicamente.

— Segure a mão de seu irmão — disse baixinho, e Marianne obedeceu.

Seguiram entre a tagarelice de Roger, os risos dos outros dois e o mutismo de Marianne. À medida que iam se aproximando de casa, foram notando uma movimentação diferente em frente à casa de Ross. Um caminhão de mudanças descarregava móveis e caixas, num vaivém de pessoas que pareceram a Marianne aquelas que ela queria ver. Mais que depressa, soltou-se da mão da mãe e do irmão e disparou pela rua gritando:

— Ross! Você voltou! Eu sabia, Ross...

O nome do menino morreu em seus lábios, na presença de uma mulher jovem que, parada no meio da escada, olhava-a com ar de espanto. O susto de Marianne não foi menor, julgando, em sua mente confusa, que a casa do primo havia sido invadida por pessoas estranhas.

Kate chegou em seguida, com Suzie no colo e os outros dois, de mãos dadas, em carreirinha. Soltou os meninos no pé da escada e galgou os degraus de par em par, chegando à varanda suada e esbaforida, com Suzie ameaçando chorar.

— Meu Deus, Marianne! — exclamou arfando, quase sem conseguir respirar.

A falta de ar era tanta que a moça se preocupou:

— Está tudo bem, senhora?

— Eu... perdoe-me... Marianne não queria aborrecê-la.

— Ora, não foi nada — retrucou a outra com simpatia.

— É que o primo morava aqui, e ela ficou muito triste quando foi embora. Pensou que fosse ele. Não foi, Marianne?

A menina não respondeu. Com ar magoado, virou as costas e disparou a correr novamente, passando direto para o quintal, nos fundos de sua casa.

— Não se preocupe — sossegou a mulher, notando o embaraço de Kate. — Criança é assim mesmo. Eu sou Laura Hyde. Acabamos de nos mudar para cá.

— Muito prazer — respondeu Kate, estendendo-lhe a mão livre, que a outra apertou. — Meu nome é Kate Landor, mas pode me chamar de Kate.

— Prazer, Kate.

A mulher falava sobre a nova casa e suas expectativas de recém-casada, mas Kate mal lhe prestava atenção, de tão preocupada que estava com Marianne. Por fim, cortou o assunto com uma certa impaciência:

— Seja bem-vinda, Laura. Desculpe-me, mas preciso levar as crianças...

— Oh! claro, claro. Foi um prazer.

— O prazer foi todo meu.

— Apareça quando quiser.

Kate sacudiu a cabeça e quase voou para casa. Deixou as crianças na sala e abriu a porta que dava para o quintal. Marianne estava deitada de bruços na grama, chorando. Movida pela compaixão, aproximou-se vagarosamente e chamou com carinho:

— Marianne...

Ela levantou os olhos, assustada, e encarou a mãe, que se ajoelhara ao seu lado. Kate engoliu em seco e sentiu vontade de tomá-la nos braços, mas um certo temor a deteve. Marianne estava tão só, tão perdida e carente, que só o que queria era sentir o acolhimento materno. Dando livre curso às lágrimas, agarrou-se à mãe em desespero e deixou-se dominar pelo pranto convulso e pelos soluços sentidos.

Desconcertada, Kate afastou gentilmente os braços da menina de seu pescoço, fez-lhe um afago sem jeito e balbuciou:

— Não chore, Marianne. Eu estou aqui...

A filha tentou abraçá-la novamente, mas Kate se sentiu estranha recebendo-a em seus braços. A lembrança da última briga tolhia seus gestos, reacendendo a dificuldade e o preconceito do passado. Queria abraçá-la, porém, não conseguia. Achou melhor se levantar e puxou Marianne pela mão, passando os braços da menina ao redor de sua cintura. Era o máximo que conseguia fazer.

— Venha me ajudar, Marianne. O que acha de fazermos uma torta de maçã?

Ela foi. Não pensava em tortas nem em comer. Queria apenas o carinho da mãe, que, naquele momento, seria a única coisa capaz de acalmar seu coração abatido. Kate serviu o almoço e a torta de sobremesa, mas Marianne recusou ambos. Terminada a refeição, ajudou a mãe a lavar a louça em silêncio e subiu para o quarto, atirando-se na cama para chorar.

Depois de acomodar as outras crianças para a soneca da tarde, Kate foi bater à porta de Marianne. Encontrou-a deitada, de bruços, o corpo estremecendo a soluços esparsos.

Aproximou-se cautelosa e sentou-se ao lado dela. Fez um pequeno esforço e alisou seus cabelos.

— Marianne — chamou baixinho. — Precisamos conversar.

— Sobre o quê? — retrucou ela, sem interesse.

— Sobre Ross.

Todas as atenções de Marianne se voltaram para Kate ao ouvir o nome do primo. Ela se sentou, enxugou os olhos e olhou para a mãe.

— Você sabe por que ele não foi à escola?

Kate queria desistir, mas não podia. Aquele era o momento e, por mais doloroso que fosse, ambas teriam que enfrentá-lo. Marianne teria que assumir a decepção e ela, como mãe, tinha que suportar o que quer que viesse dela, ainda que uma nova e gigantesca crise.

Enchendo-se de coragem, Kate inflou os pulmões e, olhando diretamente nos olhos da filha, disparou.

— Ross foi transferido para outra escola.

— Como assim?

— Ele não estuda mais aqui.

— Não? Mas onde é que estuda?

— Não sei.

— Como? A escola dele é aqui.

— Há outras escolas, Marianne. Escolas maiores e melhores. E Ross foi para uma delas.

— Onde?

— Não sei.

— Quando é que vai voltar?

— Não vai mais voltar.

Aquela conversa a estava confundindo, e Marianne começou a se exaltar, na tentativa de entender o que a mãe dizia. O rosto foi ficando vermelho, os lábios trêmulos, e uma agitação dominou os seus membros, que gesticulavam e chutavam em todas as direções. Estava à beira de uma crise, e Kate se encolheu temerosa.

No mesmo instante, Marianne deu um salto da cama e correu para o corredor, julgando ter ouvido a voz de Ross partindo de um dos quartos. A voz vinha do quarto dos irmãos, e foi para lá que ela correu, ansiosa e eufórica. Em tom audível e claro, a voz sem rosto, imitando a de Ross, acabou por revelar:

— Estou aqui. Escondido no berço de Suzie.

Então era lá que ele se ocultara. Muito inteligente da parte de Ross esconder-se num lugar em que ninguém pensaria em procurar. Com a imagem do primo preenchendo todos os seus pensamentos, Marianne correu de braços estendidos para o berço. Antes de alcançá-lo, sentiu-se puxar violentamente para trás, e um grito agudo trespassou-lhe os ouvidos:

— Marianne, não! Deixe-os em paz!

O brado despertou as crianças, e Suzie começou a chorar. As mãos que se agitavam, em busca da mãe, pareceram a Marianne o apelo de Ross, implorando para que ela o salvasse da bruxa. E ela precisava, a qualquer custo, libertar o menino da sanha maléfica de Lilian.

Correu de novo para o berço, sem alcançá-lo, contudo. Mãos firmes e poderosas haviam-na puxado para trás novamente, dessa vez com mais força, e ela caiu no chão. Ainda aturdida, conseguiu levantar-se, tentando imaginar de onde partira aquela agressão, que só podia ser obra da feitiçaria de Lilian.

Sua mente não conseguia se fixar na realidade presente. As imagens e sons que Luther lhe dirigia eram de uma história fantástica e fantasmagórica, em que Lilian perseguia Ross, que, por encanto, conseguira ocultar-se no berço de Suzie, onde somente ela poderia salvá-lo. Não via Suzie, nem os irmãos e, naquele momento, nem a mãe. Só Ross em perigo.

Na hora em que ela caiu ao chão, Luther retirou de sua mente as impressões equivocadas, e a realidade que ela viu foi a mãe estreitando Suzie no colo e abraçando os meninos com força, bem junto ao seu corpo. Passado o efeito da alucinação produzida pelo espírito, Marianne se deparou com a própria lucidez, recobrando, ainda que transitoriamente, a capacidade de enxergar e avaliar as coisas.

O que ela via, e conseguia compreender muito bem, era o gesto de proteção e amor com que a mãe cuidava dos irmãos. Sentimentos que nunca foram oferecidos a ela, principalmente naquele dia, naquela hora, em que a dor da ausência de Ross havia aberto uma ferida tão grande em sua alma que ela nem se importaria de morrer. E como gostaria que a mãe a tivesse acariciado e protegido, como fazia agora com os irmãos, ajudando--a a enfrentar a solidão e o vazio que a falta de Ross lhe fazia.

Ao invés disso, Kate a excluía de seu afeto. Subitamente compreendendo, com uma clareza surpreendente, que Ross não se encontrava ali, percebeu que o que a mãe temia era que ela ferisse a irmã. Mas ela não ia atacar Suzie nem qualquer dos irmãos. Enganara-se, iludira-se, pensando ouvir o que nunca existira.

E Kate parada ali, abraçada aos irmãos, lhe dava a certeza de seu desamor. A mãe jamais a abraçara como abraçava a eles, nem quando, momentos antes, sua súplica silenciosa implorara um gesto de afeto. Por que não a abraçava também?

— Porque ela não gosta de você — foi a resposta do espírito, invisível atrás de Marianne.

Ela tomou um susto. A revelação da verdade era mais dolorosa quando pronunciada por outro. A mãe não a amava, nem o pai, nem os irmãos. A família dela não eram eles. Nunca a mãe ou o pai a haviam incluído entre os filhos, não de forma física, mas no amor. O amor deles era para os irmãos, jamais seria para ela.

Aquela certeza foi por demais penetrante, e Marianne não conseguiu lidar com ela. Presa de uma sensação de vazio e solidão imensurável, sentiu que os olhos falhavam, os membros a traíam e a alma fugia de seu corpo como alguém que escapa de uma prisão.

Sem emitir qualquer som, tombou desmaiada.

25

A mudança de escola não foi surpresa apenas para Kate e Marianne. Ross também só descobrira no início do ano letivo, quando o pai lhe apresentou o novo uniforme, na véspera do primeiro dia de aula. Sua surpresa só não foi maior do que a raiva que sentiu de Lilian naquele momento. Tinha certeza de que aquilo só podia ser obra dela.

Nos primeiros dias, Lilian foi pessoalmente levá-lo até a nova escola, que distava umas quatro quadras de sua casa. Mais tarde, aprendido o caminho, Ross conseguiu convencer o pai de que podia ir sozinho, como sempre fizera no outro bairro. Foi um alívio até para Lilian, que não se sentia à vontade em seu forçado papel de mãe.

Aos poucos, Ross foi-se familiarizando com as ruas e começou a empreender incursões pelas redondezas. O pai ficava o dia todo ausente, no trabalho, e a madrasta não se importava com ele. Passava as horas fazendo compras e ajeitando os cabelos, sem nem se dar conta de sua existência. Não fosse por Nora, a nova criada, ninguém lhe dirigiria a palavra.

Era graças à sua ajuda que Lilian mantinha seus encontros com Richard. Tudo era feito dentro de sua própria casa. De manhã, logo após a saída de Nathan e de Ross, Nora o introduzia furtivamente na casa, levando-o até o quarto de Lilian. Durante algumas horas, ficavam ali trancados, se amando.

Como todos os outros dias, aquele não era diferente, e Lilian, deitada na cama em roupas íntimas, examinava o anel que ele pusera em seu dedo logo após o ato de amor.

— Será que Nathan não vai desconfiar? — indagou Richard.

— Nathan é um tolo — desdenhou ela. — Não entende nada de coisa nenhuma. Nem sabe que joias possuo. É só dizer que já a tinha, e pronto.

Richard suspirou e deu o último nó na gravata, virando-se para ela em seguida.

— Essa situação tem que acabar — alertou ele. — Sua casa não é o melhor lugar para nos encontrarmos.

— Enquanto você não alugar um apartamento decente, recuso-me a sair daqui. Para aquela pocilga de antes, não volto mais.

— Não é assim tão fácil. Lugares elegantes custam dinheiro e atraem a atenção dos vizinhos. Você conhece a minha popularidade e o gosto das pessoas por mexericos. Não posso arriscar me encontrar com algum conhecido.

— Então não reclame da minha casa.

— Não estou reclamando. Só que você prometeu que, com Nathan no trabalho, teríamos o tempo todo para nós. E não é isso que está acontecendo.

— Eu não contava com o garoto. Nathan insiste em não se livrar dele. O que posso fazer?

— Por que não o manda a um colégio interno?

— Duvido que Nathan concorde. Pois se não quis deixar o filho nem com a cunhadinha do coração, não vai querê-lo longe por meses a fio.

— É diferente. Uma boa escola é sempre um argumento poderoso. Ele pode não querer se separar do menino, contudo, quer para ele uma boa educação.

— Falando assim, parece uma boa ideia.

— É uma excelente ideia. Ele pode resistir no princípio, mas acabará concordando que é melhor para o filho. Ainda mais agora, que está terminando o treinamento e logo vai ser mandado ao exterior.

— O que devo fazer? Se Nathan notar o meu interesse em mandar Ross embora, não vai concordar.

— Você não precisa fazer uma abordagem direta. Comece

falando da rebeldia do garoto e da dificuldade de controlá-lo sozinha. Então, comente sobre o colégio interno. Sem pressão, apenas um breve comentário.

— Não sei se isso vai dar certo...

— Você tem que tentar! Estou investindo muito alto em Nathan para poder tê-la só para mim. Você está me saindo muito cara, e estou no direito exigir o que é meu.

Lilian sentou-se na cama e estendeu as pernas, calçando as meias com ar sedutor.

— O que é seu, Richard? — provocou. — Meu corpo?

— Você por inteiro.

Ela sorriu maliciosamente e recebeu-o para novo e rápido ato de amor. Enquanto o mantivesse satisfeito, podia contar com valiosas recompensas.

— Sou toda sua — sussurrou ela. — Você é o único homem que me satisfaz.

Por mais que Richard soubesse que Lilian estava com ele pelo dinheiro, o prazer que lhe dava em troca valia cada libra gasta com ela.

— Nathan não é mais um homem pobre — declarou ele, demonstrando sua superioridade. — E enquanto você for minha, ele ganhará um bom dinheiro. Se você me deixar, terá que se acostumar a viver com pouco ou ele terá que encontrar um emprego que o remunere com o salário exorbitante que lhe pago, o que duvido.

— Eu nunca vou deixá-lo. Dinheiro pode ser bom, mas é a você que amo.

Aquela era uma mentira que, efetivamente, fazia bem aos seus ouvidos e a seu ego. Richard beijou-a ardorosamente, ajeitou as calças e o paletó e já ia sair, quando leves batidas na porta o detiveram.

— O que é? — irritou-se Lilian.

Desculpe-me, senhora — replicou Nora do lado de fora. — Mas é que já está quase na hora do almoço, e o menino Ross não tarda a chegar. Pela janela o vi, agora mesmo, subindo a rua.

— Maldição! — esbravejou Lilian.

Foi o tempo exato de Richard apanhar o chapéu e sair pelos

fundos, na mesma hora em que Ross entrava pela porta da frente. Para surpresa do menino, Lilian estava diferente naquele dia, mais bem-humorada e falante, arriscando, inclusive, uma pequena conversa com ele.

— Está gostando da nova escola? — questionou interessada.

— Não — respondeu ele secamente.

— Que pena... Ouvi dizer que os melhores colégios estão em Oxford, onde fica, inclusive, a universidade.

Ross a olhou desconfiado e respondeu com cautela:

— E daí?

— E daí nada. Foi apenas um comentário.

Era óbvio que aquele comentário não fora gratuito. Ross podia ser criança, mas não era tolo. Terminou de comer, pediu licença e se levantou, remoendo a raiva que sentia de Lilian. Como se ele não soubesse que era muito fácil para os pais livrarem-se dos filhos sem culpa, bastando apenas mandá-los estudar em internatos. Exatamente como o tio David pensara em fazer com Marianne.

Sem chamar a atenção ou fazer ruídos excessivos, saiu sem dizer nada a ninguém, em direção à estação do metrô que, segundo suas pesquisas, o deixaria mais ou menos próximo à casa de Marianne. Chegara o momento de ir vê-la. Já se sentia seguro andando pelas ruas do bairro, certo de que não iria se perder.

Deu tudo certo. Pouco depois, entrava na rua de Marianne, e seu coração disparou. Passou pela antiga casa, onde a movimentação indicava a presença de novos moradores, e seguiu direto para o portão de Kate. Deu a volta na casa e foi até a porta dos fundos, que não costumava ficar trancada.

Com o coração aos saltos, rodou a maçaneta e empurrou a porta, que cedeu sem ruído. Entrou na cozinha clara e asseada, direcionando-se para a sala, onde a tia auxiliava Roger com o dever de casa. Ao vê-lo, Kate levou a mão ao coração e soltou um grito de espanto, mas largou o lápis e correu para ele, recebendo-o em seus braços como uma verdadeira mãe.

— Quantas saudades, meu menino! — exclamou ela emocionada. — Por que não veio nos ver?

— Não pude... — balbuciou sentido. — Morria de saudades de vocês e me esforcei para aprender os caminhos.

Ela o afastou um pouco e o encarou.

— Seu pai sabe que você veio?

— Se soubesse, eu não estaria aqui.

— Lilian também não sabe, suponho.

— Ela, principalmente, é que não pode saber.

— Isso não está certo, Ross. Você pode não gostar, mas Lilian é sua madrasta, e você deve obediência a ela.

— Sei que o que fiz é errado, mas por acaso é certo me afastar de vocês e, principalmente, de Marianne? Tem ideia da saudade que sinto dela?

— Posso imaginar.

Por mais que não aprovasse a atitude do sobrinho, não se atrevia a mandá-lo de volta. Não apenas pelo esforço que ele devia ter feito para chegar até ali, mas, principalmente, por Marianne. A lembrança do dia em que lhe contara sobre a mudança de escola de Ross ainda estava vívida em sua mente. Marianne correra para o quarto dos irmãos e desmaiara, felizmente, antes de lhes fazer qualquer mal. Daquele dia em diante, tornara-se ainda mais taciturna, evitando encarar os pais, tratando-os feito dois estranhos. Sem dúvida, a presença de Ross ali só podia fazer-lhe bem.

— Onde ela está?

A voz do menino puxou-a de volta ao presente, e ela respondeu com ternura:

— Lá em cima.

Mal contendo a ansiedade, Ross se desvencilhou da tia, correndo escada acima feito uma bala. Atravessou o corredor às pressas e rapidamente alcançou o quarto da prima. Nem perdeu tempo batendo. Escancarou a porta e irrompeu pelo meio do aposento.

Sentada na cama, Marianne trançava os cabelos de uma boneca e quase desfaleceu de susto. Vinha passando por tantas angústias, levava tantas repreensões e surras, que um rompante daquele só podia sinalizar nova reprimenda. Mas, ao invés da mãe, a imagem do primo apareceu nítida à sua frente, e ela demorou ainda alguns segundos para se convencer de que a presença de Ross era real. Largou a boneca em cima da cama e saltou no pescoço dele, ao mesmo tempo em que exclamava:

— Ross! É você mesmo! Não é um fantasma!

— Não sou nenhum fantasma. Estou aqui, vivo e cheio de saudades de você.

A voz embargou, e ela não respondeu. De tão emocionada, só o que conseguiu foi dar vazão ao pranto. Só depois que as lágrimas deixaram de consumir-lhe as palavras foi que ela, com uma certa dificuldade, conseguiu articular:

— Pensei que fosse morrer quando você foi embora. Por que me abandonou?

Ross estreitou-a de encontro ao peito e retrucou sentido:

— Não a deixei. Jamais a deixaria.

— Mas você foi embora...

— Fui obrigado. Mas isso agora não importa. Vamos aproveitar que estou aqui.

— Você fugiu?

— Mais ou menos.

— Fugiu da bruxa? — horrorizou-se ela.

Com um sorriso que misturava compaixão e amor, Ross alisou os cabelos de Marianne e aconselhou:

— Quero que você pare de pensar em Lilian como uma bruxa. Ela é só uma mulher má.

— Dá no mesmo...

— Tudo bem então, Marianne, deixemos isso para lá. Quero que você me conte como tem passado, como tem ido na escola, o que tem feito. Quero saber tudo.

Com um riso de satisfação, Marianne contava tudo à sua maneira, omitindo os acontecimentos ruins que passara com a mãe. Não queria falar de nada que deixasse Ross chateado. Mais tarde, Kate apareceu. A cena que viu a deixou emocionada e triste ao mesmo tempo. Os dois haviam adormecido nos braços um do outro.

Kate suspirou e se aproximou deles, tocando Ross gentilmente no ombro.

— Acordem, crianças — chamou baixinho.

Marianne despertou primeiro, e Ross, logo em seguida. Os dois se sentaram na cama, esfregaram os olhos, e o menino falou em tom de desculpa:

— Acho que adormecemos.

— Não tem problema. Vim chamá-los para um lanche. Fiz aqueles biscoitinhos de manteiga de que você tanto gosta, Ross.

Juntos, os três desceram para a cozinha, onde as outras crianças já estavam acomodadas. Kate serviu-os de biscoito e leite, e uma conversa trivial, porém feliz, se iniciou. Todos contavam histórias e riam, até Marianne, que achava graça nas novidades de Roger sobre a escola. Ross respirou profundamente o ar da casa da tia. Aquela sim era sua família de verdade!

Ao final do lanche e da agradável conversa, Kate começou a recolher a louça, auxiliada por Marianne e por Ross.

— Como foi que chegou até aqui, Ross? — questionou Kate.

— Peguei o metrô.

— O metrô? — admirou-se Marianne. — Sozinho?

— Ross já é um rapaz, Marianne. Pode muito bem andar sozinho.

Ela o fitou com embevecimento e orgulho, ouvindo parcialmente as palavras da mãe:

— Seu pai deve estar preocupado. Não devia sair sem falar com ele ou com Lilian.

— Eu sei, tia Kate, mas não pude evitar.

— Não quero que eles pensem que tive algo a ver com isso.

— Não vão pensar.

— Isso não está certo, Ross. Sabe disso, não sabe?

— Eles não sabem que estou aqui e nem precisam saber. É só você não contar.

— Como poderia contar? Nem sei onde vocês estão morando.

— Se quiser, posso deixar-lhe o endereço.

— Prefiro que não. Se seu pai quisesse que soubéssemos, ele mesmo teria nos dado.

— Ross não vai mais poder voltar? — indignou-se Marianne.

— Não é isso — desculpou-se Kate. — Preferia que ele viesse com o consentimento de Nathan.

— Meu pai não vai dar consentimento. Não enquanto estiver casado com Lilian. E se souber que vim aqui, vai acabar me mandando a um internato.

— Credo! — surpreendeu-se Marianne, para quem internato tinha sentido de punição.

— Não quero ir para nenhum colégio interno nem sair de Londres. Aqui é a minha casa.

Depois de refletir alguns minutos sobre o que ele dissera, Kate acabou concordando:

— Tem razão. Não é certo vir aqui às escondidas, mas muito mais errado é querer levá-lo para longe. Contudo, não me agrada a mentira.

— A mim também não. Mas Lilian veio com umas ideias esquisitas sobre Oxford. Fiquei desconfiado.

— Por favor, mamãe — pediu Marianne com sua vozinha miúda. — Não conte nada à bruxa. Deixe que Ross venha me visitar. Por favor!

A súplica da filha foi suficiente para convencê-la. Kate não estava acostumada a mentir, mas o que era uma mentira em troca da felicidade de Marianne?

— Está certo, Ross. Mas quero que saiba que não acho certo enganar seu pai. No entanto, não vou dizer nada, por ora.

— Oh! — exultou Marianne, com genuína e rara alegria. — Obrigada, mamãe!

A animação da menina dava-lhe a certeza de que havia feito a coisa certa, contudo, não podia descuidar de Ross, a quem indagou, entre curiosa e preocupada:

— O que vai dizer em casa?

— O que quer que diga, Lilian não vai se importar.

Kate o fitou com pesar. Consultou o relógio da cozinha e, dado o avançado da hora, aconselhou com firmeza.

— Já está ficando tarde. É melhor você voltar.

— Ah, não! — queixou-se Marianne.

— É preciso — afirmou Kate. — Se gosta de seu primo e quer o melhor para ele, deixe-o ir.

— Amanhã eu volto, Marianne — assegurou Ross. — Prometo.

Mesmo contra a vontade, Ross viu-se obrigado a partir. Caminhou até a estação do metrô e embarcou de volta. Já estava escurecendo quando ele chegou, mas, por sorte, seu pai ainda não havia voltado do trabalho. Apenas Lilian estava em casa, toda emperiquitada, derramando na sala vazia sua faceirice afetada e artificial.

— Onde esteve? — perquiriu, assim que ele abriu a porta.

— Saí com uns amigos — foi a resposta seca.

— Que amigos?

— Da escola.

— Onde foram?

— À confeitaria.

Como não estava com disposição para conversas, Ross rodou nos calcanhares e subiu correndo para o quarto, deixando Lilian desconfiada a fitá-lo pelas costas. Mais tarde, à hora do jantar, ficou à espera de uma reação do pai, que não veio. Lilian não havia comentado de sua ausência, ou porque acreditava nele, ou porque realmente não se interessava, ou porque estava tramando alguma coisa. Das três opções, Ross sabia, a terceira era a mais provável. E a pior.

Ross não podia imaginar o quanto estava certo. É claro que a saída dele fora notada por Lilian, assim como a dos dias posteriores, sempre à mesma hora. Todas as vezes, ela perguntava aonde ele fora, e ele sempre lhe dava a mesma resposta. Ótimo para ela, pois o menino, sem saber, colocava nas suas mãos a arma que a faria vitoriosa.

26

Marianne aguardava com impaciência a chegada da mãe à saída da escola. Desde que Ross voltara a visitá-la, não pensava em outra coisa, a não ser no momento em que o encontraria novamente. Com a volta dele, as coisas pareciam haver retomado a normalidade, e uma calma há muito perdida tinha retornado ao lar da menina.

Mal Kate despontou na esquina, Marianne desceu correndo as escadas, disparando ao seu encontro. Tinha a impressão de que, se corresse, as horas correriam também, e o momento de rever o primo chegaria mais depressa. Juntou-se ao grupo familiar e seguiu em silêncio, enquanto Roger, como sempre, não parava de tagarelar, contando as novidades de sua turma, e os pequenos seguravam, cada um, uma das mãos de Kate.

Contagiada pela alegria dos irmãos, Marianne deu a mão a Kevin, causando enorme estranheza e, ao mesmo tempo, felicidade em Kate. O menino, no entanto, acostumado a levar beliscões e tapas da irmã, puxou a mão e a escondeu atrás do corpo, tornando visível o ar de mágoa de Marianne.

Já haviam ultrapassado quase toda a extensão do muro da escola quando alguém chamou bem próximo:

— Senhora Landor!

Virando-se abruptamente, Kate deu de cara com o senhor O'Neill a fitá-la meio sem jeito. A visão do professor provocou conhecido mal-estar, e ela procurou Marianne com os olhos. A menina, de cabeça baixa, não ousava encará-la.

— Sim? — respondeu ela com ar vago.

— Será que a senhora pode me acompanhar até a escola por uns minutos? Preciso falar-lhe com urgência.

Estava claro que o assunto só podia ser Marianne. Kate sentiu um mau pressentimento, a certeza de que Marianne havia feito algo errado e estragaria todo aquele momento de alegria e paz, provocando a necessidade de nova repreensão e castigos.

Na sala da diretora, Kate sentou-se com Suzie no colo e Marianne a seu lado, enquanto os meninos tomavam assento em um banco mais atrás.

— O que foi que aconteceu? — perguntou Kate desanimada, no fundo, sem querer saber.

— Vou ser franco e direto com a senhora — adiantou-se o professor. — Mesmo porque essa situação está se tornando insustentável. A cada dia, fica mais difícil lidar com Marianne.

— Como assim?

— Desculpe-me a franqueza — interrompeu a diretora —, mas sua filha não tem inteligência suficiente para estar nesta escola.

— O quê?

Kate levantou-se de um salto e entregou Suzie aos cuidados de Roger. Olhou para Marianne que, rosto vermelho, não ousava levantar os olhos.

— Por acaso está chamando minha filha de burra? — retorquiu com raiva.

O professor pigarreou e lançou um olhar de súplica à diretora, que continuou sua fala cortante:

— Não quero que pense que estamos sendo intolerantes ou exigentes demais. Mas a situação alcançou o seu limite. E depois, a senhora não respondeu a nenhum de nossos comunicados.

— Que comunicados? Não recebi nenhum.

— Mandamos diversos por Marianne. Ela não lhe entregou? — Kate balançou a cabeça. — Foi o que imaginamos, já que não houve resposta a nenhuma de nossas cartas. Por isso resolvemos abordá-la à saída da escola.

— Marianne está criando muitos problemas — acrescentou o senhor O'Neill, visivelmente irritado. — É agressiva com as colegas, não presta atenção às aulas e vive inventando histórias.

— A senhora ainda deve se lembrar do caso da garotinha morta — esclareceu a diretora.

— Lembro-me perfeitamente — disse Kate com frieza.

— A menina ficou muito abalada — comentou o professor. — Também, não era para menos.

— Se não me engano — rebateu Kate —, esse assunto já foi resolvido. Ou não foi?

Não suportando mais que falassem dela como se ela não estivesse ali, Marianne ergueu os olhos e tentou se defender:

— Ela falou comigo...

— Ela não pode ter falado com você! — censurou o professor. — A menina está morta!

— Não vejo por que reviver essa história — exasperou-se Kate. — A não ser que estejam tentando encontrar algum motivo para acusar e punir Marianne.

— Isso não é tudo — acrescentou a senhora Plumer, não querendo perder a oportunidade de expor todas as esquisitices de Marianne. — Ela parou de aprender. Não evolui, não acompanha a turma. Estagnou no primeiro ano.

— Mas ela faz os deveres de casa. Eu mesma a supervisiono.

— Os deveres não parecem feitos por ela — irritou-se o professor. — Ultimamente, têm vindo todos corretos. Mas quando lhe pergunto algo, ela faz cara de espanto e não sabe responder.

Tudo ficou claro na cabeça de Kate. Era óbvio que era Ross quem fazia os deveres para ela.

— Lamento informá-la, senhora Landor — tornou a diretora, tentando ocultar o alívio por trás da máscara do desgosto —, mas Marianne terá que deixar a escola. Não podemos permitir que comprometa a qualidade de nosso ensino.

— Não podem fazer isso! — objetou Kate. — Meu marido paga a escola em dia. Não podem expulsar Marianne.

— Não a estamos expulsando. Se ela ainda aprendesse...

Enquanto continuavam discutindo, Marianne, sem que ninguém percebesse, abriu a pasta e retirou um livro de geografia. Abriu-o ao acaso e começou a ler com voz nítida e pausada:

— Os rios europeus são, em geral, de pequena extensão, mas desempenham um papel de grande importância na vida humana e econômica das regiões por onde circulam. Os principais rios europeus são: o Volga, na Rússia, o Danúbio, que atravessa diversos países, e o Reno, que nasce nos Alpes suíços e deságua na Holanda — com o livro ainda aberto sobre o colo e, ante o ar embasbacado dos presentes, fitou um ponto perdido na parede e foi falando: — Lisboa é a capital de Portugal, Berlim é a capital da Alemanha, Atenas é a capital da Grécia...

— Marianne! — exclamou Kate, tomada pela surpresa.

E Marianne prosseguiu:

— Dois vezes um, dois; dois vezes dois, quatro; dois vezes três, seis...

Com os olhos rasos de água, Kate abraçou Marianne e, virando-se para a diretora, falou vitoriosa:

— O que dizia mesmo sobre Marianne não aprender, senhora Plumer?

A diretora e o professor O'Neill se olharam embasbacados. Mal podiam crer no que estavam ouvindo. Marianne lia fluentemente, sabia as capitais dos países da Europa e recitava até a tabuada. Estavam confusos, mas era óbvio que a menina aprendia.

— Não compreendo — gaguejou o senhor O'Neill. — Por que ela finge que não sabe? Por que não responde corretamente quando lhe faço alguma pergunta?

Nem Kate sabia a resposta. Tampouco ela entendia por que Marianne agia de forma tão estranha. Ao menos agora tinha certeza de que ela não era estúpida. Podia ser desatenciosa e desinteressada, mas burra, definitivamente, não.

— Responda ao senhor O'Neill, Marianne — incentivou Kate. — Por que é que não responde quando ele a questiona?

Marianne deu de ombros. Achava aquilo tudo uma inutilidade e, por isso, preferia ficar olhando o nada, fitando o vazio, sonhando acordada. A mente, no entanto, captava tudo o que o senhor O'Neill ensinava. Quando ele a arguía, não via sentido em responder, por isso, não respondia. Só o fazia agora porque o semblante da mãe lhe pareceu bastante aborrecido, e ela sentiu medo de ser proibida de ver Ross.

— Bem, senhora Plumer — considerou Kate —, creio que o problema não existe. Como vê, Marianne aprendeu, e muito bem.

— Isso não exclui o fato de que ela é agressiva e mentirosa — insistiu o senhor O'Neill em tom irritado.

Ante o olhar interrogador de Kate, Marianne deu de ombros novamente e respondeu acanhada:

— Elas é que implicam comigo... E não sou mentirosa. Falo com pessoas que são gentis...

O professor fuzilou-a com o olhar. Estava ficando cansado das esquisitices de Marianne e a queria fora de sua aula. A diretora, porém, não parecia assim tão convencida e interveio a favor da menina:

— Acho que podemos contornar isso. Talvez Marianne tenha a mente excessivamente fantasiosa. Coisa normal em crianças da sua idade.

— Normal? — contrapôs o professor, visivelmente irritado. — Considera normal a agressividade?

— Minha filha, por acaso, bate em alguém? — contrapôs Kate de má vontade.

O professor O'Neill foi categórico:

— Bate.

Kate calou-se, sem saber o que dizer, e fitou a filha novamente.

— São elas que me provocam... — desculpou-se a menina.

— Mesmo assim — tornou o professor, de cenho franzido. — Não é motivo para agredi-las.

— Isso é um problema, realmente — concordou a diretora.

— Por favor, senhora Plumer, pense bem. Marianne acabou de demonstrar que é uma menina inteligente. Quanto à agressividade, não se preocupe. Conversarei com ela e garanto que ela nunca mais vai bater em ninguém.

Por causa do senhor O'Neill, a diretora não queria mais Marianne entre suas alunas. No entanto, o sofrimento daquela mãe a tocou profundamente. E depois, tinha pena da menina. Achava mesmo que ela era desequilibrada e talvez até representasse um perigo para as demais crianças. Todavia, era uma criança também. Merecia uma segunda chance.

— Está certo, senhora Landor — admitiu ela. — Vou dar outra oportunidade a Marianne. A última. Se ela me decepcionar, não terei outra escolha, a não ser convidá-la a se retirar desta escola.

Kate suspirou aliviada. Conversar com Marianne pouco ou nada adiantaria, mas ela podia contar com Ross. Só ele conhecia o método adequado para lidar com a menina. E, se não por ela, por ele, tinha certeza de que Marianne mudaria de comportamento.

27

A noite avançava lentamente, e o pio das corujas, postadas na árvore em frente à janela do quarto de Lilian, deixava-a irritada e sem sono. Não gostava de aves, muito menos de seu jeito ruidoso e sujo. Tentou não prestar atenção, à espera do marido, que se preparava para deitar.

Quando a cama afundou ao seu lado, Lilian virou-se para ele. Ocultando a repulsa, deu-lhe um beijo de leve nos lábios e perguntou com fingido interesse:

— Como vai indo o treinamento?

— Bem. O senhor Bradley quer me enviar em viagem já na semana que vem.

— Tão cedo? Pensei que pudesse ficar um pouco mais, até as coisas se ajeitarem por aqui.

— Que coisas?

— Olhe, querido — pronunciou em tom excessivamente adocicado —, é o Ross. Você sabe que ele não me obedece, e fico imaginando como vai se comportar na sua ausência, sem alguém para controlá-lo.

— Ross é um menino sensato e obediente. Não precisa ser controlado.

— Tem certeza? — ele a olhou curioso, e ela acrescentou com malícia: — Por acaso ele lhe conta aonde vai todas as tardes?

— Ele sai todas as tardes? — ela assentiu. — Para onde?

— À confeitaria com os amigos. Ao menos é o que ele diz, embora eu não acredite.

— À confeitaria... Será que não é verdade?

— Pode até ser, mas eu duvido. Quem lhe dá dinheiro? Você?

— Não creio que a mesada que lhe dou seja suficiente para frequentar a confeitaria todos os dias — refletiu Nathan.

— Foi o que pensei. Então, ele está mentindo.

— Você devia ter-me contado isso antes.

— Não contei porque, para mim, ele tinha sua autorização.

— Será que vai à casa de Marianne? — arriscou ele.

— Pode ser. Ou então, está metido com más companhias.

— Você acha? — horrorizou-se ele.

— Tudo é possível.

— Não acredito nisso. Ross sempre foi um menino ajuizado. O mais provável mesmo é que esteja indo ver Marianne.

— E você vai tolerar isso? Vai permitir que seu filho saia furtivamente, contra as nossas ordens, para se encontrar com aquela maluca?

Após um breve momento de reflexão, Nathan considerou:

— Acho que já está na hora de pormos um ponto final nessa briga. Sinto falta de David e Kate.

— Isso é que não! — bradou ela, tentando imprimir à voz um tom de ciúmes. — Não quero aquela mulher em minha casa.

— Por que não? David é meu irmão, e Kate...

— Kate, Kate, sempre Kate! Então é isso, não é? Está sentindo saudades da cunhadinha!

— Estou, mas não do jeito que você está insinuando. Kate, David e as crianças são a minha família. Devo muito a Kate.

— Já ouvi essa história mais de mil vezes e sei que o motivo não é gratidão. A quem quer enganar? Quer esconder de mim e de si mesmo sua paixão mal resolvida por Kate?

— Nunca mais repita uma coisa dessas! — censurou veemente. — Jamais tive por Kate qualquer sentimento que não fosse uma forte amizade. Ela é a mulher do meu irmão.

Temendo haver ido longe demais, Lilian reconsiderou:

— Perdoe-me, Nathan, sei que não devia ter dito isso. Mas é que o seu interesse por Kate me enlouquece. Que mulher não sentiria ciúmes ao ouvir o marido defender outra com tanto ímpeto?

— Então é isso? — retrucou ele, entre incrédulo e feliz. — Tudo não passa de ciúmes?

— Precisa ver a forma como fala de Kate. Você nunca falou assim de mim.

— Ora, Lilian, o que é isso? — replicou ele mansamente, acercando-se dela e acariciando seus ombros. — Sabe que é a você que amo.

Lilian fez beicinho, para ocultar a careta de nojo que o hálito dele provocava, e tornou melosa:

— Eu sei. Mas é que Kate me deixa louca. E ela me desfeiteou...

— Será que você não pode esquecer isso?

— Ainda tem Marianne. Aquela garota me odeia — ele suspirou, e ela prosseguiu: — Por favor, Nathan, não me obrigue a receber aquela gente em minha casa. Se Kate se meter na nossa vida, imiscuindo-se em nossos assuntos, aí é que nunca conseguirei controlar Ross. Quero o melhor para ele, contudo, por causa de Kate, ele não me respeita.

— Talvez você tenha razão — considerou pensativo. — Acho melhor falar com ele.

— Faça isso. Pelo amor que me tem, dê um basta nessa situação. Não aguento mais sentir-me uma estranha dentro de minha própria casa, como se eu estivesse usurpando o lugar de mãe de que Kate se apoderou.

Nathan se levantou e foi apanhar o roupão no encosto da poltrona, reparando num pequeno panfleto cuidadosamente pousado no chão, ao lado. Curioso, apanhou o papel e leu. À medida que lia, Lilian acompanhava seus olhos, fingindo não lhe prestar atenção.

— O que é isso? — perguntou ele.

— O quê? — disfarçou ela, e ele exibiu-lhe o folheto. — Ah! Isso! É o panfleto de um colégio em Oxford.

— O que está fazendo aqui?

— Não sei. Uma amiga me deu, e devo tê-lo largado por aí.

Nathan guardou o folheto dentro de uma gaveta e anunciou:

— Vou ver Ross.

Encontrou o menino recostado na cama, lendo um livro de aventuras.

— Ainda acordado a essa hora?

— É cedo. Não estou com sono.

— O que está lendo? — Ross levantou para ele Moby Dick, e Nathan continuou — Está gostando?

— Sim.

Nathan balançou a cabeça e sentou-se ao lado dele na cama.

— Será que pode me dar atenção um minuto? Preciso falar com você.

Ross pousou o livro no colo e encarou o pai, sentindo estranheza em sua voz.

— O que foi?

— Sua madrasta me contou que você sai todas as tardes sem lhe dizer aonde vai.

— Vou à confeitaria. Ela sabe disso.

— Será que vai mesmo?

Ele encarou o pai e revidou, deixando crescer dentro do peito a raiva que tinha da madrasta:

— E daí se não for?

— E daí que você é um menino. Sabe que não deve mentir e tem de obedecer.

— Obedeço você. Ela não é minha mãe.

— Ela é sua madrasta. Tem autoridade sobre você.

Ross saiu da cama, aproximou-se da janela e retrucou irritado:

— Acontece que eu não reconheço a autoridade dela.

— Está sendo rebelde, coisa que nunca foi. Por quê?

O olhar dele foi deveras penetrante quando revidou:

— Não sabe mesmo?

— Você tem ido ver Marianne, não tem?

— E se tiver ido? Qual o problema?

— Sabe que eu briguei com o pai dela.

— E daí? Isso é problema de vocês. Marianne e eu não brigamos com ninguém.

— Não fale comigo dessa maneira! — ralhou Nathan, e Ross lançou-lhe um olhar de desafio.

— Não sei por que deixa Lilian se intrometer em nossas vidas — rebateu ele com raiva. — Ela pode ser sua mulher, mas não é minha mãe. Você a escolheu, não eu. Foi por causa dela que você e tio David tiveram aquela briga idiota.

— Está enganado. Sua tia e Marianne não gostam de Lilian e a desrespeitaram.

— Marianne não raciocina direito, e tia Kate sempre foi gentil com todos. Por que será que só com Lilian é que não é?

— Isso não vem ao caso — desculpou-se ele. — Não foi para falar de sua tia e sua prima que vim aqui. Preocupo-me com você e com a harmonia da nossa família.

— Nós não temos mais família. Vivemos sob o mesmo teto, é só. Minha família ficou lá, na outra rua, na outra casa, onde deixei meu coração.

As palavras de Ross soaram pungentes, e Nathan engoliu em seco.

— Sei que está sendo difícil, mas, com o tempo, isso vai passar. Você pode fazer outras amizades.

— Não quero outras amizades! Não, se para isso tenho que abrir mão da minha verdadeira família.

— Você não pode ir até lá contra as minhas ordens! — explodiu Nathan, cujos argumentos já haviam se esgotado.

— E quem vai me impedir? Você? Ou dona Lilian? — frisou bem aquele dona e encarou o pai com ironia.

— Você é meu filho. Deve-me respeito.

— Eu o respeito. E respeitaria Lilian também, se ela não fosse a pessoa horrível que é.

— Não quero mais que vá à casa de Marianne — ordenou ele, tentando firmar uma autoridade que não possuía.

Ante o olhar frio de Ross, Nathan se encolheu. O menino o encarou com desdém e respondeu calmamente:

— Não sou mais criança. Tenho vontade própria. E nem você, nem ninguém vai me impedir de visitar Marianne e tia Kate.

— Lilian vai tomar conta de você. Se me desobedecer, ela irá me contar.

— Não coloque aquela mulher perto de mim! — esbravejou ele, cada vez com mais raiva.

— Ela é sua madrasta. Quantas vezes tenho que repetir isso?

— Não quero uma prostituta por madrasta — rosnou entre os dentes.

Foi uma ousadia insensata e impensada, e Nathan perdeu a cabeça. Estalou-lhe uma bofetada na face, causando espanto e uma ira descomunal no menino. Não era a primeira vez que o pai lhe batia por causa daquela mulher. Não fosse o respeito filial, teria revidado. Seus olhos, porém, diziam tudo o que lhe ia no coração. Engolindo a raiva e o choro, Ross rodou nos calcanhares e, sem dizer nada, saiu batendo a porta.

Na mesma hora, veio o arrependimento em Nathan, que partiu atrás do filho, ignorando a presença de Lílian, que, no corredor, ouvido colado à porta, não perdera uma parte sequer da conversa.

— Ross! — chamou desesperado. — Espere, meu filho...

Ross não deu atenção. Alcançou a porta da frente e ganhou a rua, sumindo na primeira esquina. Aturdido, Nathan permaneceu parado na soleira, pensando se devia ou não segui-lo. A resolução veio rápida, e ele já ia fechando a porta quando a mão de Lilian o segurou.

— Aonde você vai de pijamas? — indagou, enérgica.

— Preciso ir atrás do meu filho — balbuciou Nathan.

— Não faça isso — disse ela em tom imperativo.

— Como não? Já é noite. E se alguma coisa lhe acontecer?

— Nada vai lhe acontecer. Não vê que é isso que ele quer?

— Como assim, o que ele quer?

— Ross quer provocá-lo. Quer medir forças comigo.

— Você não entende... Bati nele de novo.

— Pois foi muito bem feito. Ele mereceu apanhar.

Apesar de indeciso, Nathan acabou concordando. Era o que sempre fazia. Só o que o acalmava era a certeza de que o filho seguiria direto para a casa de David.

Na rua, Ross tomou a direção da casa dos tios. Não havia metrô àquela hora, mas ele conseguiu apanhar um táxi. Saltou em frente à casa de Marianne e pediu ao motorista que aguardasse. Não tinha dinheiro nem para pagar a viagem. Bateu na porta diversas vezes, e foi David quem atendeu.

— Meu Deus, Ross! — exclamou alarmado. — Aconteceu alguma coisa?

Engolindo as lágrimas, o menino respondeu:

— Tive que vir.

Do lado de fora, o motorista pigarreou, com cara de poucos amigos, esperando que alguém lhe pagasse. David correu para dentro e apanhou o dinheiro para pagar a corrida.

A hora já ia avançada, e a casa estava praticamente às escuras, pois todos já haviam ido se recolher. Como David se demorava em voltar, e preocupada com aquela visita inesperada, Kate resolveu descer.

— Quem é, David? — perguntou ela, do alto da escada.

— É o Ross — esclareceu ele, levando o menino para dentro.

Kate desceu às pressas e abraçou o sobrinho com efusão.

— O que foi que houve? — questionou. — Brigou com seu pai?

Ele assentiu e contou tudo, deixando Kate indignada e David, surpreso. Não sabia que Ross ia todos os dias à sua casa. Apesar do olhar interrogador que deu a Kate, ela não ousou encará-lo.

— Não devia ter desobedecido a seu pai — censurou David.

— Meu pai só faz o que Lilian quer, e ela não me deixa ver Marianne.

— Ela é sua madrasta, a mulher que seu pai escolheu para ocupar o lugar de sua mãe.

— Isso nunca! A única mulher que pode ocupar o lugar de minha mãe é tia Kate!

Kate mordeu os lábios, emocionada, sentindo as lágrimas lhe aflorarem aos olhos.

— De qualquer forma — prosseguiu David, a voz também embargada —, isso não está certo. E você também, Kate. Não devia ter permitido isso.

— Tia Kate não tem culpa de nada — objetou o menino. — Teria dado um jeito de vir mesmo que ela não quisesse.

— E fez tanto bem a Marianne... — acrescentou ela, quase como se desculpando pela sua falta.

— Mas está errado — protestou David, dando mostras de aborrecimento. — E agora, vejam só no que deu.

— O que vamos fazer?

— A única coisa certa, que é levar Ross de volta para casa imediatamente.

— Não adianta, tio David, eu não vou! — objetou o menino.

— Seu pai deve estar preocupado com você — considerou Kate.

— Eu não me importo. E duvido que ele também se importe.

— Está sendo injusto — cortou David. — Seu pai sempre gostou muito de você.

— Até se casar com aquela megera. É ela quem o proíbe de vir vê-los.

Kate pigarreou e rebateu em tom áspero:

— Desculpe, Ross, mas não creio que Lilian tenha o poder de proibir seu pai de alguma coisa. Ele não vem porque não quer.

— Sua tia tem razão. Se seu pai quisesse mesmo, já teria vindo nos procurar. — David espalmou as mãos nos joelhos e finalizou: — Bem, agora chega. Vou subir e me trocar para levá-lo em casa.

— Por favor, tio, deixe-me ficar — implorou ele.

— Não posso. Por mais que queira, não é direito.

— Posso, ao menos, ver Marianne?

— Melhor não. Ela está dormindo, e é melhor que não saiba de nada disso. Pode provocar outra crise.

Ele se levantou e deixou Ross ajoelhado aos pés de Kate, com a cabeça pousada em seu colo, chorando de mansinho. Assim que colocou o pé no primeiro degrau, ouviu a vozinha fina de Marianne:

— Quem está aí, papai? É o Ross?

Não adiantava mentir, porque Marianne, no meio da escada, ouvira nitidamente a voz do primo e já começava a saltar os degraus de par em par, correndo ao encontro dele.

— Veio me visitar? — perguntou ela, em sua peculiar inocência.

— Ross já está de saída — esclareceu Kate. — Veio apenas nos dar um beijo de boa-noite. Não é, Ross?

— É, sim.

— Não quer passar a noite comigo? Deixo você dormir na minha cama.

Ross sentiu a garganta estrangular. Daria tudo para ficar com ela, não apenas naquela, mas em todas as noites de sua vida. Deu-lhe um beijo amistoso na testa e abraçou-a com ternura, tentando ocultar-lhe as lágrimas.

Logo David reapareceu, já vestido, emocionando-se com a cena de genuíno afeto entre a filha e o sobrinho.

— Venha, Ross — chamou baixinho. — Temos que ir.

Ele se separou de Marianne e soprou-lhe baixinho ao ouvido:

— Não fique triste. Amanhã estarei de volta.

Marianne fez beicinho e ameaçou chorar, mas Kate a segurou pelos ombros e concordou:

— É isso mesmo, Marianne. Ross virá de novo amanhã.

Nem ela acreditava em suas palavras. Dissera aquilo só para confortar a filha e evitar nova crise. Ou melhor, adiar. Quando Lilian soubesse que Ross estivera ali, faria um estardalhaço sem tamanho e obrigaria Nathan a encerrar aquelas visitas. E então, o pior estaria por acontecer.

28

O novo bairro em que Nathan vivia causou um choque em David, que jamais poderia supor que seu irmão tivesse condições de comprar uma casa num lugar daqueles. A rua elegante, de jardins imensos e bem cuidados, chamou-lhe a atenção, dando-lhe o efeito de que entrava num mundo de sonhos. Em frente à casa que Ross indicara, estacou boquiaberto. Tocou a campainha e esperou alguns minutos, até que uma criada veio atender.

Já era tarde, e Nora, ao ver Ross em companhia daquele homem de aparência grosseira, apertou o roupão em volta do pescoço e soltou uma exclamação de susto, ao mesmo tempo em que berrava pelo patrão:

— Senhor Landor! Senhor Landor!

Nathan desceu correndo, seguido por Lilian. Empurrou Nora para o lado e escancarou a porta, puxando Ross para dentro de seus braços. O menino se deixou abraçar friamente, e Lilian surgiu atrás do pai. Exibia um nervosismo e uma preocupação que, decididamente, não sentia.

— Meu filho! — murmurou ele. — Quase morri de preocupação.

A visão de Lilian reacendeu a raiva de Ross, que se soltou do abraço do pai e o encarou, guardando frio silêncio. Não estava com disposição para conversar. Nem do tio se despediu. Ergueu a cabeça com altivez e passou rente à madrasta, ostensivamente ignorando sua presença.

Depois que ele se foi, Nathan estendeu a mão para David, que a tomou meio sem jeito.

— Seja bem-vindo, meu irmão — cumprimentou Nathan, com sincera alegria.

— Perdoe-me a intromissão — desculpou-se ele. — Mas Ross foi a minha casa, e achei que seria melhor trazê-lo. Não queria deixar você preocupado.

Nathan ia dizer-lhe que não havia o que perdoar, que estava feliz por aquilo ter acontecido, pois só assim tinha chance de reencontrá-lo. Só que Lilian não lhe deu chance. Com ar aborrecido, tomou a dianteira e foi falando de um jeito pedante:

— Nós lhe agradecemos muito, David. Realmente. Mas agora, se nos der licença, precisamos descansar. Nathan levanta cedo amanhã. Tem um cargo muito importante e não pode se atrasar. Sabe como é, precisa dar exemplo aos subordinados.

Com a mão, foi enxotando-o devagarzinho, e Nathan ainda tentou intervir:

— Espere, Lilian, não podemos deixá-lo sair assim. David veio de longe só para nos trazer o Ross.

— Ah! meu Deus, certamente. Como não havia pensado nisso? A periferia fica bem distante daqui, não é? Vamos, querido, dê-lhe um trocado para a volta.

A despeito do olhar embasbacado de Nathan, David empertigou-se e virou-lhes as costas, murmurando da porta:

— Não preciso de dinheiro. Passar bem.

Saiu a passos rápidos, e Nora, seguindo a orientação de Lilian, que fazia gestos com o queixo, fechou a porta mais que depressa.

— O que foi que deu em você? — esbravejou Nathan. — Isso lá é coisa que se diga ao meu irmão?

Fingindo-se de desentendida, Lilian arregalou os olhos e retrucou com indignação:

— O quê?

— Como pode ter-lhe oferecido uns trocados?

— Oh! Perdão — ironizou. — Se soubesse que era pouco, teria lhe oferecido mais.

Era inacreditável. Aquela não era a mulher com quem se casara. Quando a conhecera, era meiga e carinhosa. Agora transformara-se numa criatura sarcástica e cruel. E ele não reagia. Podia muito bem impor a sua vontade e sair atrás do irmão. Se ao menos tivesse coragem...

Com profundo desgosto, Nathan olhou para a porta e depois para a esposa. Deixou caírem os braços ao longo do corpo e seguiu vagarosamente para o quarto, sem ânimo de confrontar o filho.

David, por sua vez, saiu da casa do irmão espumando de raiva e humilhação. Aquela mulher o tratara como se ele fosse um serviçal. E Nathan não fizera nada para impedir. Seu próprio irmão! Como estava mudado!

Chegou a casa abatido e encontrou Kate esperando-o no sofá da sala, com a cabeça de Marianne pousada em seu colo.

— Foi tudo bem? — sussurrou ela, para não acordar a menina, e ele fez que sim.

Depois de ajeitar Marianne de volta em sua cama, David contou à mulher:

— Você não faz ideia do que aquela mulher fez. Lilian teve coragem de me oferecer dinheiro para voltar para casa.

— O quê? — indignou-se Kate, mal acreditando no que ouvia.

— E Nathan ficou parado lá, sem fazer nada.

— Ele não o recebeu bem?

— Recebeu, sim. Vi em seus olhos a alegria. Mas Lilian praticamente me expulsou. Para mim, está mais do que claro que ela não quer manter relações conosco.

— Marianne vai sofrer. Logo agora que tudo parecia voltar ao normal!

— Tinha que ver a casa em que eles moram — divagou ele. — Parece até um palacete.

— Verdade? Será que o salário de Nathan dá para tudo isso?

— Lilian disse que ele agora tem subordinados. Deve ter recebido outra promoção.

— Isso não lhe dá o direito de destratar os parentes. E logo você, que acolheu Ross como um filho. Quanta ingratidão!

— Sim, Nathan está sendo muito ingrato. Nem se lembra do que fizemos pelo filho, e a única coisa que eu pediria em troca seria que tratasse bem de Marianne.

— Vai ser difícil para ela.

— Eu sei. Mas ela vai ter que se acostumar. Falaremos com ela.

— Você quer dizer, eu vou falar. Você nunca está presente quando o pior acontece.

— Tenho que trabalhar — objetou, em tom de desculpa.

— Você tem que trabalhar e larga tudo na minha mão. Pensa que é fácil?

— Não posso faltar ao trabalho para paparicar Marianne.

Aquela discussão não levaria a nada. David e Nathan, cada qual a sua maneira, eram dois covardes. Um não tinha coragem de enfrentar a filha. O outro morria de medo da mulher. Não negavam que eram irmãos.

No dia seguinte, como esperado, Ross não apareceu, nem no outro, nem nos próximos. Pressionado pelo pai, que lhe cortara a mesada, foi obrigado a permanecer em casa. Embora não estivesse disposto a se submeter para sempre àquela proibição, esperaria até a poeira assentar, para então retornar à casa de Marianne.

A prima, por sua vez, começava a inquietar-se, pois a mãe lhe dissera que Ross estava estudando para os exames finais e voltaria assim que terminasse o ano letivo. David também tiraria umas férias e todos iriam para a praia, levando Ross com eles.

— Pode demorar, mas vai valer a pena — afirmava Kate. — Mas você tem que estudar. Se não passar de ano, não tiraremos férias.

Rodeada de livros e cadernos, Marianne punha-se a estudar, na esperança de passar o verão inteiro na praia, ao lado de Ross. Os dias iam passando, e a ansiedade da menina aumentava cada vez mais. A espera se demonstrava muito longa, e ela queria ver Ross apenas uma vez antes do fim das aulas. Não entendia por que ele não podia visitá-la ao menos uma vez.

Kate tentava distrair a sua atenção, mas estava ficando difícil. Uma nova e violenta crise era só questão de tempo. Ela havia contado uma mentira à filha que não poderia sustentar eternamente. Não estava longe o dia em que Marianne perceberia que Ross não iria voltar, e sua reação seria das mais coléricas. Como mãe, seu coração se apertou, e ela tomou uma decisão.

Após deixar Marianne e Roger na escola, Kate levou os menores para a casa de Jane e tomou o metrô rumo à casa do cunhado. Conseguira, a muito custo, que David lhe desse o endereço, e partiu para lá, vestida em suas melhores roupas.

Espírito preparado pelo marido, não sentiu o impacto do luxo desconhecido. Subiu a rua resoluta e tocou a campainha da casa de Nathan, evitando maravilhar-se com a elegância do bairro. Como sempre, Nora veio atender:

— Pois não?

— Por favor, mocinha, gostaria de falar com sua patroa. Ela está?

Com ar desconfiado, Nora indagou:

— A quem devo anunciar?

— Diga-lhe que é Kate Landor, sua concunhada.

Nora abriu a boca, estupefacta. Pediu licença e encostou a porta, subindo desabalada até o quarto de Lilian. Ela e Richard se amavam loucamente, e foi com extrema má vontade que ela respondeu às batidas na porta:

— O que é?

— Dona Lilian, depressa. Está aí uma mulher que diz ser a sua cunhada...

— Era só o que me faltava — praguejou.

Muito contrariada, Lilian saiu de debaixo de Richard, apanhou um penhoar e jogou-o displicentemente sobre os ombros.

— Vai recebê-la? — quis saber Richard.

— Já que ela está aqui, não posso perder a chance de lhe mostrar o seu devido lugar. — Terminou de se ajeitar diante do espelho e gritou para a criada: — Mande-a entrar... pela porta da cozinha.

Realmente, a oportunidade de humilhar a concunhada era por demais tentadora. Lilian e Kate não mantinham vínculos do passado, no entanto, o orgulho desmedido da primeira despertou a animosidade entre elas. Lilian via em Kate um possível obstáculo a seus planos, pois tinha certeza de que o que Nathan sentia pela cunhada ia muito além de uma simples amizade. E Marianne a havia afrontado, coisa que jamais aceitaria de ninguém. Por isso, incapaz de dominar o orgulho, não tolerava as duas.

Embora jurasse a si mesma que não se deixaria humilhar pela outra, a primeira sensação de Kate foi, efetivamente, de humilhação. A empregada a introduzira pela entrada de serviço e a fizera aguardar na cozinha, sem nem indicar-lhe uma cadeira. Teve que esperar em pé, remoendo o mal-estar, até que Lilian apareceu, toda coquete em seu penhoar cor-de-rosa. Entrou com ar de grande dama, apanhou uma uva sobre a fruteira e disse asperamente:

— O que deseja? Sou uma mulher ocupada.

Kate esforçava-se ao máximo para não partir para cima da outra e esbofetear-lhe as faces. A esnobe! Pensava que podia tratá-la feito lixo só porque agora tinha dinheiro. Encarando-a com frieza e altivez, Kate começou a dizer:

— Imagino o quanto você é ocupada, por isso, vou direto ao assunto. Estou aqui para falar de Ross.

— Ross não é problema seu.

— Ele deixou de ir à minha casa.

— Já não era sem tempo.

— Você sabe o quanto isso é importante para Marianne.

Do alto de sua soberba, Lilian sustentava o olhar de Kate e disparou com arrogância:

— Francamente, Kate, não estou nem um pouco interessada no que é importante para Marianne.

Era preciso fazer surdos os seus ouvidos se quisesse obter um resultado positivo. A empáfia de Lilian a levava ao extremo da tolerância, no entanto, a filha era mais importante do que qualquer aviltamento a que fosse obrigada a se submeter.

— Você não pode ser tão insensível. Sabe o quanto Marianne está sofrendo. E Ross também.

— Ross não precisa de Marianne, e se ela sofre, o problema é seu, não meu.

Kate sentia ganas de matá-la, mas ainda conseguia se conter.

— Não vim aqui para brigar com você — contemporizou.

— Imagine se eu ia me dar o trabalho de ter uma briga com você.

— Por que está sendo sarcástica? Vim aqui em paz.

— Veio aqui porque a sua filhinha maluca está endoidando de vez, não é?

— Marianne tem problemas. Nunca escondi isso.

— Chama de problema a loucura dela? Aquela menina é louca, e não digo isso no sentido figurado. Seu lugar é no hospício.

Lilian estava espezinhando-a, mas Kate estava disposta a não se deixar abater. Tudo pela estabilidade de sua filha.

— Não seja tão dura, Lilian. Vim aqui em paz, estendendo-lhe minha mão...

— Quem foi que disse que preciso de sua mão calejada e encardida? Você não passa de uma dona de casa de subúrbio que não sabe o que é viver. Pensa que o mundo se resume aos seus probleminhas quotidianos? Aos seus filhinhos subnutridos e emporcalhados? À sua casa de aluguel barato e sem classe? Ora, Kate, francamente! Não percebe o quanto está sendo ridícula, vindo aqui implorar a minha compaixão?

Kate não ouviu mais nada. O sangue subiu-lhe às faces, toldando-lhe a visão e o raciocínio, e ela partiu para cima da outra, agarrando-a pelos cabelos e arranhando-lhe o rosto.

— Maldita! — berrava Kate fora de si. — Demônio, cadela!

Diante daquela cena insólita, Nora tentou segurar Kate por trás, lutando para afastá-la de Lilian. Kate, contudo, não largava a presa. Desesperada, a criada subiu ao andar de cima e foi chamar Richard, que, deitado na cama, só em mangas de camisa, cochilava de vez em quando.

— Senhor Bradley! Acuda! Ela vai matá-la!

Richard deu um pulo da cama e correu para a porta, perguntando aflito:

— O que foi que houve? Por que essa gritaria?

— É a cunhada de dona Lilian... Vai matá-la!

Ele ainda pensou duas vezes. Corria um risco muito grande expondo-se a estranhos. Mas não podia deixar que uma louca matasse Lilian. Vestiu as calças às pressas e saiu no encalço de Nora. Ao entrar na cozinha, as duas estavam engalfinhadas, rolando pelo chão. A cena não deixou de lhe parecer engraçada, porém, foi forçado a tomar uma atitude. Com cuidado, meteu as mãos entre Lilian e Kate e puxou, prendendo a segunda firme com os braços.

— Solte-me! — gritava Kate furiosa. — Vou acabar com você!

Lilian se levantou toda descabelada e rasgada, derramando sobre Kate fagulhas de seu ódio. Aproveitando-se de que ela estava presa, preparava-se para atacar quando se deu conta de que era pelas mãos de Richard que Kate fora imobilizada.

— Senhor Bradley... — balbuciou confusa.

Kate continuava a se debater, e ele a apertou com força, falando com severidade:

— Acalme-se, madame, ou quebro o seu braço.

Sem chances de se mover, Kate segurou as lágrimas e se aquietou, enquanto ele a conduzia para a porta, que Nora abriu rapidamente. Sem nenhum cuidado, empurrou-a para fora, derrubando-a ao chão, e a empregada bateu a porta com estrondo. Kate pensou em investir contra a porta aos murros, mas mudou de ideia. Nunca, em toda a sua vida, passara por tanta humilhação. Tinha a roupa rasgada, os cabelos em desalinho, tão envergonhada que não se importaria de morrer.

Mas dera uma surra em Lilian. Não fosse aquele homem, teria acabado com ela. Pensando no estranho que a segurara, Kate estacou embasbacada. Quem era aquele homem que aparecera na casa de seu cunhado, em mangas de camisa, na companhia de Lilian, que a recebera de penhoar? Como Lilian disse que era mesmo seu nome? Senhor Bradley, era isso. Quem seria aquele homem, que tão providencialmente caíra do céu para salvá-la?

Uma certeza foi tomando conta de Kate, e ela sorriu para si mesma, desfrutando o doce sabor da descoberta. Agora estava tudo explicado. Aquele homem não podia ser outra coisa a não ser o amante de Lilian. Por que outro motivo estaria na casa dela, àquela hora, em trajes menores, junto com ela? Pobre Nathan! Enganado e traído dentro de sua própria casa. Por isso Lilian queria mandar Ross para longe, porque ele representava uma ameaça à sua sem-vergonhice.

29

A caminho de casa, Ross ia refletindo sobre os últimos acontecimentos. Mal via a hora de reencontrar Marianne, mas não podia. Lilian o estava vigiando, controlando seus horários, marcando a hora em que saía de casa e a hora em que voltava. Caso se atrasasse um minuto, lá vinha repreensão. O pai era um covarde e fazia tudo o que ela queria, sempre cedendo aos seus caprichos. E ele, apesar do ímpeto de desobedecer, não o fazia. Não por medo de Lilian ou do pai, mas de ser mandado para Oxford. Aquela conversa de Lilian sobre as maravilhosas escolas de Oxford fora a única coisa que, realmente, o havia assustado.

Assim que entrou, percebeu uma movimentação diferente. Nora estava na cozinha preparando um chá, enquanto Lilian berrava ao telefone:

— Você precisa vir para casa agora! — pausa — Não tem ideia do que ela fez... Não me interessa se está trabalhando! Sou sua mulher...

Furiosa, Lilian bateu o telefone e fitou Ross, que passou por ela indiferente. Os arranhões no rosto e a boca inchada eram sinais de que ela havia se metido em alguma confusão. Provavelmente, algum chilique por causa de um vestido novo que viu na vitrine.

Sem demonstrar interesse, Ross apenas a olhou de relance e começou a subir a escada, quando, inesperadamente, foi surpreendido com os gritos esganiçados da madrasta:

— E você, seu pirralho! Venha já aqui!

O menino se voltou contrariado e a encarou com olhar hostil.

— O que você quer? — exasperou-se.

— Você tem ido ver Marianne? — ele não respondeu. — Porque se tiver, vai se arrepender!

— Deixe-me em paz.

Sem esperar resposta, Ross se voltou e recomeçou a subir as escadas, deixando Lilian a esbravejar furiosa no meio da sala.

À hora do almoço, ela não desceu, e Ross comeu sozinho, dando graças a Deus que ela estivesse aborrecida. Nora começou a lhe servir um bolo de carne quando ele indagou com ar displicente:

— O que foi que aconteceu aqui, Nora?

Sem desviar a atenção do prato que servia, ela respondeu:

— Sua mãe brigou...

— Ela não é minha mãe — cortou ele calmamente.

— Que seja. Sua madrasta, então. Brigou feio com a cunhada.

— Tia Kate, você quer dizer?

— Essa mesma.

— Tia Kate esteve aqui?

— Esteve.

— Por quê? O que ela queria?

— Não sei bem. Algo sobre você e a filha dela.

— O que foi que Lilian fez?

Nora deu de ombros e acrescentou com cautela:

— Na verdade, nada. Sua tia foi que ficou zangada e a agrediu.

— Minha tia bateu em Lilian? — Nora fez que sim, e Ross começou a rir. — Bem feito.

— Não tem graça. Essa tal de Kate é maluca. Sem mais nem menos, começou a bater em dona Lilian.

— Duvido que tenha sido sem motivo. Pelo que conheço das duas, imagino que Lilian deve ter ofendido minha tia ou Marianne.

— Está errado — mentiu. — Dona Lilian foi até gentil. Sua tia foi que não quis ouvir. Saiu logo agarrando-lhe os cabelos e dando-lhe beliscões.

Ross jogou o corpo para trás numa gargalhada espontânea e acrescentou de bom humor:

— Daria tudo para ter visto essa cena... Aposto que tia Kate levou a melhor.

— Qual! Aquela mulher é um horror...

— Não fale assim de minha tia, Nora.

A criada silenciou e continuou a servir o almoço até que ele tornou a indagar, curioso:

— Como você conseguiu apartá-las?

Nora ruborizou. Não sabia se devia falar do senhor Bradley. Terminou de servi-lo, depositou a terrina sobre a mesa e finalizou:

— Coma.

Saiu para a cozinha, e Ross não se deu conta de que ela não havia respondido a sua pergunta. Acabou de comer e foi para o quarto. Dez minutos depois, saía para a rua. O pai que o perdoasse, mas ele precisava ver a tia e Marianne.

Catou no bolso alguns trocados que juntara e tomou o metrô. Quando chegou, Kate estava na sala com as crianças, ensinando a lição a Roger. Apenas Marianne não se encontrava ali. Ele entrou sem bater e cumprimentou meio sem jeito:

— Olá.

A tia ergueu a cabeça e, apesar da surpresa, sorriu, levantando-se para abraçá-lo.

— O que está fazendo aqui?

Seu abraço era sincero e confortador, e ele se aninhou em seus braços.

— Precisava vê-la — anunciou ele, perscrutando seu rosto ferido.

— Seu pai e Lilian sabem que está aqui?

— Não, mas não me importo. Vim porque precisava saber o que aconteceu entre você e Lilian. Nora me disse que vocês brigaram.

— Aquela mulher é um demônio. Não tem alma nem amor no coração.

— Por que fez isso, tia Kate? Por que foi até lá? Foi por causa do outro dia?

— Isso não tem mais importância agora. Mas sabe o que achei mais estranho? — ele a fitou curioso. — Um tal de senhor Bradley apareceu do nada para defender Lilian. Agarrou-me por trás e me expulsou de casa.

— Senhor Bradley? — surpreendeu-se ele.

— Você o conhece?

— É o patrão de meu pai. Que covarde!

— Tem ideia do que ele podia estar fazendo em sua casa, àquela hora da manhã?

— Não posso imaginar. Se tivesse assuntos urgentes a tratar com papai, seria mais fácil conversar com ele no escritório. Mas na nossa casa? E na ausência dele? Muito estranho.

Fez-se um silêncio constrangedor, e a desconfiança precipitou-se pela mente de Ross. A presença de um homem em sua casa, numa hora em que o pai não estava, não podia significar muitas coisas. Principalmente se aquele homem era seu chefe e deveria estar com ele no trabalho.

O olhar de Ross para Kate traduzia sua dúvida, e ela balançou a cabeça, dando mostras de que havia compreendido. Contudo, preferia não se meter. Já tinha coisas demais com que se ocupar, e Nathan não era problema seu. Alertar o sobrinho era o máximo a que se permitia.

— Quer ver Marianne? — Kate falou, para desviar a atenção do menino.

Ele assentiu e foi vagarosamente para o quarto da prima, o coração consumido pela nova suspeita. Marianne estava deitada na cama, de olhos fechados. Ele se aproximou na ponta dos pés, afastou o cabelo dela para o lado e deu-lhe um beijo amoroso na face.

— Ross! — exultou ela. — É você mesmo?

— Em pessoa.

Os dois se abraçaram felizes, Marianne já com as lágrimas despontando nos olhos. Ross abraçou-a diversas vezes e puxou-a para fora do quarto e pelas escadas.

— Aonde vão? — questionou Kate, assim que eles passaram por ela apressados.

— Dar uma volta.

Passaram o resto do dia juntos. Na hora do lanche, Kate lhes deu dinheiro para tomarem um sorvete, causando uma alegria inenarrável em Marianne. Estavam tão entretidos e felizes que nem viram a hora passar, e só muito mais tarde foi que ele voltou para casa, o coração dividido entre a alegria e a raiva.

Lilian nem se deu conta da ausência de Ross. Trancada em seu quarto, maldizia a cunhada e o marido, que não atendera o seu chamado e só veio para casa no horário de costume.

— A culpa é toda sua! — berrou ela. — Devia ter-me dado apoio.

— Estava trabalhando — desculpou-se Nathan. — Não posso sair a cada vez que minha mulher tiver um chilique.

— Chilique? Como se atreve? Aquela louca quase me matou!

— Essa história está muito estranha. Kate nunca foi uma mulher violenta.

— Não. Eu é que sou, não é? Por acaso tenho o costume de ir à casa dos outros agredi-los?

— Kate deve ter vindo aqui por algum motivo, e posso bem supor por quê.

— Não me interessa por quê! O caso é que ela veio sem ser convidada e avançou em mim. Veja só o que fez no meu rosto.

Exibiu o rosto ferido, causando um certo mal-estar em Nathan, que deduzia o motivo pelo qual Kate fora a sua casa. Com certeza, tinha relação com o dia em que Ross fugira e Lilian oferecera dinheiro a David por tê-lo levado de volta.

— Isso tudo é muito estranho. Será que você não a humilhou, como fez com David?

— Eu?! Imagine! Ainda consenti que Ross fosse visitar Marianne de vez em quando.

— Você o quê?

— Fiquei com pena da menina. Você sabe que não gosto dela, mas a piedade falou mais alto. Afinal, Marianne é uma criança, e Jesus nos ensinou a amar as criancinhas. Só que Kate é orgulhosa e não aceitou meu gesto de caridade. O que queria era vingança. — Nathan mantinha o olhar cético, e Lilian prosseguiu: — Se não acredita, vamos perguntar à Nora.

— Não precisa...

Lilian, contudo, já havia aberto a porta do quarto e se dirigia para a cozinha, onde Nora terminava de dar os últimos retoques no jantar. Ao vê-la, com Nathan atrás, a criada estremeceu, temendo esquecer alguma coisa do que Lilian lhe mandara dizer.

— Nora — começou ela com fingido ressentimento —, o senhor Landor não acredita que fui agredida por Kate. Diga a ele o que viu.

Nora abaixou os olhos e começou a gaguejar:

— É verdade... Aquela mulher...

— Não precisa ficar nervosa — interrompeu Lilian, fuzilando-a com o olhar. — Diga apenas o que viu.

Ela inspirou fundo, fixou os olhos no bico dos sapatos de Nathan e disparou:

— Aquela mulher entrou aqui, e dona Lilian foi gentil com ela. De repente, começou a esbravejar e partiu para cima de dona Lilian feito uma fera. Foi horrível... — pôs-se a chorar baixinho, e Lilian deu um risinho de satisfação.

— Eu não disse? — exultou. — Kate é uma doida. Por muito pouco não me mata.

— Quer me convencer de que Kate simplesmente veio aqui, xingou você, agrediu-a e depois foi embora? Assim, sem mais nem menos?

Era agora. A desculpa havia sido muito bem ensaiada, e Lilian exprimiu com cautela:

— Ué...! O senhor Bradley não lhe contou?

— Não me contou o quê? O que tem ele a ver com isso?

— Foi graças a ele que aquela louca não me matou. Ele passou aqui para deixar um presente para você, disse que era uma surpresa...

— Que história é essa de surpresa? Vi o senhor Bradley na fábrica, e ele não me disse nada.

Lilian deu de ombros e procurou por Nora, que vinha chegando com um embrulhinho na mão e estendeu-o a Nathan, que o apanhou desconfiado.

— O que é isso? — perguntou Nathan.

— Não sei. Abra. Também estou curiosa.

Sem dizer nada, ele rasgou o papel de seda azul e exibiu uma caixinha de veludo, com um cartão preso a ela. Abriu a caixa, surpreendendo-se com seu conteúdo. Um par de abotoaduras de ouro, com as iniciais de seu nome gravadas em alto relevo, luziu diante de seus olhos perplexos. Ele despregou o cartão e leu:

Meu caro Nathan,

Peço que me perdoe a ousadia, mas, como logo você estará empreendendo importantes viagens em nome da minha companhia, achei que seria justo que se apresentasse condignamente. Por isso, resolvi presenteá-lo com as abotoaduras. Optei por entregá-las em sua casa para não despertar inveja nos demais empregados. Espero que não se importe.

Um grande abraço,

Richard Bradley.

Fora a única saída em que Lilian conseguira pensar. Temendo que Kate comentasse com alguém que vira um estranho em sua casa, mandou Richard à joalheria mais próxima comprar as abotoaduras. Apesar de contrariado com a despesa desnecessária, ele concordou que seria uma boa solução. E se alguém perguntasse por que se apresentara em mangas de camisa, outra desculpa estaria arranjada, mas ninguém perguntou nada, e ela preferiu não se antecipar.

— Que gentil! — exclamou Lilian, fingindo surpresa. — Foi a minha sorte. Se ele não tivesse vindo pessoalmente trazer-lhe esse presente, não sei o que seria de mim agora. Veja, Nathan, não é lindo? Faz até a gente esquecer os problemas e a sua cunhadinha maluca.

O presente era mesmo maravilhoso, todavia, não agradara Nathan. A visita do patrão, na sua ausência, era algo que não soava bem. Em silêncio, guardou o cartão e a caixa e foi sentar-se no sofá, deixando o olhar perdido vaguear pela sala luxuosa.

— Quer que mande servir o jantar? — perguntou Lilian com voz melosa.

Ele acenou com a cabeça e redarguiu fatigado:

— Onde está o Ross?

— Deve estar no quarto.

— O menino saiu logo depois do almoço — esclareceu Nora, que vinha chegando com uma travessa.

— Não disse aonde foi? — quis saber Lilian.

— Não, senhora.

Enquanto tomavam a sopa, Lilian continuava reclamanado:

— Agora veja só. Como se não bastasse o que Kate me fez, tenho certeza de que Ross foi vê-la. Aposto como está do lado dela e daquela estúpida da prima.

— Já estou cansado dessa história. Kate e Marianne são pessoas importantes na vida de Ross.

— E nós não somos, não é mesmo? Para a tia e a prima, tudo. Para seus pais, nada.

— Ross está passando por um período difícil.

— E eu também! Ao menos ninguém ainda o atacou. Nem ele atacou ninguém, o que também não vai demorar muito.

— Não fale assim. Ross nunca foi violento.

— Como Kate.

Nathan soltou um suspiro de desânimo. Aquela situação estava ficando insustentável.

— Já não o proibi de ir até a casa de Kate?

— E você acha que ele obedece? — Nathan não respondeu. — Onde está ele? Nós dois sabemos que ele está lá, não é mesmo?

— O que você quer que eu faça, Lilian? — ele explodiu de repente, dando um soco na mesa que fez chocalhar toda a louça. — Quer que eu lhe dê uma surra? Que o coloque de castigo? Ross já não é mais um garotinho. Não posso tratá-lo feito um bebê.

— É por isso que ele está do jeito que está. Porque não tem limites nem sofre qualquer punição. Está livre para ir à casa de Kate quando bem entender, especialmente para apoiá-la quando ela me desafia.

— Se você não tivesse implicado com Marianne, nada disso teria acontecido.

— Ah! Agora a culpa é minha. Marianne me morde, e eu é que sou a culpada. Kate me agride, e a culpada ainda sou eu. Quando Ross perder a cabeça e me bater, a culpada serei eu também.

— Ross jamais faria uma coisa dessas!

— É você quem diz. Gostaria que visse os modos com que ele me trata, sua arrogância, seu olhar hostil. Talvez assim acreditasse em mim.

Nathan enfiou a colher na boca, dando o assunto por encerrado. O resto do jantar transcorreu em clima tenso, com palavras indizíveis consumindo a paz de Nathan. Quando a sobremesa foi servida, ele deu graças a Deus por ver próximo o fim daquele suplício. Recusou o café e, levantando-se, anunciou com pesar:

— Vou dar uma volta.

Na rua, olhou para os lados, procurando um sinal do filho, que não apareceu. A situação em sua casa estava se tornando insustentável. Desde que se mudara, vivia um verdadeiro inferno. No trabalho, as acusações silenciosas o perseguiam a todo lugar. Em casa, a mulher e o filho se digladiavam feito inimigos ferrenhos, e, para completar, fora obrigado a afastar-se da família. Por quanto tempo mais iria suportar?

A caminhada longa não diminuiu a espera de Ross, e Nathan resolveu entrar. Saíra sem agasalho e sentia frio. Logo que se tornou visível pela janela da sala, Nora, postada de vigília atrás da cortina, gritou eufórica para Lilian:

— É agora, dona Lilian! Ele está voltando.

Na mesma hora, Lilian largou o jornal, que folheava sem interesse, e correu para o telefone. Retirou o fone do gancho, sentou-se de pernas cruzadas e esperou. Assim que Nathan abriu a porta, iniciou uma conversa consigo mesma, fingindo que falava com uma amiga:

— Não, claro... Você está coberta de razão... Fez bem em mandá-lo para Oxford. Claro, claro... Dizem que são ótimos... Ele vai ter uma educação primorosa... É, e vai se afastar das más companhias...

Por mais que Nathan não quisesse prestar atenção, foi impossível não ouvir. Lilian não gritava, mas usava um tom de voz moderado e perfeitamente audível. Nunca lhe passara pela cabeça mandar Ross estudar em outra cidade, contudo, talvez aquela fosse a única solução para seu problema. Contentaria Lilian, e o filho estaria em casa nas férias e feriados. Sem contar que teria garantido o seu futuro, com vaga em uma boa universidade, quem sabe, na própria Oxford?

Era algo em que valeria a pena pensar.

30

O quarto de Ross estava vazio, e Nathan entrou meditativo. Sentou-se na cama para esperá-lo, e Lilian ficou à espreita. Não demorou muito para o menino aparecer, e antes que ele abrisse a porta da frente, Lilian entrou em seu quarto e anunciou com fingido alívio:

— Graças a Deus! Ross está chegando.

Nathan estranhou a preocupação dela, mas não disse nada. Andava pensando em muitas coisas. Quando o menino se aproximou pelo corredor, logo percebeu a porta aberta e constatou, com desagrado, que o pai e a madrasta estavam à sua espera.

— Onde esteve, filho? — indagou Nathan aflito.

Ross entrou cauteloso e respondeu vagamente:

— Fui dar uma volta.

— Onde?

— Acho que você já sabe.

— Foi à casa de sua tia? — ele assentiu.

— Eu não falei? — interrompeu Lilian, desafiadora.

O olhar de Ross atravessou-a como uma adaga afiada, todavia, ela não se deixou intimidar.

— Pensei que o tivesse proibido de ir lá — prosseguiu Nathan.

— Não quero lhe faltar com o respeito nem ser desobediente, mas não vejo razão para não visitar minha família.

— Sua família somos seu pai e eu — provocou Lilian.

— Cale a boca, sua vadia — rosnou Ross entre os dentes. — Não lhe perguntei nada.

Por pouco Nathan não lhe acertou nova bofetada. Conseguiu se segurar a tempo, mas repreendeu com veemência:

— Jamais torne a falar assim de novo de sua madrasta! Se não quiser levar uma surra da qual nunca irá se esquecer!

Lilian sorriu vitoriosa, enquanto Ross mordia os lábios, de ódio.

— Ela não é minha mãe — grunhiu contendo a cólera.

— Você lhe deve respeito.

— Como, se ela é a primeira a não respeitar ninguém? Viu o que ela fez a tia Kate?

— Sua tia exagerou. Não tinha o direito de vir aqui e agredir Lilian.

— Foi o que ela lhe contou? E você, o tolo, acreditou, não foi?

— Estou avisando, Ross! Você está passando dos limites! Não me obrigue a tomar medidas drásticas!

— Deixe-o, Nathan — interrompeu Lilian com ironia. — Sei que ele não gosta de mim. Não sou igual à tia perfeita, que é tão louca quanto a priminha feiosa.

— Vadia! — descontrolou-se ele. — Falsa, cínica, mentirosa! Por que não conta que está traindo meu pai?

— Basta! — bradou Nathan. — Não vou permitir essa afronta!

— É verdade! Você pode não saber, mas o senhor Bradley esteve aqui hoje, sozinho, na sua ausência. Pergunte a ela!

Nathan olhou para o filho e revelou com desgosto:

— Eu sei. Lilian me contou — meteu a mão no bolso, retirando o cartão e as abotoaduras de ouro, que exibiu para Ross. — Veio me trazer isto.

O menino recuou aturdido. Não era possível, não acreditava naquilo. Olhou para o pai como a pedir-lhe socorro e compreensão, mas Nathan recusou-se a encará-lo. Nem ele sabia em que acreditar.

— Não fique contra mim, querido — ironizou ela, tentando abraçá-lo. — Quero ser sua amiga.

Ross deu um salto para trás, enojado, e disparou irado:

— Nunca! Jamais seria amigo de uma mulher mentirosa, falsa e maquiavélica feito você. Cadela!

Ele estava tão fora de si que não media as palavras. Dominado pela raiva, prosseguiu com suas imprecações, provocando a reação de Nathan, que ergueu a mão para bater-lhe. Ross, contudo, com um gesto rápido e preciso, aparou o golpe no ar e retrucou revoltado:

— Com todo respeito que lhe devo, jamais permitirei que você encoste a mão em mim outra vez.

Havia em Ross uma superioridade moral difícil de se confrontar. A despeito das vibrações de raiva e indignação, que tingiam sua aura de um vermelho rubro e vivo, Ross era uma criatura normalmente calma e, acima de tudo, digna. Tão digna que nem o pai foi capaz de enfrentá-lo.

Nathan saiu vencido, sem ter o que dizer. Jamais deveria ter levantado a mão para ele novamente. Atrás dele, Lilian seguia sem saber exatamente a favor de quem seria o resultado final daquela briga.

— Eu não disse? — falou ela, já em seu quarto. — Ross não respeita mais ninguém. Nem você.

— Não sei mais o que fazer — confessou ele. — Sinto-me impotente para lidar com ele.

— Aposto como ele está pensando em fugir — envenenou. — Com aquela doida.

— Fugir?!

— Como ele mesmo disse, não se julga mais criança. Pensa que é autossuficiente e pode cuidar de si mesmo e de Marianne. Na primeira oportunidade, vai fugir e levá-la com ele.

— Mas eles são duas crianças...

— Que estão crescendo. E Marianne logo vai ficar mocinha. Com que olhos você pensa que ela vai olhar para um rapaz atraente feito Ross?

— Você está exagerando. Ross já tem quatorze anos, mas Marianne só tem dez. Ainda pensa em brincar de bonecas.

— Até quando?

— Falta muito para ela se interessar por esses assuntos.

— Caso não saiba, eu fiquei mocinha aos onze anos. Marianne está bem perto disso. E você sabe como as garotas mudam quando ficam mocinhas. Não demora muito, e seus seios brotarão por debaixo do vestido. Pensa que Ross não vai ser o primeiro a notar e, pior, a tocar? Vai, e vai se encher de desejo.

— Pare com isso! Ross é inteligente e responsável, não seria capaz de fugir com ela.

— Mesmo que não fuja. Você acredita que ele não vai burlar a nossa vigilância para ir à casa de Kate? E sua cunhada, com tantos filhos que tem, não vai tomar conta dos dois, como nunca fez, aliás. Imagine-os à vontade, com um quarto e uma cama só para eles.

— Você acha que eles seriam capazes?

— Imagine dois jovens que pensam que se amam dormindo na mesma cama, se tocando e compartilhando da própria nudez. Em breve, Marianne será uma mulher, e se você não tomar cuidado, ela vai estragar a vida de Ross. Pense no desastre que seria se ela engravidasse.

— Deus me livre! — horrorizou-se.

— Quem tem que livrar o seu filho dessa desgraça é você. Se depender de Kate, eles podem dormir juntos à vontade. Aposto como ela até deseja isso, como forma de empurrar para Ross os cuidados com Marianne. Seria bom para ela, não seria, se eles se casassem?

— Você está fantasiando. Ross é apenas um menino.

— E rico. Pense, Nathan, pense! Kate asseguraria o futuro de Marianne.

— Ela não seria capaz. Não a Kate que eu conheço.

— Você não a conhece de verdade. Nem eu a conhecia. E pensar que cheguei a sugerir que você deixasse Ross morando com ela. O que seria dele no futuro? Um derrotado feito o tio.

— David não é um derrotado. É engenheiro, ganha bem.

— Não tão bem quanto você. E Ross não seria nada além da babá de sua filha. E sem ganhar salário!

Nathan caminhava de um lado a outro no quarto, passando a mão pelos cabelos em busca de uma solução. Lilian exagerava em algumas coisas, menos no perigo que a amizade entre Ross e Marianne poderia representar dali para a frente. Kate e David podiam não estimular, mas quem seria capaz de controlar dois adolescentes descobrindo a sexualidade e dormindo juntos com a conivência da família?

Parou em frente à cômoda e abriu a gaveta, vislumbrando a

ponta do panfleto que guardara no outro dia. Apanhou-o relutante e tornou a ler as informações sobre a escola.

— É essa a escola para onde sua amiga mandou o filho? — perguntou de repente.

— O quê? — fez Lilian, como se não houvesse entendido. — Ah! Foi essa mesma. Engraçado, estive falando com ela há pouco no telefone, e ela me disse que o menino está adorando o colégio.

— Se eu mandar Ross para lá... — hesitou — você acha que Evelyn consideraria uma quebra na promessa que lhe fiz?

— Sua primeira mulher está morta. Não vai considerar nada. Mas, se estivesse viva, aposto como aprovaria sua decisão. Como mãe, ela também haveria de querer o melhor para o filho.

— Tem razão.

Olhando do folheto para Lilian, Nathan se decidiu. Não queria que o filho estragasse seu futuro para cuidar de Marianne. Acostumara-se a olhar a menina como uma criança, porém, Lilian tinha razão. Ela estava crescendo, se tornando mulher, e Ross já era praticamente um homem. Melhor seria separá-los antes que uma tragédia acontecesse.

Evelyn, com certeza, aprovaria. E depois, não estava realmente se afastando do filho. Mandá-lo a uma escola de qualidade só podia fazer-lhe bem. O único problema era que Ross não aceitaria. Por isso, precisava agir rapidamente e sem que o menino soubesse, ou se recusaria a ir. Ainda estavam no meio do ano letivo, mas não fazia mal. Trataria de arranjar a mudança sem participar nada a Ross.

Logo no dia imediato, conseguiu uma licença no trabalho, pegou o trem e foi visitar a tal escola. O colégio era caro, mas muito bem conceituado. De volta a Londres, comentou o assunto com o patrão, que lhe garantiu uma ajuda de custo, pois era muito importante investir no futuro dos filhos. Nathan não teve dúvidas. Era lá que seu filho iria estudar.

Todo processo de mudança de escola não levou mais do que duas semanas. Nathan, sozinho, organizou tudo, providenciando, inclusive, o alojamento que ele iria dividir com outros três estudantes. Comprou uniforme e material, tudo às escondidas do filho, que, igualmente às escondidas, continuava a visitar Marianne quase diariamente.

No dia da partida, o senhor Bradley, gentilmente, lhe concedeu nova licença para acompanhar o filho até a nova escola em Oxford. Ross não sabia de nada. Para todos os efeitos, iria com o pai numa viagem de negócios para ajudá-lo e, ao mesmo tempo, espairecer. O menino nem de longe desconfiou da farsa. Aprontou uma pequena valise, com roupas básicas para alguns dias, que, na escola, seriam trocadas pelo uniforme colegial.

Chegando em Oxford, Ross estranhou imensamente quando o pai entrou com ele na gigantesca e rica escola. O que faria um vendedor de tecidos numa instituição de ensino, ao invés de oferecer seus produtos no mercado têxtil? Uma sensação de desconforto o acometeu e, à medida que caminhava pelos corredores, sentia a garganta estrangular.

— Pai, o que significa isso? — ainda tentou uma explicação.

Nathan seguiu sem responder. Chegou à sala da diretoria e bateu.

— Sei que vai me odiar — falou finalmente. — Mas é para o seu bem.

Tudo ficou claro de repente. O diretor lhe deu as boas-vindas e pôs-se a explicar-lhe as regras da escola, que Ross ouvia sem entender, os olhos ardendo de decepção e revolta. Encarou o pai diversas vezes, mas Nathan mantinha a atenção presa no diretor, que, após as primeiras orientações, chamou um auxiliar para levar Ross a seu novo quarto.

O auxiliar entrou sorridente, convidando Ross a segui-lo.

— Despeça-se de seu pai agora — aconselhou o diretor. — De agora em diante, não irá vê-lo todos os dias.

— Não — objetou Ross. — Meu lugar não é aqui.

— Por favor, Ross, não me crie problemas — recomendou Nathan. — Não vai adiantar.

— Por que fez isso comigo? — revidou em lágrimas. — Como pôde me trair dessa forma?

— É para o seu bem.

Ross ia protestar, mas o diretor interferiu solícito:

— Tenho certeza de que vai gostar daqui, meu jovem. E terá uma instrução como poucos.

— Vá com ele, meu filho — Nathan quase implorou. — Não é para sempre. Poderá voltar para casa nas férias e feriados.

Engolindo em seco, Ross não protestou mais. De nada adiantaria sua revolta nem sua rebeldia. Estava diante do inevitável e não tinha como fugir. O pai era quem detinha poder sobre ele, e só lhe restava obedecer.

Engolindo as lágrimas, Ross lhe virou as costas e saiu seguindo o auxiliar. Nem conseguiu se despedir. Achava mesmo que jamais tornaria a falar com o pai enquanto vivesse. E a única coisa em que conseguia pensar, ao atravessar de volta aquele corredor, era na consequência funesta que seu desaparecimento repentino traria a Marianne.

31

Agora livres, Lilian e Richard passavam longas horas juntos, aproveitando a primeira viagem de Nathan à América. Sua felicidade era tanta que resolveram viajar também. Lilian aprontou as malas, e partiram para um fim de semana na praia.

Era de tarde ainda, e os dois haviam acabado de se amar, sem nem se dar conta de que um espírito acompanhava todos os seus movimentos. Margot presenciava aquelas cenas sem ter como intervir. Marianne ficara distante, e Lilian não era uma boa receptora. Acompanhar os amantes começava a lhe causar desgosto e repulsa.

— Ah! Richard — gemeu Lilian, toda melosa. — Acho que nada no mundo poderá estragar essa nossa felicidade.

— Foi a melhor coisa que fizemos, querida. Com Nathan longe e Ross no internato, ficamos com o tempo todo para nós.

Era verdade. A mulher de Richard era uma ingênua, ou então, se fazia de ingênua, fingindo nada perceber. Richard se casara por interesse, porque o dinheiro e a fábrica eram do pai dela. Com a morte do sogro, ele assumira tudo. Por isso, não podia se separar da mulher.

— Fico imaginando a reação da doida da Marianne ao descobrir que o adorado priminho foi para bem longe — comentou Lilian.

— Isso agora não nos importa mais — encerrou ele, dando-lhe ardoroso beijo na boca.

Margot, enojada, virou o rosto para não ver e pensou em Marianne. Será que já sabia que Ross fora mandado a um colégio interno? Uma saudade súbita da menina a invadiu, e ela resolveu ir ao seu encontro. Encontrou-a em sua cama, prostrada e abatida como sempre, acompanhando o revoar dos passarinhos pela janela.

— Olá, Marianne — cumprimentou o espírito, sentando-se ao lado dela.

Marianne olhou para ela sem interesse e deu de ombros, voltando a centrar a atenção nos pássaros.

— Como vão as coisas? — prosseguiu Margot, e a menina não respondeu. — Tem visto o Ross?

O nome do primo atraiu sua atenção, e ela desviou os olhos da janela, fixando-os na interlocutora.

— Não — respondeu com amargura. — Ele sumiu de novo.

— É por isso a sua tristeza? — ela assentiu. — Sentir-se-ia melhor se eu lhe dissesse onde ele está?

— Você sabe?

— Sei, sim — apesar da dúvida, Margot resolveu revelar: — Ele foi mandado para o internato em Oxford.

Marianne franziu as sobrancelhas algumas vezes, tentando concatenar os pensamentos:

— Não entendo... Não pode ser verdade. Você está enganada, Margot. Ross prometeu que nunca ia se separar de mim.

— Infelizmente, ele não teve escolha.

— Não acredito que tio Nathan faria isso.

— Lilian o convenceu. Ela não gosta dele.

Ainda confusa, Marianne tentava não acreditar nem se deixar convencer:

— Será que você não se enganou?

— Não há engano algum. Tenho certeza.

— Mas ele vai voltar. Sei que vai.

— Pobre Marianne — lamentou ela. — Imagino o quanto deve estar sofrendo. E foi por isso que vim. Não quero que fique alimentando ilusões desnecessárias, que vão fazê-la sofrer ainda mais.

Marianne fixou em Margot os olhos questionadores, mentalmente remontando o diálogo insólito que encenara com ela. Aos poucos, foi juntando os pedacinhos da verdade, tentando imaginar quanto tempo fazia que Ross não ia vê-la. Muito tempo. A conselho da mãe, ficara esperando, e só o que fazia era esperar. Ross, contudo, não aparecia. Indagou de si mesma o porquê, mas não obteve resposta. E agora, olhando diretamente para os olhos diáfanos de Margot, a resposta lhe pareceu óbvia e devastadora.

Subitamente, uma onda ígnea atingiu o corpo de Marianne, como se uma tempestade solar eclodisse em sua mente. O coração descompassado parecia que ia provocar uma explosão. A cabeça doía e rodava, como um rodamoinho de fogo embebendo em chamas cada pensamento seu. A raiva incendiou seu corpo emocional, liberando flâmulas pontiagudas que eram atiradas no ambiente astral como dardos incandescentes.

O espanto de Margot só não foi maior do que a surpresa causada pela horda de espíritos que afluiu ao quarto de Marianne, atraídos pelas ondas chamuscantes e poderosas do ódio. Sem nenhuma cerimônia, empurraram Margot para o lado e envolveram a menina num abraço espectral e sufocante, falando e xingando ao mesmo tempo.

Marianne quis fugir, contudo, seus pés haviam se colado ao chão. Ela ainda tentou pedir auxílio a Margot, que, desesperada, viu-se impotente diante da malta furiosa. Tentou tapar os ouvidos, mas continuou escutando as vozes alteradas. Diziam coisas terríveis, mandavam-na fazer coisas que ela não queria: derrubar os livros no chão, bater na parede, espalhar as roupas.

Embora não quisesse, Marianne não tinha forças para resistir. A mente naturalmente fraca, logo ela perdeu o eixo da realidade física e mergulhou fundo na outra realidade, agora mais visível e palpável a seus sentidos astrais. Veio a fúria incontrolável, e ela começou a atirar coisas longe e bater com a cabeça na parede.

Foi um caos. Margot tentava intervir, contudo não conseguia romper a barreira energética formada pelo ódio de tantos espíritos. Olhando ao redor, em busca de um meio para romper aquela sintonia tenebrosa, encontrou os olhos vermelhos e malignos de Luther. Sentado no parapeito da janela, balançando as pernas, ele ria cheio de satisfação. Olhou para ela e cumprimentou-a com um aceno de mão, demonstrando, naquele gesto, o quanto estava grato. Só então Margot compreendeu o que fizera. Sem saber, servira de instrumento aos propósitos de Luther. Na tentativa de ajudar, acabou disparando a bomba da loucura na cabeça de Marianne.

Os ruídos produzidos pela sanha descontrolada de Marianne chegaram até o andar de baixo, onde Kate se ocupava com seus afazeres domésticos. Prevenida pelos espíritos das sombras e pelas próprias experiências com a filha, soltou o que estava fazendo e disparou escada acima. De chofre, abriu a porta e parou estarrecida. Marianne se jogava de corpo inteiro contra a porta do armário, provocando um barulhão infernal.

A tempestade estava começando, e Kate olhou assustada para o corredor, temendo pela segurança dos outros filhos. Precisava pensar na escolha que deveria fazer e não podia errar. Nem teve tempo. Marianne decidiu por ela. Seguindo os conselhos de antigos desafetos de Kate, levados ao hospício pela sua intolerância, Marianne partiu para cima dela com fúria redobrada.

Kate recebeu o impacto como uma pedrada no estômago. A dor causou-lhe ânsias de vômito, mas ela conseguiu se controlar e agarrou a filha pelos ombros, lutando com ela como se lutasse com um gigante. Não entendia como uma criança tão pequena podia reunir a força de muitos homens. Não sabia que eram os espíritos a seu redor que a envolviam numa nuvem negra de poder revigorante e de sustentação.

Quanto mais Kate tentava contê-la, mais a menina se debatia e gritava, visivelmente fora de si. Só pensava nos outros filhos e no que Marianne, naquele estado, poderia lhes fazer. Com o pé, bateu a porta do quarto, sufocando os gritos causados pelas mordidas e arranhões que Marianne lhe dava.

— Pare com isso! — gritou Kate. — Pare! Sossegue!

Marianne nem se abalava. Pulava e grunhia feito um bicho, deixando Kate cada vez mais apavorada. Nem parecia que era sua filha que estava ali. Sentiu-se diante de uma criatura saída das selvas ou das profundezas do inferno. Precisava agir de forma mais drástica. Não queria bater na menina, mas não via outro jeito. De forma desajeitada, conseguiu desferir-lhe diversos tapas na face, ao mesmo tempo em que se defendia das violentas investidas de Marianne. Depois de muita luta, conseguiu derrubá-la ao chão e empurrou-a com o pé, saindo para o corredor e passando a chave pela fechadura do lado de fora.

Respirou ofegante, entre aliviada e pesarosa, e correu a ver os outros filhos. Roger, já acostumado àquelas crises, trancara-se com os irmãos no quarto e só abriu quando ouviu a voz da mãe do outro lado. Foi preciso muito custo para acalmá-los, e Kate os levou para baixo, na esperança de que ouvissem menos a barulheira de Marianne.

Quando David chegou do trabalho, tudo parecia calmo, a não ser pelo fato de que Marianne não se encontrava entre as crianças. Já conhecia aquele sinal. Kate contou-lhe o ocorrido, embora não soubesse precisar o que provocara aquela crise.

O jantar transcorreu envolto numa aura de pesaroso silêncio. Quando terminaram de comer, Kate preparou uma bandeja e a levou para a filha, depositando-a no criado-mudo. Marianne estava sentada no chão, toda encolhida a um canto, e falava sozinha:

— Por que você não impediu?

Ao que Margot respondia, sem que Kate pudesse escutá-la. Os outros espíritos já haviam se retirado, satisfeitos com o resultado de sua empreitada, e apenas Margot ficara, compadecida de seu sofrimento.

— Ele tem que voltar — prosseguia Marianne. — Para onde foi?... Minha mãe me disse que fica longe... Tudo por culpa daquela bruxa... Ah! Margot, vá buscar Ross para mim...

— Com quem está falando, Marianne? — indagou Kate, sem ânimo.

A menina teve um sobressalto. Não ouvira a mãe entrar.

— É a Margot — respondeu como num sonho. — Disse que Ross foi para Oxford...

Kate fitou-a com angústia, sem saber o que fazer ou pensar, e disse simplesmente:

— Trouxe o seu jantar.

Marianne se levantou e passou por ela, olhar perdido no vazio. Dirigiu-se até a mesinha, apanhou a bandeja e a atirou longe. A bandeja passou raspando pelas pernas de Kate, que chegou para o lado bem a tempo de vê-la estatelar-se no chão.

— Saia daqui! — começou a gritar. — Saia daqui!

Kate rodou nos calcanhares e saiu correndo, trancando a porta novamente. Ao pé da escada, David a aguardava, com as crianças agarradas aos seus joelhos.

— O que aconteceu? — questionou amedrontado.

— Não aguento mais — desabafou Kate, desmoronando nos ombros do marido.

As crianças choravam assustadas, e Kate se desvencilhou do marido para cuidar delas. Depois de acalmá-las, subiram juntos ao quarto de Marianne. Com uma vassoura e um balde na mão, Kate limpou o chão, enquanto David a segurava para que não os atacasse.

No dia seguinte, o mesmo sucedeu. Quando Kate abriu a porta, Marianne começou a gritar e tentou agredi-la, só não conseguindo porque David a segurou firmemente. A mãe colocou a bandeja na mesinha e foi buscar balde e panos para limpar a sujeira que Marianne fazia pelo chão.

No outro dia, nada se alterou, como nos outros também. Kate e David mostravam desânimo e cansaço, sem saber o que fazer, pois agora o estado de fúria de Marianne era quase constante.

— Não podemos mais continuar assim — queixou-se Kate. — Não aguento mais. Você sai para trabalhar e eu fico aqui com as crianças, sempre com medo de que Marianne faça alguma coisa. Tenho medo até de que pule da janela.

— Queria poder dizer alguma coisa. Fazer alguma coisa. Mas o quê?

— E se trouxéssemos Ross aqui? Se falarmos com Nathan, a sós, tenho certeza de que nos atenderá.

— Pensa que já não fiz isso? — Kate fez cara de espanto. — Ontem mesmo fui procurá-lo no trabalho e me disseram ele está em viagem de negócios pela América. Não satisfeito, fui pessoalmente à casa dele, para falar com Ross. Só que Ross também não está. Foi mandado para um internato, em Oxford.

— Em Oxford? — ele assentiu. — Mas como Marianne sabia disso?

— Não sei e não creio que isso seja importante agora. O principal, no momento, é resolvermos o problema da menina.

— Como?

— Andei pensando... E se chamássemos aquele psiquiatra de que sua irmã falou?

— Não, David, isso não!

— Não podemos ficar com Marianne presa no quarto para sempre. Ela nem tem ido à escola.

— Ela vai melhorar. Você vai ver.

Kate encerrou o assunto. Não queria ver sua filha tratada feito uma louca. Nos dias que se seguiram, Marianne teve uma súbita melhora. David e Kate foram levar-lhe a bandeja de comida, e ela parecia mais calma. Chegou mesmo a lhes endereçar um sorriso tímido e não fez força quando David a segurou, sem fazer menção de ataque.

Na manhã seguinte, Kate e David se surpreenderam com a sua melhora. Ela havia usado o urinol, e o quarto estava limpo. Certos de sua recuperação, deixaram-na sair para tomar café da manhã com o resto da família, o primeiro em muitos dias.

Na cozinha, Marianne sentou-se, e a mãe serviu-a de uma xícara de leite. Começou a tomar o café da manhã calmamente, alheia ao mundo ao seu redor. Tudo parecia calmo, tranquilo, sereno. O ruído infantil dos irmãos não a incomodou, nem ela se importou com os olhares enviesados e temerosos que, por vezes, lhe dirigiam.

Foi quando a pequena Suzie, inadvertidamente, esbarrou com a mãozinha na alça do bule de café, entornando o líquido quente sobre a mão de Marianne. A reação foi imediata e inesperada. Rosto em fogo, Marianne deu um salto da cadeira e agarrou a irmãzinha pelo pescoço, torcendo-o com o máximo que suas forças permitiam.

Saindo de seu torpor inicial, David segurou as mãos de Marianne e soltou-as do pescoço de Suzie, que começou a tossir e logo foi acolhida pela mãe. Dominado pela indignação e a revolta, David cerrou os punhos e, sem pensar, desferiu um murro no rosto da filha, e um filete de sangue começou a escorrer de sua boca.

— Demônio! — gritou Marianne descontrolada. — Cafajeste! Cretino! Porco!

As imprecações deixaram David atônito. Marianne se debatia e tentava mordê-lo, a boca inchada e roxa, e ele saiu arrastando--a escada acima, puxando-a sem piedade pelos cabelos. Com o pai, Marianne não tinha muitos recursos. Por mais que naqueles momentos de crise redobrassem-lhe as forças, ele era mais forte do que ela e menos piedoso do que Kate.

Trancada no quarto, Marianne dava chutes na porta, e David a ignorou, voltando correndo para a cozinha. Kate, com Suzie no colo, tentava fazê-la parar de chorar.

— Como está ela? — perguntou ele, examinando o pescoço da filha.

— Está bem. Marianne não conseguiu machucá-la. Foi só o susto.

De repente, um grito agudo partiu do andar de cima, e um baque abafado fez com que todos corressem ao mesmo tempo. Sobre o gramado, o corpo de Marianne jazia desfalecido. Sem ter como sair, buscara a única forma possível de se libertar. Sem nem pensar nas consequências, muito menos na morte, Marianne subiu no parapeito da janela e se precipitou pelo ar, seguindo a sugestão do invisível de que pousaria no chão com a leveza de um passarinho.

Obviamente, não foi o que aconteceu. O mundo das sombras, contudo, não contava com a participação dos seres que se movimentavam na luz invisível do bem. Emitindo fluidos de proteção que eles não podiam ver, direcionaram o salto de Marianne para a esquerda, onde um grupo de arbustos aparou-lhe a queda, provocando-lhe escoriações leves e algumas costelas quebradas, sem comprometimento de nenhum órgão vital.

Levaram-na às pressas ao hospital, onde ela foi tratada, ocasião em que Kate e David tiveram que ouvir a reprimenda do médico sobre deixar crianças pequenas sozinhas num quarto no segundo andar. Por sorte não havia morrido nem sofrera lesões graves que lhe deixassem sequelas. Ouviram tudo sem protestar ou se justificar. Era desnecessário que aquele médico, ou qualquer outra pessoa, fosse colocado a par de seus problemas. O que interessava era que ambos agora concordavam e já sabiam o que fazer.

Segunda Parte

1

Marianne levantou os olhos e fitou o menino que tentava subir numa árvore próxima, dando socos no enfermeiro que lutava para controlá-lo. Durante alguns minutos, permaneceu a olhá-los sem muito interesse, mais interessada no anãozinho que, ao lado deles, não parava de gargalhar.

Aproximou-se. Com a mão, tocou gentilmente o ombro do anão, que se virou abruptamente para ela.

— Ah! é você? — exclamou, sossegando o espanto. Já ia revidar.

— Saia daí, Escobar. Está chateando ele.

— Por que o interesse?

Marianne deu de ombros. Achava o anão pedante e atrevido.

— Porque você é irritante e mau — respondeu de má vontade.

— E daí? O que você tem com isso?

Marianne levantou a mão e bateu nele, sem perceber que havia atravessado o rosto do anão. Ao mesmo tempo, o enfermeiro, finalmente, conseguiu dominar o menino. Aplicou-lhe uma injeção e esperou até que se acalmasse, quando então se voltou para ela:

— Vá andando você também, Marianne.

Ela deu de ombros e se afastou. O enfermeiro não vira Escobar, mas já estava acostumado ao fato de as crianças falarem sozinhas. Ajudou o menino a ficar de pé. Dera-lhe uma dose leve de láudano, apenas o suficiente para que ele parasse de se agitar.

Vagarosamente, conduziu o menino trôpego a um banco do jardim. Com ar alheado, o garoto fitava Escobar, que os seguira também. Fora inútil tentar subir naquela árvore. Aquele anão maldito o acompanhava aonde quer que ele fosse. Teve vontade de gritar com o anão, mas algo em sua mente o confundiu. Foi piscando os olhos, mas suas pálpebras custaram a descer e a subir. Envolvido por uma sonolência gostosa, por instantes, fechou os olhos e adormeceu.

— Aquele James é uma besta — disse Marianne a seu lado, mas o menino não respondeu. — Eric! Eric!

Não adiantava. Ele havia ferrado no sono, e Marianne suspirou com pesar, indo para o outro lado do jardim. Gostava de Eric. Desde que chegara ali, havia pouco mais de três anos, ele tinha sido seu único amigo. Eram poucas as crianças no hospital. Em sua maioria, os internos eram adultos e adolescentes. Crianças eram raras, e a maioria parecia completamente abobada.

Marianne espichou o pescoço e fitou o horizonte à distância, por cima do muro de pedras. Fazia um bonito dia de fim de verão e, em breve, as árvores começariam seu bailado de lamento. Ouviu um gemido ao lado e olhou. Uma menina completamente retardada havia acabado de urinar nas calças, e o enfermeiro ralhava com ela. Que coisa inútil, pensou. A menina não entendia uma palavra do que ele dizia.

Quando Marianne chegou ao hospício, em companhia do pai e da mãe, nem sequer suspeitava do que estava para lhe acontecer. Havia acabado de sair do hospital, e os pais lhe disseram que a levariam a outro lugar para tratamento de possíveis lesões na coluna. Como não entendia nada daquilo, não protestou. Até gostou. Ao menos assim eles demonstravam alguma preocupação com ela.

Seguindo a sugestão de Jane, Kate e David levaram Marianne para uma consulta com o psiquiatra. O médico fez várias perguntas e foi tomando nota. Em seguida, perguntou algumas coisas a ela também, só que Marianne, ao invés de responder, pulou no pescoço do homem e tentou mordê-lo, só não obtendo sucesso porque David, prevenido pela experiência, estava a postos e segurou-a a tempo.

O psiquiatra olhou-a assustado. Não estava muito acostumado à agressividade infantil. Lidava melhor com adultos, contudo, aquela menina era um caso visível de loucura. Uma pena. Tão jovem e tão sem esperanças.

A mente humana era ainda um mistério indecifrável para a medicina da década de 30, quando muito pouco se sabia a respeito dos processos de loucura. Ligados a perturbações do invisível, sem sintomas físicos aparentes, era praticamente impossível, para os médicos, constatarem qualquer anomalia cerebral. Os casos que envolviam lesões ou más-formações cerebrais eram mais facilmente diagnosticados, mas ninguém sabia explicar por que determinadas pessoas, aparentemente sem causa alguma, ingressavam naquele processo degenerativo e perdiam o contato com a realidade da matéria, mergulhando num inexplicável mundo de sombras e vultos.

Por razões diversas, espíritos buscam a loucura como subsídio no aprimoramento de suas aptidões morais. Através da sutilização de suas faculdades sensórias, colocam-se em contato direto com vários mundos e outras dimensões, permanecendo acessíveis a toda sorte de seres que transitam no invisível, desde os mais iluminados aos mais empedernidos.

Com tratamento espiritual adequado, associado a maciças doses de amor, muitos loucos poderiam ter sido curados, e o sofrimento, evitado. Não era o que acontecia, porém. Todo aquele que fugia ao padrão de normalidade imposto pelos valores sociais da época era atirado nos hospícios para experimentar as precárias drogas que, na época, eram ministradas para induzir o choque e a convulsão, com a única finalidade de acalmar os mais furiosos.

Nada disso, contudo, curava. E Marianne, como os demais loucos, não encontrou a cura entre as paredes do sanatório, que isolavam os loucos do mundo, nem com o uso constante de drogas que a colocavam cada vez mais em contato com esses seres do invisível. Por essa época já eram conhecidas, dentre outras obras importantes, todas as da Codificação de Allan Kardec, que muito auxiliaram no conhecimento e reconhecimento dos processos mediúnicos e suas consequências.

Alheios ao surgimento dessa e de outras ciências do espírito, Kate e David buscaram na ciência dos homens explicação para os males da alma. Não a encontraram, e uma promessa de paz lhes pareceu suficiente e adequada.

Depois que David conseguiu libertar o médico, veio o diagnóstico irreversível. Kate chorava amargurada, e Marianne, presa ainda pelas mãos do pai, não compreendia o que eles diziam. A seu lado, um espírito conversava com ela, contando-lhe as maravilhas que encontraria ali.

— Mas doutor, deve haver outro jeito... — soluçava Kate.

O médico a encarou por cima dos óculos e, lançando um olhar de esguelha para Marianne, esclareceu:

— Entendo como a senhora se sente, mas veja bem. Olhe para sua filha e me diga, a senhora mesma, se ela lhe parece normal.

Kate fitou David com angústia. Ele permanecia segurando os pulsos de Marianne. Na cabeça, um mundo de pensamentos indizíveis. Ele não tinha coragem de dar a palavra final, e Kate não queria se convencer. Em seu íntimo, refazia os gestos do passado que não queria mais repetir. Por isso, relutava em desfazer-se de Marianne, que, além do mais, era sua filha.

— A senhora tem mais três filhos — continuou o médico. — Quer arriscar a vida deles por causa de uma criança que não tem mais solução? Sei que é triste, mas não se iluda: sua filha é louca e altamente agressiva. Representa um perigo para os outros e para ela mesma. Imagine que, um dia, a senhora pode encontrar seus outros filhos mortos, ou a própria Marianne, que já tentou se suicidar uma vez.

— O doutor tem razão, Kate — estimulou David. — Imagine se uma desgraça dessas acontecer. Não podemos ficar com ela. Você sabe que eu também era contra essa internação. Mas o doutor vem com argumentos poderosos. Temos que pensar em nossos outros filhos e na segurança da própria Marianne.

— Ela não tentou se matar — desculpou-se. — Tenho certeza de que ela caiu da janela por acidente.

— Acredite em mim, senhora Landor — intercedeu o médico. — Não há outro remédio. Marianne nunca vai se recuperar. Ao contrário, sem tratamento, vai piorar cada vez mais.

— Tudo porque Ross partiu — lamentou Kate. — Se o encontrássemos... poderíamos trazê-lo para junto de nós. Tenho certeza de que, ao lado dele, Marianne iria melhorar.

Ao ouvir o nome do primo, Marianne se empertigou e olhou para a mãe.

— Você está se iludindo, Kate — alertou David. — Ross não vai mais voltar. Já esqueceu o que houve?

— Volte para casa e conforte-se com seus outros filhos — insistiu o médico. — Esqueça Marianne. Ela só lhe trará problemas e desgostos.

— O senhor fala como se Marianne fosse uma coisa. Ela é uma criança e é minha filha! Acha que é assim tão fácil descartar-se de uma filha?

— Sei que não. Mas a senhora vai se acostumar. Quando a paz voltar ao seu lar, vai me dar razão. Acha que vale a pena destruir a felicidade de sua família só por causa de uma menina que, com o tempo, não vai nem reconhecê-la mais? Marianne, aos poucos, vai perder o contato com a realidade e com as pessoas que a cercam. Já perdeu a afetividade pelos pais e pelos irmãos. Logo, logo, vai estar agindo como se vocês fossem seus inimigos.

— Ele tem razão — concordou David. — Pense nas crianças. Já se esqueceu do que aconteceu a Suzie? E se nós não estivéssemos lá? Teríamos hoje o cadáver de nosso bebê nas mãos.

Kate abaixou a cabeça e assoou o nariz, os olhos vermelhos e inchados de tanto chorar. Não queria se separar de Marianne, mas reconhecia que ela representava um perigo para si mesma e os outros filhos. Sentindo-se impotente e vencida ante aquela situação, fitou a menina com piedade e tristeza. A contragosto, balançou a cabeça e assentiu com voz sumida, carregada de dor:

— Tem razão. Podem levá-la.

— Excelente! — exultou o médico, encarando Marianne de forma estranha. Parecia exageradamente satisfeito com aquilo. — Vocês não têm com o que se preocupar. Nossa instituição é muito bem conceituada, e tenham certeza de que Marianne será muito bem tratada aqui.

Percebendo uma movimentação diferente, Marianne começou a se agitar. O médico apertou um botão e, pouco depois, dois homens vestidos de branco apareceram, tirando-a das mãos do pai e segurando-a pelos braços. Ela começou a se debater e mordeu os enfermeiros, correndo para junto da lareira. Os homens se acercaram dela novamente, mas Marianne gritava e os ameaçava com o atiçador de chamas, que conseguira pegar imperceptivelmente.

Os homens pararam indecisos e olharam para o psiquiatra, que ordenou frenético:

— A camisola! Rápido!

Um dos enfermeiros saiu e foi buscar a camisola. O espírito ao lado de Marianne ria e lhe dizia para não se assustar, porque eles iriam vesti-la para uma bonita festa, onde todos teriam que ir de branco. Sem que ninguém entendesse, Marianne soltou o atiçador no chão e se voltou para o espírito. Ia lhe perguntar se já era o aniversário de Ross, mas não teve tempo. Os homens a dominaram brutalmente, derrubando-a no chão. Enquanto ela gritava e esperneava, eles a imobilizaram e conseguiram vestir-lhe a camisola, puxando as mangas para trás e prendendo seus braços.

— O que é isso? — gritou, entre furiosa e indignada. — Por que estão fazendo isso comigo? Soltem-me! Deixem-me ir!

Chocada com a forma como tratavam sua filha, Kate se adiantou, mas foi contida por David.

— Marianne... — balbuciou pesarosa.

— Mãe! — gritou a menina. — Ajude-me! Não deixe que façam isso comigo! Por favor, mamãe, prometo que vou ser boazinha. Eu prometo...!

Os homens a suspenderam e a levaram para fora, deixando Kate aos prantos, fortemente segura pelo marido.

— Minha filha! — agonizou Kate. — O que foi que fiz à minha filha?

Não foi possível acompanhá-la nem voltar atrás. O desespero tomou conta de Kate de tal forma que ela queria desistir. Queria dizer ao marido e ao médico que não pretendia deixar sua filha naquela casa de loucos, que iria levá-la para casa e cuidar dela com carinho. Mas David não permitiu. Sem dizer nada, apertou o seu braço, fazendo-a calar os protestos e engolir o pranto.

Kate nunca se perdoou por ter-se submetido à decisão do

marido, culpando-se, e a ele, pelo destino da filha. É claro que nenhum dos dois era culpado de nada. Cada um agia de acordo com o seu amadurecimento, e Marianne ia pintando a tela de sua vida com as tintas de sua escolha.

De toda sorte, a culpa não pode ser explicada pela mente racional. E foi assim que Kate realmente se sentiu: culpada por não ter sido forte o suficiente para resistir à tentação do passado, que se repetia sem que ela dele tivesse conhecimento ou forças para lhe resistir.

2

Três anos haviam se passado desde esses acontecimentos. No começo, fora difícil, mas agora Marianne já se acostumara ao lugar. Ao menos ali não precisava enfrentar os olhares de estranheza das outras pessoas quando falava com criaturas que somente ela podia ver. Em geral, relacionava-se bem com os demais internos e nem tanto com os enfermeiros, cuja brutalidade era constante e incentivada pelos médicos.

Mas o pior mesmo era o dirigente do hospício. Carrasco e torturador em sua última existência, ainda vibrava em sua alma o prazer de causar dor. Oto Kramer era um psiquiatra sádico e frio, partidário da loucura institucionalizada. Fascinado pela sensação de poder do torturador, encontrou, no reduto quase esquecido dos manicômios, um vasto campo para infligir toda sorte de suplícios a seres humanos que, segundo ele, não possuíam serventia alguma. Com isso, alimentava sua sede de violência sem medo de represálias, pois contava com o respaldo da lei e o silêncio dos enfermos. Ninguém falava, e os poucos que se atreviam eram desacreditados por suas próprias alucinações. Depois da tentativa frustrada de se fazerem entender, os loucos eram punidos com os mais variados métodos de tortura, sempre sob a argumentação do condicionamento que poderia disciplinar sua mente. Mas, na verdade, o que Oto Kramer desejava era simplesmente infligir dor e medo.

Naquele domingo, como sempre acontecia nesse dia, os

detentos eram deixados livres no jardim, à espera de visitantes ou simplesmente para se distrair ao sol. Alguns recebiam visitas constantes, outros, esporádicas, outros não recebiam visita nenhuma.

Da família de Marianne, apenas Kate costumava ir. David sempre se desculpava, alegando que não tinha estômago nem estrutura para frequentar aquele lugar horroroso. Jane também aparecia de vez em quando, e Ross vinha sempre que podia, mesmo contra as ordens do pai. Embora estivesse estudando em Oxford, visitava-a nas férias e feriados, dizendo-lhe para ter calma. Em breve alcançaria a maioridade e a tiraria dali. Casar-se-ia com ela, e seriam felizes para sempre.

Já acostumada à rotina de entrada e saída do hospício, Kate deu o nome na recepção, que o atendente anotou mecanicamente, e passou para o lado de dentro. Desde que Marianne fora internada, não havia um só domingo em que não fosse visitá-la, levando-lhe sabonetes e algumas guloseimas, que eram confiscados pelos enfermeiros logo que ela saía. Naqueles três anos, tornara-se bastante conhecida por sua assiduidade e persistência. Ninguém compreendia por que ela insistia em visitar e conversar com aquela criança que mal lhe prestava atenção. Por várias vezes, fora aconselhada a esquecer a menina e viver a vida, mas Kate jamais assentiu a essas sugestões. Marianne era sua filha e jamais desistiria dela.

Assim que chegou ao jardim, um dos enfermeiros a cumprimentou com um aceno de cabeça e foi chamar a menina:

— Marianne. Sua mãe chegou.

Ela olhou adiante e viu a mãe se aproximar com sua cesta de presentes. Kate sentou-se ao lado dela, beijou-a no rosto e alisou seus cabelos curtos e irregulares. A visão de sua menina, tão maltratada e desleixada, no princípio lhe causou imenso choque. A indignação fora tanta que levara o caso à diretoria, contudo o doutor Kramer a convencera de que o tratamento era adequado, e a aparência ora relaxada, ora repugnante, devia-se à dificuldade que os enfermeiros encontravam em aplicar-lhes cuidados pessoais mais esmerados, pois os doentes não permitiam que lhes escovassem os cabelos nem que se lhes desse banho. Ante as dificuldades, faziam o melhor que podiam.

Kate encarara o médico com estupor e raiva. Protestou, reclamou, ameaçou relatar tudo às autoridades competentes. No entanto, o marido a dissuadira da ideia, alegando que ela estava se metendo em assuntos dos quais não tinha o menor conhecimento, que o tratamento era satisfatório, e o doutor Kramer, muito competente. Sem ter como reagir, Kate silenciou e, aos poucos, foi-se acostumando com o aspecto descuidado de Marianne.

E agora, sentada ao lado da filha, após três anos de lutas, lágrimas e revolta, Kate finalmente se rendera à realidade de que Marianne era irremediavelmente louca.

— Como está, Marianne? — perguntou ela, e a menina não respondeu. — Trouxe algo para você.

Kate colocou a cesta em cima do banco, desembrulhou um lindo bolo de nozes, todo confeitado, e apanhou duas caixas de sabonete perfumado. Marianne olhou para tudo sem interesse e voltou os olhos para o horizonte, enquanto Kate ia dizendo:

— Seu pai mandou lembranças. E seus irmãos também. Sua tia Jane não pôde vir essa semana, mas disse que virá domingo que vem.

Ela não estava interessada. Desde que fora para ali, parecia-lhe que havia perdido o contato afetivo com a família. Mesmo Kate, que a visitava regularmente, não lhe parecia mais familiar. Era uma estranha. Só conseguia mesmo pensar em Ross. Com a imagem dele a povoar-lhe por inteiro a mente, ergueu os olhos para a entrada, na esperança de que ele aparecesse.

— Cadê o Ross? — indagou.

— Está no colégio, mas virá assim que puder.

Com um suspiro de frustração, Marianne abaixou a cabeça e chorou baixinho. Apesar da vontade de estreitá-la, Kate se controlou, pois a filha sempre se retraía quando ela tentava abraçá-la. Para desviar sua atenção, continuou falando sobre a família, o progresso dos irmãos na escola e outras coisas sem a menor importância para Marianne. Depois calou-se e limitou-se a contemplar o horizonte com ela, fazendo-lhe companhia, como sempre fazia, ficando, muitas vezes, até o término do horário de visitas.

— Até domingo que vem — despediu-se Kate, quando o enfermeiro lhe acenou, indicando que era hora de ir embora.

Marianne lançou à mãe um apelo mudo, que Kate não compreendeu. Tinha vontade de contar a alguém o que acontecia ali, mas de que adiantaria? Como o próprio doutor Kramer dissera, ninguém acreditaria nela. E depois, talvez a mãe não estivesse mesmo interessada em ouvir, pois não existia nada que a convencesse a levá-la embora. Apenas Ross acreditaria nela e a tiraria dali, para poderem se casar e viver longe de tudo e de todos.

Depois que Kate se foi, uma sirene estridente soou por todo o pátio: era o toque de recolher dos doentes. Marianne se levantou como um autômato, deixando no banco as coisas que a mãe lhe trouxera, e pôs-se a caminhar sozinha para o enorme prédio branco que agora lhe servia de lar. Uma enfermeira mal-encarada recolheu os presentes, e os enfermeiros foram conduzindo os doentes que não sabiam ou não podiam se locomover ou chegar sozinhos. Marianne foi para onde Eric estava sentado, cabeça tombada sobre o peito.

— Eric — chamou ela, sacudindo o seu ombro. — Acorde, Eric, já é hora de entrar. Eric! — berrou ao seu ouvido.

O menino estremeceu e abriu os olhos lentamente, murmurando:

— Hum...?

O efeito do láudano parecia estar passando, e Marianne deu um sopro em seu ouvido, despertando os seus sentidos.

— Eric — chamou baixinho. — Sou eu. Acorde ou James virá cutucá-lo.

Eric tossiu, esfregou os olhos e bocejou, fixando-os em Marianne.

— Eu dormi? — rumorejou.

— Dormiu. James lhe deu aquela injeção...

Ele esfregou o pescoço, sentindo ainda a dor da picada, e Marianne se arrepiou toda, levando a mão ao próprio pescoço. Podia sentir, ela também, os efeitos das muitas agulhadas que, constantemente, levava ali.

— Vamos entrar — falou Eric, levantando-se meio trôpego, ao avistar James vindo em sua direção.

De mãos dadas, foram para dentro, direto ao refeitório, fazer a refeição noturna. Sentaram-se todos ao redor das imensas mesas de madeira tosca e uma sopa indigesta lhes foi servida, acompanhada de um pão dormido. O estômago de Marianne deu uma reviravolta, e ela se lembrou do bolo que a mãe trouxera e que ela abandonara no banco. Nunca podia comê-lo. Mesmo quando se lembrava de levá-lo com ela, alguma enfermeira o apreendia, de forma que ela era sempre obrigada a comer aquela comida sem gosto.

Sentada ao lado de Eric, Marianne ia se alimentando sem nenhum prazer, até que sentiu que alguém a observava. Instintivamente, levantou os olhos e olhou na direção certa. Parado perto da porta, um dos enfermeiros, de nome Mike, olhava-a fixamente, exibindo nos olhos aquele estranho brilho que ela, algumas vezes, surpreendera voltados para outras garotas mais velhas.

Marianne corou. Era a primeira vez que ele a olhava assim. De cabeça baixa, tentou captar a intenção dele, tão visível que ela imediatamente compreendeu. Mike não estava olhando propriamente para ela. Mirava o decote de sua camisola, cujo botão superior havia desabotoado, deixando à mostra parte de seus pequeninos seios. O rubor duplicou, e uma raiva desmedida fez acelerar seu coração. A seu lado, invisível, um espírito lhe soprava ao ouvido palavras obscenas, e ela, apesar de não as conhecer, entendia-lhes o sentido.

Ela estava crescendo. No ano anterior, ficara mocinha, confusa e assustada com o sangue da primeira menstruação. A partir daí, os seios desabrocharam, o corpo foi-se arredondando, tomando as formas da menina-moça, e Marianne nem se dava conta dessas transformações.

Com a colher na boca, fitou Mike pelo canto do olho. Ele a olhava insistentemente e, ao perceber que ela também olhara para ele, fez um gesto obsceno com a língua que deixou Marianne furiosa. Embora não entendesse o significado do gesto, o espírito a seu lado o traduziu. Com o coração aos pulos, Marianne ocultou a colher na mão, levantou-se calmamente do banco e aproximou-se do enfermeiro, que se abriu todo num sorriso lúbrico.

Sem dizer palavra, Marianne esticou o braço e acertou a colher no rosto de Mike, que soltou um uivo de dor. O golpe e o instrumento não eram fortes o suficiente para rasgar-lhe a pele, mas deixaram um vergão comprido e vermelho sobressaindo de suas bochechas.

— Sua ordinariazinha! — bradou ele, tentando segurá-la.

Marianne saiu correndo pelo refeitório, causando uma balbúrdia geral. Todos começaram a gritar e atirar coisas, enquanto ela corria por entre as mesas, com Mike em seu encalço. Percebendo a confusão, outros enfermeiros se aproximaram, e um apito soou. Sinal de que alguém iria responder por aquilo.

Por fim, Mike a alcançou. Derrubou-a ao chão, atirando-se sobre ela, e, puxando seus braços para trás, imobilizou-a. Logo, outros enfermeiros apareceram e lhe vestiram a camisola, conduzindo-a à ala de isolamento.

Na manhã seguinte, logo que o doutor Kramer entrou em seu consultório, foi colocado a par do episódio da noite anterior. Mandou que buscassem Marianne. Assim que Mike abriu a porta da pequenina cela, a menina começou a gritar, ciente do que estava por vir. Presa na camisola, sem poder reagir, foi levada aos berros e pontapés.

O enfermeiro arrastou-a por um corredor escuro, descendo com ela por uma escada suja e mal iluminada, que ia dar no porão. Marianne começou a chorar, enquanto Mike dava risinhos debochados:

— Não adianta chorar. Não soube criar confusão? Agora, aguente.

Tomaram um corredor igualmente sujo e escuro, até que pararam diante de uma grande porta de ferro. Com seu sorriso sarcástico, Mike empurrou a porta, que se abriu com um rangido. No mesmo instante, o som da música atingiu seus ouvidos. O fonógrafo do doutor Kramer tocava a Sonata ao Luar, de Beethoven, sua música preferida.

Ladeado por dois enfermeiros, Oto Kramer fitou Marianne com uma certa euforia, fazendo sinal para que Mike se aproximasse. Aterrorizada, ela começou a chorar e a implorar:

— Não... por favor...

Suas palavras eram interrompidas por soluços agoniados, que só faziam aumentar a sanha desvairada do médico. Ele se virou de costas e apanhou algo em cima de um carrinho de ferro, que ela reconheceu como uma seringa.

— Muito bem, Marianne — começou ele, com voz terrível, aplicando-lhe uma injeção no pescoço. — Soube que você foi uma menina muito má ontem e, por isso, sou obrigada a puni-la.

— Por favor... — choramingou ela, já sentindo o efeito estonteante da medicação. — Não vou fazer mais... não vou...

A um sinal do doutor, Mike desamarrou a camisola, e ela permaneceu paralisada pelo terror. Olhou para a maca com a visão embaciada, e seus soluços redobraram. Em cima dos lençóis encardidos, as tiras de couro já se encontravam dispostas, esperando que ela se deitasse para serem atadas ao seu corpo.

O remédio lhe tirava parcialmente a vontade e a força para resistir, e ela se entregou passivamente. Mike ergueu-a no colo e deitou-a sobre a cama, enquanto ela, sem se mover, via as coisas rodarem. Mais que depressa, os outros enfermeiros ataram as correias em seus tornozelos, punhos e ao redor do pescoço. Sentiu quando umedeceram sua testa e viu os fios na mão do doutor Kramer. Logo os eletrodos se grudaram a suas têmporas, e ela chorou, quase inconsciente, implorando, em vão, que a perdoassem.

Espero que isso a ensine a se controlar — disse o médico, denotando sádico prazer.

— Não... — balbuciou com a língua enrolada. — Por favor, doutor... não...

— É para o seu bem — ele olhou para Mike, que aumentou o volume do fonógrafo, e sorriu prazeroso. A orquestra disparou pelo ambiente enchendo seus ouvidos com aquela lúgubre sinfonia, a sonata do terror. — E agora, relaxe e deixe a música penetrar em seus ouvidos. Vai acalmá-la, você vai ver.

Diante do inevitável, Marianne apenas soluçava de mansinho, sem forças para soltar-se das amarras. Quando a onda de choque percorreu o seu corpo, sacudindo-o horrivelmente, um grito agudo partiu de sua garganta, e a mente começou a embaralhar, as imagens a sumir, e a única coisa que ainda pôde reter na memória, no breve instante que precedeu à inconsciência, foi o som da música de Beethoven se espalhando pelo ambiente e abafando seus gemidos e os risinhos de satisfação de toda a equipe médica.

3

Faltava pouco para os feriados de Natal, e Ross já estava de malas prontas para partir para Londres. Mal podia esperar a hora de rever Marianne. Em sua última carta, ela havia escrito coisas horríveis sobre o hospital. Ross sabia que aquela carta só havia chegado a suas mãos porque Marianne conseguira passá-la a Kate às escondidas, já que toda correspondência era submetida à censura do diretor do hospício. Precisava muito falar com a tia sobre o que estava escrito ali.

Apanhou o casaco no armário, calçou as luvas, enrolou o cachecol no pescoço e saiu para a friagem da rua. Estava nevando, e o frio era cortante. Entrou no ônibus da escola que levaria todos os alunos à estação de trem e sentou-se cabisbaixo perto da janela. Em poucos segundos, os outros alunos entraram, e seu amigo Vincent foi sentar-se ao lado dele.

Vincent era um dos melhores amigos de Ross na escola. No dormitório, sua cama ficava ao lado da dele, e Arnold, também seu amigo, dormia do outro lado. Era com eles que Ross dividia os seus anseios e temores, e contara-lhes tudo sobre Marianne e sua vida no hospício.

Os três moravam em Londres e só voltariam a Oxford após o Ano Novo. Ross se lembrou de que o aniversário de Marianne estava se aproximando. Ela faria quinze anos e estava ficando uma mocinha muito bonita. Assim que atingisse a maioridade e terminasse os estudos, trataria de tirá-la de lá e casar-se com ela, para que ninguém mais pudesse feri-la.

— A situação na Ásia está cada vez pior... — dizia Arnold, que havia acabado de chegar e se sentara no banco de trás. — O último incidente japonês levou à queda de Nanquim.

Incidente... — desdenhou Vincent no banco da frente, virando-se para ele. — Eufemismo para guerra, isso sim.

— Os japoneses têm medo de que os Estados Unidos e a Inglaterra entrem no conflito — acrescentou Ross. — Temem a derrota.

— Já imaginou? — tornou Vincent. — Sermos convocados para a guerra?

— Pena que não somos ainda maiores de idade... — lamentou Arnold — Se fôssemos, estaríamos sendo convocados pelo Exército.

— Vocês acham que esse conflito pode chegar até a Europa?

— Com Hitler no poder, tudo é possível — admitiu Ross, acabrunhado.

— A guerra é apenas questão de tempo — concordou Vincent. — Meu pai, que é da Marinha, está muito preocupado.

O assunto da guerra continuou até o desembarque em Londres. Na estação, Nathan já estava à espera de Ross. Viera sozinho, alegando que Lilian não se sentia bem por causa do mau tempo. Ross apertou o sobretudo, despediu-se dos amigos e foi seguindo o pai até o automóvel.

— Como está indo na escola? — indagou Nathan, para puxar assunto.

— Bem — respondeu Ross laconicamente.

Seguiram em silêncio até sua casa, e Ross se perguntava quando foi que aquele abismo se abrira entre eles. Se antes eram amigos, agora pouco se falavam. Era como se Ross não possuísse mais qualquer afinidade com o pai, que se tornara um estranho em seu coração. Não sentia a menor vontade de ficar em casa com ele. Queria mesmo era ver Marianne e a tia. E, embora nada pudesse fazer até domingo, no dia seguinte trataria de fazer uma visita a Kate.

Quando o dia amanheceu, Ross se aprontou e desceu para o café. Lilian já estava sentada à mesa, com aquela cara de antipática de sempre. Ele puxou uma cadeira e se sentou ao lado do pai, cumprimentando a todos sem muito interesse.

— Vai sair com um tempo desses? — perguntou Nathan.

— Vou.

— Pode-se saber aonde é que vai? — era Lilian, com sua voz esganiçada e seu jeito petulante.

Ross olhou bem fundo nos olhos dela e respondeu calmamente:

— Vou ver tia Kate.

Na mesma hora, um rubor esquentou as faces de Lilian. Ross fazia aquilo só para desafiá-la, mas ele iria ver quem podia mais. Com a arrogância de sempre, lançou a Nathan um olhar de intimidação, e ele tornou sem muita convicção:

— Não, Ross, não posso permitir. Não seria conveniente...

— Você não está entendendo, pai — cortou ele com irritação. — Não estou pedindo sua autorização. Antes você podia mandar em mim. Agora, não. Tenho quase dezoito anos e posso tomar minhas próprias decisões.

— Mas meu filho, não se trata disso...

— Não me interessa do que se trata. Kate é minha tia, gosto dela e não vou deixar de vê-la, ou a Marianne, só porque vocês não querem.

— Não fale assim com seu pai! — censurou Lilian.

— E você não se intrometa onde não é chamada — rebateu ele friamente.

Lilian enrubesceu e retrucou com indignação:

— Como se atreve?

— Estou decidido a ir visitar tia Kate e Marianne, e ninguém vai me impedir. Não sou mais criança, e vocês não podem mais me trancar no quarto.

— Ora, seu moleque — enfureceu-se Lilian. — Mal saiu dos cueiros e já pensa que é dono do seu nariz. Pois não é, ouviu? Você ainda é um fedelho e deve obediência a seu pai.

Ross sentiu que o sangue começava a subir-lhe às faces. Atirou o guardanapo sobre a mesa, levantou-se e, com ar gélido, disparou:

— Pois fique sabendo, dona Lilian, que a obediência que devo a meu pai não se estende a você nem às ordens que você dá a ele. Se meu pai é um tolo que se deixa dominar por uma mulher fútil e vazia, o problema é dele. Não tenho nada com isso. Mas digo e repito que vou visitar minha família, quer vocês queiram, quer não.

— Basta, Ross! — intercedeu o pai.

O rapaz fuzilou o pai com o olhar, rodou nos calcanhares e saiu a passos decididos. Estava cheio de Lilian. Ela se julgava grande coisa, distribuindo ordens a todos, mandando no pai como mandava em Nora, como devia mandar também no amante. O pai era um tolo. Ross não podia provar, mas estava certo de que Lilian mantinha um romance secreto com o senhor Bradley. Ainda não se havia esquecido de que a tia lhe dissera que o encontrara em sua casa. O pai, contudo, não acreditara. Preferira acreditar naquela história idiota de abotoaduras.

Tomou o metrô e foi direto para a casa de Kate, sentindo saudades da rua onde vivera por quase toda sua vida. Parou e fitou as casas, todas iguaizinhas , dispostas simetricamente de ambos os lados da rua. Permaneceu parado em frente à porta da tia, pensando que havia três anos não aparecia por lá. Durante esse período, encontrava-se com Kate rapidamente no hospício, todas as vezes em que ia visitar Marianne. Seu lar, contudo, continuaria sempre sendo aquele.

Sem saber se batia na porta ou não, ficou parado com a mão na maçaneta. Nunca, em todos anos em que morara ali, precisara bater para entrar. Não bateria agora. Decidido, rodou a maçaneta e abriu a porta bem devagar.

Suzie estava sentada na sala, brincando perto da lareira, e foi a primeira que o viu. Em seus quase oito anos, poucas lembranças guardava de Ross.

—Mamãe! — exclamou ela assustada. — Tem um homem aqui.

Kate veio correndo da cozinha, empunhando um facão de cortar carne, pronta para agir caso algum malfeitor houvesse penetrado sorrateiramente em sua casa. Ao dar de cara com Ross, mal podia acreditar. Largou a faca no chão, enxugou as mãos no avental e abriu os braços para recebê-lo. Ele se aninhou naquele abraço de mãe e permaneceu entregue àquele momento de carinho.

Depois de muito tempo, ela se afastou dele e alisou o seu rosto.

— Você não para de crescer! — observou maravilhada. — E está um rapaz cada vez mais bonito.

— Você é que continua linda — elogiou ele. — Linda e corajosa. A mulher mais maravilhosa que um dia pisou na face da Terra.

Kate sorriu satisfeita e chamou a filha com a mão. A menina se aproximou, e ela foi logo esclarecendo:

— Esse é seu primo Ross, Suzie. Lembra-se dele?

— Mais ou menos — confessou ela, cativada pelo sorriso do rapaz.

— Suzie era muito pequena quando parti — observou ele.

— É verdade — concordou Kate. — Faz muito tempo que você não vem a minha casa.

— Três anos...

— Seu pai sabe que veio aqui?

— Não tenho motivos para esconder. Não sou mais criança, e ele não pode me impedir. Lamento apenas pela discussão.

— Vocês discutiram?

— Como sempre. Meu pai precisa se acostumar ao fato de que já não tem mais domínio sobre mim. Em breve farei dezoito anos.

— Dezoito anos... Quem diria?

Ross beijou a mão de Kate e foi com ela sentar-se no sofá.

— E Marianne, titia? — indagou ansioso. — Como é que ela está?

— Do mesmo jeito, suponho. Não recebeu sua última carta?

— Recebi. E foi justamente para falar dela que vim aqui.

— Aconteceu alguma coisa?

Ele balançou a cabeça e tirou do bolso a última carta de Marianne, estendendo-a para a tia.

— Você leu?

— Não. Marianne me entregou fechada, e eu a enviei do jeito que estava.

— Leia.

Kate apanhou a carta e começou a ler. Com sua letra miúda e insegura, Marianne narrava as barbaridades cometidas pelo doutor Kramer: as injeções, os banhos gelados, os choques. Sem falar na brutalidade dos enfermeiros, que tratavam os doentes feito trapos. Kate leu avidamente, sentindo o coração disparar a cada linha. Quando terminou, encarou o sobrinho e confessou com pesar:

— Eu não sabia.

— Foi o que imaginei.

— Marianne nunca me contou nada. Ela mal fala comigo quando vou visitá-la. Sei que, em silêncio, me culpa por tê-la deixado lá.

— Acho que você se culpa mais do que ela. Só que não foi culpa de ninguém. Você não teve saída.

— Se pudesse, voltaria atrás.

— Voltar atrás, não pode. Mas acho que já é hora de tirar Marianne de lá.

— Não sei se David irá concordar. Ele teme pelas crianças...

— As crianças estão maiores agora, e Roger já é um rapazinho. Pode tomar conta dos menores.

— David não vai consentir...

— Você tem que tentar convencê-lo. O que se passa lá dentro é cruel e desumano.

— Será que é verdade? Será que Marianne não está inventando isso só para que a tiremos de lá?

— Acha mesmo que Marianne teria imaginação suficiente para criar uma história tão bem elaborada como essa? E de onde ela tiraria a ideia de banhos gelados e choques elétricos, coisas com as quais nunca esteve familiarizada?

— Pensando por esse lado, acho que tem razão. E nada me agradaria mais do que ter minha filha aqui de volta, comigo. Você não faz ideia do quanto me arrependi de tê-la internado lá.

— Pois agora é a hora de reverter essa situação. Já estou crescido e poderei vir mais vezes.

— De Oxford?

— Virei todo fim de semana, direto para sua casa.

— Seu pai não vai gostar. E você sabe que não gosto de fazer nada escondido.

— Quem falou em se esconder? Não tenho medo do meu pai nem de Lilian. Já disse que eles não podem mais me impedir de fazer o que quero. Se digo que virei, é porque virei.

— Com certeza, Marianne iria até melhorar.

— Então, tia Kate? Vamos trazê-la de volta. Prometo ajudar.

— Se dependesse só de mim, ela já estaria aqui. Mas tem o seu tio. Ele insiste que o melhor é deixá-la lá.

— Você sempre foi mais forte do que tio David. Aposto como conseguirá enfrentá-lo e convencê-lo.

— Sabe de uma coisa? — tornou ela decidida. — Você tem razão. Vou falar com David e exigir que traga Marianne de volta.

Tiveram que esperar até o anoitecer, quando David chegou do trabalho. A presença de Ross foi motivo de muita surpresa e preocupação, mas tanto o rapaz quanto Kate não tinham tempo para maiores explicações. Ross entregou-lhe a carta, que ele leu com ar incrédulo. Quando terminou, encarou a mulher e o sobrinho e ponderou convicto:

— Isso é fantasia da cabeça daquela menina. Muito me admira vocês acreditarem numa baboseira dessas. Imaginem se o doutor Kramer, um psiquiatra de alto gabarito e reputação, ia fazer um absurdo desses. Logo se vê que isso só pode ser imaginação da mente distorcida de Marianne.

— Mas tio David — contrapôs Ross —, não acha que deveria ao menos investigar?

— Para quê? Marianne está sendo muito bem tratada lá.

— Como é que sabe? — indignou-se Kate. — Você nem sequer a visita. Nunca se deu ao trabalho de ir vê-la.

Ele abaixou a cabeça, envergonhado. Era verdade. Desde que Marianne fora internada, jamais a visitara. No princípio, fora muito difícil aceitar a vergonha de ter uma filha louca. Contudo, passado o trauma do primeiro momento, começou a se acostumar. As pessoas já não tocavam mais no assunto, e a paz voltara a reinar em sua casa. Os outros filhos cresciam alegres e saudáveis e, não fosse pelos domingos, em que Kate insistia em ir ver Marianne, ele até já se teria esquecido daquela filha.

— Você sabe que não posso ir — desculpou-se ele. — Alguém tem que ficar cuidando das crianças.

— Isso é uma desculpa muito da esfarrapada! — Kate irritou-se. — Você não vai visitá-la porque não quer, porque tem vergonha dela.

— Não vou visitá-la porque assim posso ao menos fingir que tenho uma família normal. Ou vai negar que Marianne transformou a nossa casa num inferno?

— Ela não tem culpa de ser doente — rebateu Kate furiosa.

— E nós muito menos. Ninguém aqui tem culpa da loucura de Marianne.

— Ela é sua filha! — gritou Kate descontrolada.

O olhar que David lhe deu naquele momento foi tão devastador, que Kate sentiu o mundo ruir. E as palavras que se seguiram revelaram uma indiferença muito maior do que a que transparecia nos olhos dele:

— Antes não fosse.

Tia e sobrinho se entreolharam atônitos. Kate quis protestar, contudo, a indignação atravessou um espinho em sua garganta, e ela se calou, os olhos ardendo, transbordando de lágrimas de revolta. A reação dos dois deu a perceber que David havia ido longe demais. No entanto, o orgulho lhe toldou qualquer esboço de reação, e ele simplesmente entregou a carta a Ross, para depois se levantar em silêncio e subir as escadas num caminhar arrastado e pesaroso.

Depois que ele se foi, Ross encarou a tia, que chorava de vergonha e decepção.

— Sempre soube o que ele achava de Marianne — desabafou ela. — Mas nunca pensei que fosse capaz de renegá-la como filha.

— Ele não a renegou.

— Mas é como se tivesse renegado.

Ross continuou encarando-a, buscando na mente uma solução rápida e segura. Quando falou, foi com profunda angústia na voz:

— E agora, tia, o que vamos fazer?

— Não sei. Sem a autorização do seu tio, nada poderei fazer.

— Pois então, eu mesmo vou tirá-la de lá — afirmou Ross, resoluto. — Darei um jeito de ajudá-la a fugir.

— De que adiantaria uma fuga? Seu tio a mandaria de volta.

— Você não está entendendo, tia. Vou fugir com Marianne de Londres.

— E a escola?

— Largo a escola, minha casa, largo tudo. Em breve terei dezoito anos e posso muito bem arranjar um emprego.

— Você está se iludindo. Marianne precisa de cuidados. E quem cuidará dela quando você for trabalhar?

Visivelmente desorientado, Ross passou a mão pelos cabelos e fixou na tia seus olhos de súplica:

— Tem que haver um jeito. Não podemos simplesmente deixá-la nas mãos daquele monstro.

Kate estava desalentada. Não sabia o que fazer. Há muito se arrependera de haver internado Marianne naquele lugar. Para tirá-la de lá agora, seria muito difícil. No entanto, precisava fazer alguma coisa. Sua filha estava sofrendo, e era tudo culpa sua. Sua e de David. Jamais se perdoaria se alguma coisa de muito ruim acontecesse a ela.

— Espere-me aqui, Ross. Vou subir e falar com David. Ele vai ter que me ouvir.

Em poucos segundos, Kate alcançou o quarto, onde David, sentado a uma escrivaninha, ocupava-se em fazer algumas contas domésticas. Ela se aproximou e nem esperou que ele se voltasse. Foi logo dizendo:

— O que você disse agora há pouco foi inadmissível — surpreso com a voz dela, ele se virou, enquanto ela prosseguia: — Você pode até não gostar, mas Marianne é tão sua filha quanto minha. E não vou permitir que você a trate como uma estranha indesejável, porque ela não é. Nossa filha precisa de nós, e vamos ajudá-la. Ela está sendo maltratada naquele lugar, e você sabe disso. Só não quer admitir, porque é mais fácil calar do que enfrentar o problema. Pois bem, David, vou lhe dar um aviso: ou você vai lá e toma uma providência, ou vou embora daqui levando comigo as crianças.

— Isso é um disparate! — protestou ele. — Você é minha mulher e não pode sumir com meus filhos.

— Por que não, se você está sumindo com Marianne de nossas vidas?

— É diferente.

— Não é. Ela nasceu da mesma forma que os outros.

— Marianne está louca...

— Mais loucos fomos nós quando a deixamos naquele lugar! Estou lhe avisando, David: ou você a tira de lá, ou eu peço o divórcio.

— Está brincando.

— Você duvida? Pois então, experimente não fazer nada.

— Você se deixou impressionar pela carta de uma louca!

— Não vou mais discutir com você. Minha última palavra já foi dada. Se quer salvar o nosso casamento, tire Marianne de lá.

Ela se virou furiosa, mas, antes que alcançasse a porta, David a segurou pelo braço, fazendo com que ela se voltasse para ele. Arrependera-se do que falara lá embaixo, não propriamente por Marianne, mas pelo desgosto que causara à mulher. Queria remediar a situação, principalmente porque não podia permitir que ela o deixasse.

— Está bem — disse vencido. — Se é o que você quer, irei pessoalmente falar com o doutor Kramer. Mas vou sozinho. Não quero que ele pense que deixo minha mulher mandar em mim.

Embora Kate não compreendesse nem aceitasse a última sugestão, achou melhor se calar. Ao menos ele concordara em ir, enchendo-a de esperança.

4

O silêncio reinava no dormitório das meninas, onde Marianne, amarrada ao leito, começava finalmente a pegar no sono. Passara um dia agitado, e os enfermeiros ataram seus punhos às grades da cama, para que ela não saísse perambulando à noite e lhes desse trabalho. Ela já se acostumara àquilo, e seus pulsos, apesar de doloridos, não se ressentiam tanto da aspereza das correias.

As pálpebras, cansadas de lutar com os olhos para manter a consciência, por fim renderam-se ao silêncio e à escuridão. Marianne adormeceu num sono ainda leve, seus ouvidos captando, à distância, os sons abafados da noite. Tudo se foi aquietando aos poucos, e seu corpo todo começou a relaxar, os pensamentos se aprofundando mais e mais no mundo dos sonhos. De repente, um peso sobre seu corpo fez a cama afundar, dando-lhe a perceber que não estava sonhando. Abriu os olhos assustada, e mãos ásperas e firmes apertaram sua boca, impedindo-a de gritar.

— Sh...!! — sussurrou o enfermeiro. — Nem um pio, ou leva uma surra.

Marianne estremeceu, reconhecendo, no escuro, o rosto medonho de Mike. Não estava sozinho. A seu lado, um outro enfermeiro, conhecido apenas por Grandão, dado o seu tamanho descomunal, olhava para ela com ar de cobiça. Grandão era um dos enfermeiros encarregados da vigilância dos internos e costumava usar métodos nada amistosos com os mais difíceis e violentos.

Sentiu medo. A princípio, não entendeu o que eles queriam, mas, aos poucos, foi-se dando conta. Grandão tirou do bolso uma gaze e a amordaçou, enquanto Mike afastava suas pernas, amarrando-as na cama. Estava completamente imobilizada e começou a chorar.

— Não adianta chorar, sua ordinariazinha — disse Mike em tom maldoso. — Vai ver no que dá ficar me provocando.

— Aposto até que ela vai gostar — desdenhou Grandão. — E vai pedir mais.

Os dois soltaram uma gargalhada abafada, e Mike levantou a camisola de Marianne, rasgando suas roupas de baixo com violência, deixando-a constrangida e assustada. Ainda com seu riso debochado, deitou-se sobre ela, possuindo-a com golpes violentos que lhe causaram imensa dor. Contidos pela mordaça, os gritos morriam na garganta de Marianne, que chorava de dor, medo e humilhação. Mike ficou ali por um bom tempo, violentando a menina e regozijando-se com o sofrimento que lhe causava e que só fazia aumentar o seu prazer.

Quando Mike finalmente se saciou, foi a vez de Grandão. Com a mesma selvageria, deitou-se sobre ela e a possuiu, machucando-a com mordidas e beliscões. Marianne virou a cabeça para a esquerda, tentando não ver a cara horrenda de Grandão nem sentir-lhe o bafo da bebida. Na cama ao lado, dois olhos pesarosos a fitavam, transmitindo-lhe empatia e compreensão. Sua vizinha de cama parecia partilhar seu sofrimento.

Foi então que Marianne se lembrou de que um dia, muito tempo atrás, percebera uma movimentação parecida na cama da outra garota e só agora entendia o que havia acontecido. Como custara um pouco a desenvolver as formas femininas, os enfermeiros, até então, não a haviam notado. Mas repararam na menina ao lado, cujos seios volumosos e os quadris largos haviam despertado neles o sentimento nefasto da luxúria. E agora voltavam também para ela a sua lascívia desenfreada.

Grandão terminou, e Mike possuiu-a ainda uma segunda vez. Marianne não parava de chorar, o corpo todo dolorido, como se alguém lhe houvesse triturado as entranhas. Tomada pela exaustão e a dor, ainda conseguiu ouvir as últimas palavras de Mike, ao repreender Grandão, que ameaçava subir em cima dela novamente:

— Agora chega. Ela é muito pequena e pode não aguentar.

Desmaiou. Quando acordou no dia seguinte, não estava mais amarrada. Sentiu uma dor lancinante no ventre e apalpou a barriga. Logo, a porta da enfermaria se abriu e James, outro enfermeiro, entrou. Aproximou-se dela, levantou o lençol e espiou.

— Bem que Mike avisou — disse com rispidez. — O que andou fazendo, hein, Marianne?

Ela se encolheu toda, sentindo o sangue seco a engrossar o lençol. James, sem nenhum cuidado, levantou-a da cama e saiu arrastando-a para fora. Marianne pulava e gritava, contudo, James conseguiu dominá-la facilmente. Além de franzina, o episódio da noite anterior a esgotara inteiramente.

Foi descendo com ela pelas escadas escuras que levavam ao porão, e ela pôs-se a gritar com mais força ainda. Conhecia aquele caminho e sabia onde é que ia dar. Ao final da escada, James virou para a esquerda, tomando a direção oposta à da sala dos castigos.

Ao se aproximar do fim do corredor, a música, novamente, atingiu os seus ouvidos, mas dessa vez era a Quinta Sinfonia de Beethoven, anunciando outra terapia. O fonógrafo do doutor Kramer era um coadjuvante em todas as suas técnicas e, para cada tratamento, como ele chamava, tocava uma música diferente de Beethoven. Só Beethoven, o que fez Marianne passar a odiar esse compositor em particular.

James abriu a porta com o pé e entrou com Marianne. O doutor Kramer lá estava e olhou para ela com ar de reprovação. Mike, parado do outro lado, sorria seu sorriso debochado de sempre.

— Ora vejam só, Marianne — censurou, como sempre fazia. — O que fez dessa vez? — ela não respondeu, não sabia o que dizer. — Quem foi visitá-la em sua cama ontem à noite?

Ela olhou para Mike e esboçou uma resposta, mas James não lhe deu tempo. Ergueu-a no colo novamente e foi com ela para o meio da sala, onde uma espécie de banheira circular havia sido encravada no chão de ladrilhos brancos. Marianne gritava feito louca:

— Não! Não! Está frio!

Mais que depressa, James deitou-a dentro da banheira de água gelada, ainda vestida com a camisola de dormir. Marianne começou a tiritar, até que um entorpecimento foi-se espalhando pelo corpo, primeiro pela pele, até atravessar a carne e penetrar nos ossos, como se o sangue congelasse nas veias.

— Isso vai acalmá-la — prosseguiu o doutor Kramer. — Você está ficando muito agitada. Assim não é possível. E agora que descobriu os prazeres do sexo, não sei onde vai parar. Aposto que foi para aquele idiota do John que você se entregou. Foi ou não foi?

John era um paciente completamente retardado. Não entendia nada do que falavam com ele e fazia tudo o que lhe mandavam. Se era para ficar deitado, ele ficava. Se era para balançar a cabeça, ele balançava. Se era para ficar parado na mesma posição o dia inteiro, ele ficava. E tudo isso sem se queixar ou reagir. Realmente, era o culpado perfeito.

Marianne ouvia o que o doutor Kramer dizia, porém, não conseguia responder. Era óbvio que John nada tinha a ver com aquilo, e sim Mike e Grandão, habituados a estuprar as internas. O doutor Kramer, contudo, jamais recriminaria aquelas práticas. Ao contrário, incentivava-as, como forma de manter os enfermeiros atentos e satisfeitos com o trabalho. Era um meio de compensá-los pela árdua tarefa que executavam.

Apesar de estimular os estupros, o doutor Kramer não podia simplesmente fingir que nada havia acontecido. Precisava fazer seus relatórios, para apresentá-los às autoridades competentes em dias de inspeção. Se Marianne aparecesse grávida algum dia, teria que ter uma desculpa convincente para dar a seus superiores. A culpa não podia recair sobre seu corpo de enfermagem, e um detento abobado e estúpido como John, sem condições de contestar, seria o culpado perfeito.

Era preciso também controlar e acalmar Marianne, que andava muito inquieta ultimamente. Daí o banho frio, que era considerado um ótimo tratamento para tranquilizar os doentes mais agitados. Na verdade, os banhos gelados eram mais uma das formas de entorpecer os detentos, que iam perdendo as forças e se entregando ao desânimo. Era uma terapia de choque, o choque térmico, que causava uma inércia dos sentidos e retardava os movimentos, tornando os enfermos momentaneamente dóceis e fáceis de controlar.

Imersa em água gelada, os olhos de Marianne começaram a fechar lentamente, e o doutor Kramer, percebendo a roxidão em seus lábios e ao redor dos olhos, decidiu que já era hora de tirá-la dali. James ergueu-a novamente e foi apanhar o cobertor, enrolando-a toda molhada e saindo com ela de volta para o quarto.

Deitou-a novamente na cama, sobre os lençóis ainda sujos, e saiu, deixando-a sozinha com sua dor. Ela não havia desmaiado, mas permanecera de olhos cerrados, com medo de que eles a imergissem outra vez. Muito lentamente, o efeito do frio foi passando, e o corpo retomando o calor.

Em lágrimas, Marianne olhou pela janela cheia de grades. Do lado de fora, o anão Escobar ainda perturbava Eric. Ele era o único de quem ela gostava, só que agora vivia a maior parte do tempo dopado ou amarrado na cama. Muito violento, era constantemente punido. Ainda assim, Eric tinha Escobar. O anão podia ser alguém irritante, mas, pelo menos, era alguém. Ela, por outro lado, não possuía ninguém.

Margot aparecia de vez em quando, dizendo coisas que ela não entendia. Contou-lhe uma história muito triste, algo sobre Lilian e um tal de Richard, e disse que não queria mais se vingar. Havia recebido ajuda e ia embora. Marianne ainda perguntou se ela não poderia ir embora também, mas Margot lhe dissera que só quando desencarnasse. Ela não entendeu, todavia, não disse nada. Compreendera o suficiente: não poderia sair dali. De qualquer forma, Margot prometera vir visitá-la, e era o que fazia, embora muito raramente e, assim mesmo, ficava apenas alguns poucos minutos.

Foi nesse momento de solidão e angústia que se lembrou de Luther. Por onde será que ele andava? Desde aquele dia, em seu quarto, Luther nunca mais aparecera. Uma vez ele lhe dissera que, se quisesse, poderia chamá-lo. Ela ficou em dúvida. Será que deveria? Por que não? Ele não disse que era seu amigo?

— Luther... — arriscou timidamente.

Não foi preciso chamar outra vez. Na mesma hora, Luther como que se materializou na frente dela, parado aos pés de sua cama.

— Como vai, amiguinha? — cumprimentou com voz sarcástica.

— Bem...

— Que bom que me chamou. Estava com muitas saudades.

Sufocada pelo pranto, Marianne não conseguiu responder. Luther se aproximou e colocou a mão em seus cabelos, falando com voz melíflua:

— Ora, Marianne, o que é isso? Não está contente em me ver?

— Ah! Luther, estou me sentindo tão sozinha! — disparou num desabafo. — Todo mundo me trata mal aqui. Queria tanto ver o Ross! Só ele me compreende.

— Acho que Ross não se lembra mais de você.

— Não é verdade. Ele é meu amigo.

— Se é seu amigo, por que não está aqui?

— Porque não pode.

— Por que não experimenta chamá-lo?

— Ele não pode me ouvir.

— Viu? Só eu posso ouvi-la e atendê-la. Logo, só eu sou seu amigo.

— É diferente. Você é um fantasma.

Luther soltou uma gargalhada. Para todos os efeitos, ele era o único fantasma que ela conhecia e, assim mesmo, porque ele lhe dissera. Como Marianne não sabia distinguir entre encarnados e desencarnados, os demais espíritos que via lhe pareciam tão vivos quanto ela.

— Se você não gosta de mim, por que resolveu me chamar? — retrucou ele, provocador.

— Não é isso. Gosto de você. É só que, às vezes, você me assusta.

— Oh! — debochou. — Desculpe-me, queridinha, não faço isso por mal. Mas é que já estou tão acostumado a ser mau...

Abafou um risinho sarcástico, e ela retrucou amuada:

— Se continuar assim, mando você embora outra vez.

— É mesmo? E quem mais, além de mim, vai querer ser seu amigo? Aquele retardado do Eric e seu anão idiota? Acho que não. No fundo, você sabe que sou o único aqui que pode defendê-la.

— Pode me defender do doutor Kramer e de Mike?

— Se você quiser...

— Não gosto do doutor Kramer. Ele me lembra o professor O'Neill, só que é muito pior. Livrei-me do professor para cair nas garras desse médico...

Nesse momento, Mike entrou no dormitório. Vinha buscá-la para almoçar.

— Com quem está falando, sua doida?

Marianne olhou para Luther, que fez um sinal afirmativo com a cabeça, aproximando-se de Mike, e ela respondeu:

— Com Luther.

— Luther? Esse é novo.

— Diga-lhe que vou lhe dar um tombo — tornou Luther.

— Ele disse que vai lhe dar um tombo — repetiu Marianne.

— É mesmo? E posso saber como é que ele pretende fazer isso?

Ao se aproximar da cama, Luther enfiou o pé na frente de Mike, e o enfermeiro, tropeçando nas próprias pernas, saiu cambaleando todo trôpego, tentando se segurar em qualquer lugar. Inútil, porém. Mike veio ao chão com estrondo, sob as gargalhadas sonoras de Luther e de Marianne.

O enfermeiro levantou-se aparvalhado e encarou Marianne, que ria sem parar. Não conseguia entender como tinha tropeçado. Olhou para o chão por onde passara, imaginando se Marianne não teria colocado ali algum objeto para que ele tropeçasse, mas não viu nada.

— Do que é que está rindo, imbecil? — revidou ele com raiva, dando-lhe uma bofetada no rosto.

Marianne levou a mão à face e olhou para Luther, na esperança de que ele fizesse alguma coisa para defendê-la. Luther, porém, ergueu as mãos para o alto, num gesto de desânimo, e afirmou:

— Lamento, Marianne, isso não é assim tão fácil. Tive que retirar uma boa dose de fluido desse idiota aí. Agora, não dá mais.

Ela não entendeu muito bem, mas não respondeu. Achou que era melhor não confiar tanto assim no auxílio de Luther. Sem dizer nada, suspirou e apanhou a camisola que Mike lhe estendia. Trocou-se e foi para o refeitório. Subitamente, sentiu que estava com fome, porque Luther lhe dera um passe que reequilibrara um pouco as suas energias.

O passe de Luther era algo bastante peculiar. Há muito aprendera a manipular certos fluidos a seu favor, de forma a injetar no indivíduo boas doses de ira, desânimo, ódio, ciúmes e toda sorte de sentimentos menos dignos. Esses fluidos, comumente, eram retirados dos próprios encarnados que, abarrotados de sentimentos difíceis, acabavam por fornecer a matéria-prima com que eram moldados seus próprios pensamentos destrutivos.

Luther também sabia reconfortar. Muitas vezes, é preciso reanimar um espírito, encarnado ou não, a fim de que ele possa cumprir o papel que lhe foi destinado pelas autoridades das sombras. E era desejo de Luther que Marianne ficasse bem e disposta, porque só assim ele poderia provocar ainda mais o seu sofrimento, com o qual pretendia levar a termo sua vingança. Se ela adoecesse, tinha certeza de que seus amigos do outro lado logo acorreriam, e isso não era de seu interesse.

Por isso, com a mesma eficiência com que manipulava fluidos pesados e densos, engendrava energias neutras da natureza para delas extrair os elementos que lhe favorecessem a aplicação de passes com resultados altamente benéficos e reconfortantes.

5

Muito pouco à vontade na sala de espera do doutor Kramer, David se remexia sem parar. Só estivera ali uma única vez, quando levara Marianne para a internação, e aquele retorno não lhe agradava em nada. Contudo, tinha que fazer a vontade da mulher, ou ela se divorciaria dele. A ameaça fora explícita, e ele conhecia Kate o suficiente para acreditar que ela cumpriria sua promessa.

Com medo de perdê-la, tomara aquela decisão. Marcara uma hora com o psiquiatra para esclarecer os fatos. Não acreditava nas palavras de Marianne e não temia pela sua segurança. Embora Kate e Ross acreditassem que o doutor Kramer puniria a menina se soubesse da carta, ele estava certo que não.

Esperou cerca de quinze minutos até que o médico aparecesse. Kramer estendeu-lhe a mão, que ele apertou timidamente, e se sentou do outro lado de sua pesada mesa. David pigarreou, completamente sem jeito, e começou a dizer:

— Lamento vir incomodá-lo, doutor Kramer, mas Kate insistiu... — o médico permanecia parado, olhando-o com ar frio, impassível. David pigarreou novamente e continuou: — E Marianne, como vai?

— Sua filha está indo muito bem — respondeu o médico de forma impessoal. — Tem feito excelentes progressos.

— Foi o que disse a Kate, mas ela insistiu...

— Insistiu em quê? Por favor, seja mais claro.

Novo pigarro, e ele meteu a mão no bolso do sobretudo, retirando a carta de Marianne, toda amassada.

— Bem, doutor, é que Marianne escreveu essa carta ao meu sobrinho...

— Carta? — indignou-se Kramer, imaginando como a menina fizera para burlar a vigilância do hospital e passar, clandestinamente, uma missiva.

David estendeu a carta ao médico, que a apanhou rapidamente. Ajeitou os óculos e pôs-se a ler a letrinha miúda e insegura de Marianne. Estava tudo ali. Todos os castigos, desde os banhos gelados até os choques, as injeções, as camisolas, as correias de couro, as bofetadas, tudo, à exceção do estupro.

Kramer pousou o papel sobre a mesa e, com um tremor que soube muito bem disfarçar, contemporizou:

— Não posso crer que o senhor tenha dado ouvidos a uma louca. Nossos métodos são os mais modernos em psiquiatria. Confesso que algumas terapias aqui descritas são realmente utilizadas, mas não da forma como Marianne descreve. Não são dolorosas nem têm intuito de punição. São elas que causam a melhora dos pacientes e aproximam sua filha da cura.

— Então é verdade? — surpreendeu-se David. — O senhor usa mesmo choques, injeções e bofetadas?

— São métodos terapêuticos. Menos as bofetadas, que são invenção da mente fantasiosa de sua filha. Posso assegurar-lhe que ela não sente nenhuma dor, a não ser uma sensação de indizível bem-estar. Após as terapias, os doentes apresentam visível melhora. O que acontece é que sua filha, como muitos outros, não quer ser controlada, não quer se submeter às regras do hospital. Prefere ficar solta, sem controle, para fazer o que bem quer.

— Foi o que imaginei. Minha mulher e meu sobrinho, contudo, ficaram muito impressionados com o que Marianne descreve na carta.

— Pois pode voltar para casa e tranquilizá-los. Marianne, como os demais internos, é muito bem tratada aqui. Distorceu a verdade só para impressioná-los e provocar, quem sabe, a sua compaixão. Os enfermeiros nunca maltrataram os pacientes. São até bem cuidadosos. Mas o senhor há de convir que temos loucos muito violentos aqui e que precisam ser contidos, para sua segurança e dos demais. Os enfermeiros são enérgicos, sim, mas violentos, jamais.

— Tem razão...

— Os banhos são uma forma de tratamento que acalma o paciente. E, cá entre nós, água nunca matou ninguém, não é verdade? — ele fez uma expressão de regozijo e acrescentou em tom sarcástico: — Só se os afogássemos, o que não é o caso.

— Marianne fala de choques e injeções.

— O senhor não é médico e não está a par dos recentes avanços em psiquiatria. O eletrochoque é uma invenção moderna, amplamente utilizado nos mais conceituados hospitais de toda a Europa. E indolor, totalmente indolor.

— Sim...

— Quanto às injeções... bem, essas são, realmente, necessárias para aplicação dos medicamentos. Mas quem é que gosta de levar umas espetadelas, hein? Com certeza, ninguém. Nem o senhor.

— É verdade.

Durante mais de uma hora, o doutor Kramer explicou a David a finalidade e a função de cada terapia. Não estivesse David tão apressado em deixar o hospital e se livrar daquela situação, teria percebido o ar de insanidade que acompanhava os gestos do médico. Ao final da entrevista, David se deu por satisfeito.

— Bem se vê que o senhor é um psiquiatra muito competente — afirmou. — Tenho certeza de que tudo o que faz é para o bem de Marianne.

— Sem dúvida! Se quiser, pode constatar por si mesmo.

— Não precisa, obrigado. Confio inteiramente na sua palavra.

— Não vai se arrepender por essa confiança, asseguro-lhe.

— Quanto à carta, posso confiar também que Marianne não sofrerá nenhum tipo de punição.

— Por Deus, é claro que não!

— Ótimo. Só mais uma coisa. Minha mulher está arrependida de ter internado Marianne e pode tentar soltá-la sem o meu consentimento. O senhor, por favor, não permita, a menos que eu autorize.

— Fique tranquilo. Marianne só sai daqui com a sua autorização pessoal.

Exibindo um sorriso forçado e falso, o doutor deu por encerrado aquele encontro. Esperou até que David saísse e apanhou a carta de Marianne, que ele esquecera de pegar de volta. Picou-a em vários pedacinhos e saiu feito uma bala.

Ela estava na pequena sala de jogos, em companhia de Eric, enquanto o anão Escobar tentava atirar uma bola plasmada na cabeça do menino. O médico se aproximou e, com semblante endurecido, ordenou:

— Venha comigo.

Marianne levantou-se de um salto e saiu correndo para o outro lado, com medo da incomum aparição do médico, que não podia significar boa coisa. Os enfermeiros saíram atrás dela e a dominaram, levando-a até ele.

Lá se foi Marianne de novo para o porão, para a sala dos castigos, onde seria amarrada e levaria choques e injeções, ao som da Sonata ao Luar. Terminada a sessão, Marianne voltou para o dormitório, completamente aturdida, e foi amarrada na cama. Acordou horas mais tarde e, ao abrir os olhos vagarosamente, viu Luther sentado na cama ao lado.

— Viu o que aconteceu? — indagou Luther com ar mordaz.

— Não entendo — choramingou ela. — O que foi que eu fiz dessa vez?

— Você foi traída.

— Como assim, traída?

— Lembra-se da carta que escreveu para Ross? Aquela que mandou pela sua mãe? — ela assentiu. — Pois o seu queridinho entregou-a ao médico.

— Não acredito — protestou ela com veemência. — Ross não faria uma coisa dessas.

— É o que você pensa.

— Pode ter sido minha mãe.

— Não foi ela, tenho certeza. Foi o Ross. Ele é falso, não gosta de você.

— Está mentindo, Luther. Por que está fazendo isso? Vá embora, vá!

Ouvindo as acusações de Luther, Marianne sentiu imensa raiva do espírito. Por mais que ele tentasse ser convincente, o amor e a confiança que ela e Ross nutriam um pelo outro era a única coisa que não fazia sua mente vacilar. Ninguém jamais conseguiu ou conseguiria envenenar o sentimento que os unia. Ao perceber que havia dado um passo errado, Luther achou melhor não insistir. Simplesmente esvaneceu no ar, deixando no ambiente resquícios de uma vibração densa e sufocante.

Em casa, David contou a Kate parte da conversa que tivera com o doutor Kramer, omitindo que havia lhe revelado a existência da carta.

— Por que não a trouxe de volta? — vociferou ela, mal contendo a decepção por não ver Marianne chegar com ele.

— Ela está muito bem lá.

— Você a viu? — ele meneou a cabeça. — Então como sabe? E os castigos?

— Que castigos? Não há castigo algum. O doutor Kramer foi muito gentil em perder o seu tempo comigo e me explicar cada uma das terapias. São métodos modernos utilizados em toda a Europa.

— E você acreditou?

— Por que não acreditaria? Vamos, Kate, deixe disso. Fiz como lhe prometi: fui ver o doutor Kramer e posso lhe assegurar que Marianne está em muito boas mãos.

Kate estacou desanimada. Se quisesse salvar sua filha, não podia contar com o marido. Estava tão decepcionada com ele que nem conseguiu mais conversar. Afastou-se acabrunhada e só recuperou um pouco da animação quando Ross chegou, no dia seguinte, para irem juntos visitar Marianne.

— E agora, tia? O que vamos fazer?

Kate não sabia. Foi com ele para o hospício, levando presentes de Natal para a filha. Para fugir do frio, as visitas foram transferidas para o salão de jogos, onde a maioria dos internos recebia os visitantes sem muito interesse. Marianne, como muitos, estava sentada em frente à janela, observando os primeiros flocos da neve que começava a cair.

— Olá, Marianne — disse uma voz atrás dela.

Reconhecendo aquela voz, ela se virou abruptamente, atirando-se no pescoço de Ross e cobrindo-o de beijos.

— Eu sabia! — exclamou. — Você veio.

— Está se tornando uma moça muito bonita, Marianne — elogiou ele.

— Você é que é lindo. Meu príncipe...

Kate permanecia parada mais atrás, olhando-os com admiração e discretas lágrimas nos olhos.

— Não vai falar com sua mãe? — indagou ele.

— Para quê? Você está aqui.

— Tia Kate tem sentido muito a sua falta.

— Mentira. Primeiro, ela me colocou aqui. Depois, entregou a carta ao doutor Kramer.

— Sei que você não é uma menina rancorosa. Vamos, ao menos diga-lhe alô.

Ela não queria. Mas também não queria contrariar Ross. Por isso, olhou para a mãe e sorriu, o que estimulou Kate a ir em sua direção. Marianne se arrependeu. Queria ficar a sós com Ross, e a mãe agora ia atrapalhar tudo.

Kate não fez nada do que Marianne esperava, dando-lhe apenas um beijo carinhoso na face. Alisou os seus cabelos e perguntou como estava. Marianne deu de ombros, e Kate, virando-se para o sobrinho, finalizou:

— Espero você lá fora.

Saiu a passos vagarosos. Sofria muito também. Sofria por ter colocado a filha ali e sofria pela sua indiferença. Depois que ela sumiu de vista, Ross olhou para os lados e perguntou:

— Não quer dar uma volta?

Ele queria sair das vistas dos enfermeiros. Marianne assentiu e se levantou, e os dois foram se encaminhando para a porta que levava ao jardim. Na mesma hora, Grandão os deteve e indagou carrancudo:

— Aonde é que pensam que vão?

— Lá fora — respondeu Ross firmemente, sustentando o seu olhar de mau. — Vamos dar uma volta, tomar um pouco de ar.

— Está fazendo frio.

— Trouxe um casaco para Marianne.

Mesmo a contragosto, Grandão não os impediu. Não era aconselhável provocar a família de Marianne, uma das poucas que podiam trazer problemas ao doutor Kramer. A neve caía bem fininha, e eles saíram para a friagem, seguidos pelo olhar do enfermeiro. Ross ajeitou o casaco sobre os ombros de Marianne, e foram para o jardim.

— Luther me contou da carta — confessou ela. — Disse que foi você que a entregou, mas sei que você não faria isso. Desconfio que foi aquela mulher, minha... mãe.

Embora Ross não soubesse quem era Luther, achou melhor não perguntar.

— Não foi sua mãe — afirmou. — Foi seu pai. Tio David acreditou na palavra do doutor Kramer.

— Ele me castigou. Fez aquelas coisas comigo de novo...

Ross parou no meio do jardim e olhou para o edifício, onde Grandão permanecia observando-os.

— Vou tirar você daqui, Marianne. Daqui a pouco, faço dezoito anos. Vamos fugir e nos casar.

Num impulso de amor genuíno, Ross puxou-a para si e, pela primeira vez, beijou-a com paixão, como um homem beija uma mulher. Ela correspondeu ao beijo com ardor e se apertou contra ele, mas logo ouviram a voz estrondosa de Grandão, gritando da soleira da porta:

— Vamos parar com essa sem-vergonhice, vocês dois! Ou querem que eu vá até aí?

Afastaram-se, Ross com medo do que pudesse acontecer a Marianne. Ela, em sua inocência e temor, não teve coragem de contar a ele o que Mike e Grandão haviam feito. Escutara os enfermeiros conversando sobre virgindade e ouvira um deles dizer que homem decente não se casava com mulher que não fosse mais virgem. Ela não entendia muito sobre virgindade, até que uma das internas mais velhas lhe explicou. Temendo que Ross não a quisesse por não ser mais virgem, preferiu guardar segredo.

Aproveitaram ao máximo o tempo de visitas. Quando Ross foi obrigado a partir, Marianne se atirou na cama e chorou. Ross, por sua vez, seguiu contrariado, um aperto no coração causado pela revolta de ver Marianne naquele lugar horroroso. Tinha que fazer alguma coisa para libertá-la. Se pudesse, libertaria todos os enfermos. Não era crível que pessoas pudessem dar tratamento tão indigno a seus semelhantes. Pensar nos internos do hospício causou-lhe grande revolta e a certeza de que seria capaz de mover céus e terra para tirar Marianne dali.

No dia seguinte, Kate foi sozinha falar com o doutor Kramer. Pretendia, ela mesma, libertar Marianne. Não dissera nada a ninguém, nem a Ross. Kramer a recebeu com cerimônia e frieza. Esperou até que ela dissesse tudo o que tinha a dizer e, no final, rebateu com ar gélido:

— Lamento, senhora Landor, são ordens expressas do seu marido. Marianne só sai daqui com a autorização dele.

Arrasada, Kate não tinha como contra-argumentar. O doutor Kramer foi categórico e muito pouco amigável. Ela voltou para casa remoendo a desilusão e, quando David chegou do trabalho, despejou sobre ele toda a sua raiva e frustração:

— Você não tem o direito de me impedir de levá-la!

— Fiz isso para a proteção de todos.

— Mentira. Fez isso porque é egoísta, mesquinho e cruel.

— Pouco importa, Kate! — esbravejou ele, já cansado daquele drama. — Marianne é louca e vai ficar onde está.

— Acho que você não se lembra do que lhe disse.

— O quê? Que vai me deixar? Essa ameaça não me impressiona mais. Você não tem como sustentar três crianças sozinha.

Kate sentiu a mágoa e a raiva inflarem seu peito, remoendo o desejo de cumprir a promessa e partir dali com os outros filhos. Todavia, ele tinha razão. Quando fizera aquela ameaça, não falava realmente a sério. Era uma mulher sem posses. Não tinha como trabalhar com três crianças para cuidar e ainda se preocupar com Marianne.

Com um olhar glacial, Kate foi dormir no quarto vazio de Marianne. A partir daquele dia, nunca mais voltou a dormir com David. Naquele momento, algo dentro dela se rompeu, como se os vínculos que a ligavam ao marido houvessem se partido.

O arrependimento levava-a a compreender a necessidade de amor e a reformular sua antiga opinião sobre a loucura. Os procedimentos do passado não mais encontravam eco na mente ou no coração de Kate. Estava agora distante das crenças do passado, vendo a loucura e os loucos com outros olhos, sensível ao seu sofrimento e desejosa de possuir meios para ajudá-los a todos.

Foi essa dissociação que provocou um rompimento entre ela e o marido. Enquanto David permanecia ainda arraigado aos sentimentos do passado, Kate já começava a se libertar e, em seu íntimo, começou a idealizar um plano para salvar Marianne... sua filha.

6

Os feriados de Natal haviam terminado, e Ross acabou de arrumar as malas para voltar à escola. Partiria no dia seguinte, bem cedo, não sem antes falar com Kate. A tia o recebeu com um entusiasmo exacerbado e o levou para o quintal, onde poderiam conversar mais à vontade. Apesar do frio, não estava nevando, e o sol se insinuava pelas nuvens, deitando um pouco de calor sobre a cidade gélida.

Tomei uma decisão, Ross — afirmou ela com segurança. — Vou soltar Marianne.

— Como, se tio David não consente?

— Não preciso do consentimento dele. Vou usar meus próprios métodos.

— Que métodos?

— Tenho tudo planejado. Vamos tirar Marianne de lá... você e eu.

— Impossível. Pensa que já não pensei nisso? Observei bem o hospício e posso lhe garantir que ele é muito bem vigiado.

— Pois vamos burlar essa vigilância. Basta que prestemos um pouco de atenção aos controles de entrada e saída e ajamos com rapidez. Não pode falhar.

Em detalhes, Kate contou a Ross o seu plano. A ideia era simples e arriscada, mas podia dar certo. Depois que ela terminou, Ross segurou sua mão e exprimiu com profundo respeito:

— Você é uma mulher de muita fibra, tia Kate. Estou orgulhoso de você.

Ela enrubesceu e enxugou duas discretas lágrimas que insistiam em cair.

— Sou mãe. Jamais deveria ter consentido em submeter minha filha a tratamento tão desumano.

— Ainda há tempo de consertar isso. Sua ideia é boa e vai dar certo. Pode deixar que falarei com meus amigos da escola. Tenho certeza de que concordarão em ajudar.

— Ótimo.

— Difícil vai ser esperar até o fim das aulas.

— Precisamos ter calma. Se nos precipitarmos, poderemos pôr tudo a perder. Em breve você fará dezoito anos, terminará a escola e ninguém mais poderá mandá-lo para longe.

— Papai quer que eu faça faculdade. Se eu for, levarei Marianne comigo, como minha mulher.

Kate sorriu agradecida e admirada com tanta maturidade num moço tão jovem.

— É isso mesmo o que quer? Casar-se com Marianne?

— Minha vida sem ela não tem sentido algum.

— É muito bonito esse seu amor por Marianne. Qualquer outro, no seu lugar, não estaria mais pensando nisso. Ainda mais porque não sabemos se o problema dela é hereditário.

— Que seja. Não me importo. Contento-me com o que Deus tiver reservado para mim.

Ela deu um beijo discreto na face de Ross e finalizou:

— Obrigada, meu filho. Sem você, eu não conseguiria enfrentar a minha culpa.

Ross foi para casa. Ao chegar, o pai e Lilian estavam reunidos para o jantar. Cumprimentou-os brevemente e tomou a direção do quarto.

— Não vem jantar? — indagou Nathan.

— Não estou com fome.

Depois que ele se foi, Lilian queixou-se ao marido:

— Esse menino anda muito estranho. Aposto que Kate coloca uma porção de bobagens na cabeça dele.

— Ross já é um rapaz. Não se deixaria influenciar por ninguém.

— É um rapaz tolo e sentimental. Ainda pensa que gosta de

Marianne.

— Mas ele gosta.

— Que rapaz bonito e rico feito Ross vai querer perder seu tempo com uma louca? Kate é que deve estar fazendo alguma chantagem com ele. Você não devia permitir que ele a visite.

— Perdi o controle sobre Ross. Ele não me obedece mais.

— E por causa disso permite que ele e Kate falem de mim pelas costas?

— De onde tirou essa ideia? Aposto como eles nem tocam no seu nome.

— Duvido. Aquela mulher me odeia.

— Como se você gostasse dela — murmurou.

No dia seguinte, bem cedo, Nathan foi levar Ross de volta à estação de trem. Os feriados tinham terminado, e havia ainda um semestre inteirinho de aulas antes da formatura. Era preciso paciência e uma boa dose de sangue frio para, sabendo o que ele sabia, aguardar o momento oportuno para agir.

O plano para libertar Marianne parecia perfeito, contudo, a espera é que seria longa demais, inclusive para Kate. Daquele dia em diante, ela e David se tornaram praticamente estranhos, e todo cuidado era pouco para que ele não descobrisse suas intenções.

No domingo seguinte, quando Kate chegou ao hospício, foi informada de que Marianne estava doente e não podia receber visitas.

— Quero ver minha filha — disse imperiosa ao atendente na mesa de recepção, de onde não lhe permitiram passar.

— Lamento, senhora, mas tenho ordens para não deixá-la entrar — avisou o atendente.

— Como assim? Sou a mãe dela.

— Marianne não está bem. E, no estado em que se encontra, está impossibilitada de receber visitas.

— Não me interessa. Quero vê-la agora.

— Sinto muito...

— Escute aqui, rapaz! Ou você me deixa ver Marianne , ou vou daqui direto para a polícia e digo que vocês sumiram com a menina. Vocês têm que me dar conta da minha filha!

O atendente não estava gostando nada daquilo. Recebera

ordens de não deixar ninguém passar para ver Marianne e nem sabia por quê. Entretanto, não lhe disseram que teria que lidar com a polícia.

— Aguarde só um minuto. Vou ver se o diretor pode atendê-la.

Saiu apressado, deixando Kate furiosa no saguão de entrada. Prevenido, o doutor Kramer quis ignorar a presença dela, só não o fazendo porque não queria a polícia bisbilhotando em seus assuntos. Marianne não estava realmente doente. Recebera uma forte dose de láudano e entrara em choque. Por pouco, não a perdia.

Minutos depois, ele apareceu. Veio com um sorriso idiota no rosto e mandou que a deixassem entrar. Kate teve que se conter para não esbofetear a sua cara macilenta e vermelha.

— Senhora Landor — disse ele com disfarçada cortesia —, lamento o transtorno. É que não são permitidas visitas na ala das enfermarias, para evitar qualquer tipo de contaminação.

— Só o que quero é ver minha filha. Tenho esse direito. Não sou visita, sou a mãe dela. Ou o senhor me deixa entrar, ou vou à polícia.

Ele balançou a cabeça e indicou-lhe o caminho da enfermaria. Kate seguiu em silêncio, rezando para que Marianne estivesse bem. Enquanto seguiam, o médico ia falando:

— Marianne teve um choque súbito. Talvez tenha sido algo que comeu.

— Desde quando comida causa choque súbito? Francamente, doutor, posso não entender nada de medicina, mas não sou estúpida.

Alcançaram a enfermaria, e ele empurrou a porta vagarosamente, dando-lhe passagem. Foram andando pelo corredor formado entre as camas, e a visão lastimável dos vários doentes jogados ali lhe causou imenso mal-estar. Contendo a revolta, a indignação e a compaixão por toda aquela gente, Kate foi caminhando, até que chegaram ao leito de Marianne. Ao vê-la, Kate levou um susto. Ela estava pálida feito cera, os olhos cerrados circundados por imensas e fundas olheiras.

— O que há com ela? — indagou assustada.

A enfermeira não sabia o que dizer e fitou o médico, que respondeu com aparente calma:

— Como lhe disse, ela teve um choque súbito. Parecia estar bem, até que começou a gritar e desmaiou. Foi trazida para cá e medicada, mas ficou assim.

Kate examinou bem o rosto de Marianne, que mais parecia uma morta-viva.

— Que espécie de profissionais vocês têm aqui, doutor Kramer, que não sabem cuidar de uma doente? — tornou ela com raiva.

O sangue subiu às faces de Kramer, mas ele disfarçou e retrucou com voz que mal continha a ira:

— Nossos enfermeiros são muito capazes e treinados. Contudo, lidam com loucos, que, como a senhora sabe, são imprevisíveis.

Kate virou-lhe as costas e aproximou-se da cama da filha, sentindo-lhe a fraca respiração. Com lágrimas nos olhos, abaixou-se perto dela e beijou-a na face, surpresa com a frieza e a aspereza de sua pele.

— Não se preocupe, Marianne — sussurrou bem baixinho em seu ouvido, de modo que somente ela pudesse ouvir. — Ross e eu vamos tirá-la daqui.

Ela pareceu compreender, porque um leve tremor agitou os seus lábios, mas não pôde falar. Kate afagou seus cabelos e se virou para sair, lutando para conter o pranto. Já no corredor, encarou o doutor Kramer e disparou:

— Não pense que me convenceu com a sua história, doutor, porque não convenceu. Por ora, contudo, não há nada que eu possa fazer além de lhe dar um aviso: cuidado com seus métodos. Se alguma coisa acontecer a minha filha, venderei tudo o que tenho para pagar o melhor advogado da Inglaterra e me certificar de que o senhor seja preso por tempo suficiente para que nunca mais possa atingir ninguém. Entendeu?

Sem esperar resposta, rodou nos calcanhares e saiu a passos firmes, deixando Kramer indignado e furioso com o seu atrevimento. Naquele momento, veio-lhe a certeza: não podia libertar todos os loucos do hospício, mas poderia, ao menos, livrá-los do doutor Kramer.

7

Os seis meses seguintes pareceram a Ross uma eternidade. Em meados de abril, completou dezoito anos, satisfeito com a maioridade, que, finalmente, lhe permitiria casar-se com Marianne. O fim do ano letivo também se aproximava, e a formatura não tardaria. Quando saísse da escola, arranjaria um bom emprego, talvez num banco, onde ganhasse o suficiente para sustentá-la. Mais tarde, quem sabe, ingressaria na universidade.

Um dia, logo após a prova de matemática, Ross chamou os rapazes para uma conversa.

— Vocês são meus amigos? — perguntou.

— Você sabe que sim — respondeu Vincent.

— Por que a pergunta? — estranhou Arnold.

— Todos sabem de meu amor por Marianne, não sabem? — eles assentiram. — Pois vou precisar da ajuda de vocês.

— Que espécie de ajuda? — tornou Arnold, inquieto.

— Tia Kate e eu temos um plano para tirar Marianne do hospício. Só que, sozinhos, não conseguiremos realizá-lo.

— Você ficou louco? — objetou Arnold. — Quer que sejamos presos?

— Ninguém vai ser preso. Se fizerem tudo direitinho, todos sairemos muito bem.

— E se alguém descobrir? — opôs Vincent.

— Ninguém vai descobrir — continuou Ross. — Tia Kate planejou tudo direitinho. Nada pode dar errado.

— Quero primeiro saber que plano é esse — pediu Arnold.

— Tudo bem. O plano de tia Kate é muito simples, porém, seguro. Todos os domingos, dia de visita, os visitantes são obrigados a dar seus nomes na entrada, e um atendente vai anotando num livro, junto com a hora de chegada. Na saída, dão o nome de novo, e ele anota a hora de saída na coluna ao lado do nome respectivo. É assim que controlam quem entra e quem sai.

Quando Ross terminou de contar o plano de Kate, os amigos o fitaram com admiração e respeito. Era uma ideia ousada, que tinha tudo para dar certo. Se cada um cumprisse bem o seu papel, nada poderia sair errado.

— Muito bem — falou Arnold. — Conseguiu me convencer. Vou adorar participar da encenação. Acho que vai ser divertido.

— Eu também — concordou Vincent. — O plano é arriscado, mas é o perigo que traz a emoção. Pode contar comigo.

Com a concordância dos amigos, Ross dedicou-se às provas, riscando no calendário os poucos dias que faltavam para o término das aulas.

Rapidamente, Marianne se recuperou da superdose da droga e voltou ao dormitório. Registrara na mente algumas palavras, que pareciam ter sido ditas num sonho: Ross e eu vamos tirá-la daqui. Era a voz da mãe. Marianne animou-se com aquela promessa e tentou conversar com Kate, que não lhe deu chance de falar, temendo que ela estragasse tudo. E como Kate não voltara a tocar no assunto, ficou imaginando se não teria sido obra de algum de seus amigos invisíveis, como os enfermeiros os chamavam. Por isso, em pouco tempo, a promessa caiu no esquecimento, e ela retornou à indiferença.

Os amigos invisíveis também haviam escutado aquela história e não estavam nada satisfeitos. Principalmente Luther. Não era de seu interesse que Marianne saísse do hospício, onde eles tinham livre acesso a ela, principalmente para ir viver com Ross. O amor do menino era suficiente para estragar seus planos. Com a insuportável onda de amor que emanava do coração de Ross, ficaria praticamente impossível, para eles, atuarem sobre ela.

Não foi por outro motivo que Luther intensificou seu assédio. Não podia facilitar, e estar junto dela, sempre que possível, era essencial naquele momento. Com esse intuito, aproximou-se novamente.

— Olá, Marianne — cumprimentou, sentando-se ao lado dela e de Eric no jardim.

Eric também já se acostumara com Luther e não estranhou sua presença ao lado de Marianne.

— Olá, Luther — respondeu ela, sem muito interesse. — Andou sumido.

— É verdade. É que sou um homem muito ocupado e tenho uma cidade inteira para comandar.

— Você comanda uma cidade? — espantou-se Eric.

— Luther é uma pessoa importante — esclareceu Marianne.

— Quero falar com você a sós, Marianne — continuou o espírito.

— Agora não estou com vontade. Eric e eu estamos observando os pássaros. Temos que aproveitar enquanto Escobar não está aqui. Daqui a pouco ele volta...

Não lhe deu tempo de concluir. A um gesto seu, duas sombras que os olhavam à distância se aproximaram de Eric e colocaram a mão em sua nuca. Na mesma hora, o menino começou a espernear e a xingar, atraindo a atenção dos enfermeiros. James e Grandão, a muito custo, conseguiram contê-lo, e Mike lhe aplicou uma injeção calmante. O menino foi-se acalmando e adormeceu, até que os enfermeiros o ergueram e o levaram para dentro.

— Isso não se faz, Luther — censurou Marianne.

Os enfermeiros a ouviram repreender o invisível e deram um riso debochado. Marianne não se cansava. Sempre falando com seus fantasmas.

— A culpa foi sua — objetou ele. — Eu disse que queria falar a sós com você.

— O que é?

— Não quero que você saia daqui.

— Quem disse que vou sair daqui?

— Você não pode me deixar — prosseguiu ele, após alguns segundos em que permaneceu encarando-a. — Não depois do trabalho que tive para encontrá-la.

— Você não me respondeu — tornou ela desconfiada. — Quem disse a você que vou sair daqui?

— Ninguém me disse nada. Só que quero lhe dar um aviso. Não posso levar você comigo, mas posso fazer com que jamais se esqueça de mim.

Afastou-se aborrecido. Estava prestes a perdê-la, o que o irritava sobremaneira. Logo em seguida, dois outros vultos apareceram e se colaram a Marianne. Ela os viu se aproximar e tentou fugir.

— Por que é que não me deixam em paz? — esbravejou ela — Não estou com vontade de companhia hoje.

Os vultos nada disseram. Colados a ela, começaram a sugar as suas forças e a dominar os seus centros nervosos. Em breve, a subjugaram. Quase inconsciente, Marianne saiu correndo pelo jardim e foi ao encontro de Mike, que já havia voltado lá de dentro. De frente para ele, Marianne rasgou a roupa e começou a gritar-lhe palavras obscenas, que nem conhecia.

Mike se assustou. Era a primeira vez que ela fazia aquilo. Marianne costumava ser uma menina tímida. Agressiva, porém, tímida, e nunca se comportara de maneira a chamar a atenção. Ao contrário, vivia quieta e calada, e só reagia quando provocada.

Confuso, Mike tentou contê-la, segurando-a pelos punhos. Ela se debateu e falou espumando:

— O que há, covardão? Perdeu o desejo por mim, foi?

Atirou-se contra ele, tocando em suas partes íntimas e tentando lamber o seu pescoço, mas ele conseguiu afastá-la.

— Acalme-se, Marianne! — repreendeu ele, em tom ameaçador.

Desvencilhando-se dele, Marianne saiu correndo pelo jardim, com a camisola rasgada, e aproximou-se de outro doente. Era John, o menino retardado com quem disseram que ela havia feito sexo. Ele estava sentado na grama, e ela saltou em cima dele, fazendo-o deitar-se de costas. Sentada sobre ele, levantou a camisola rasgada e começou a esfregar os seios em seu rosto, enquanto ele tentava afastá-los, para não sufocar. Os enfermeiros, achando a cena engraçada e picante, diminuíram o passo, rindo e já começando a ficar excitados. John soltava grunhidos estranhos, feito um animal, deixando Marianne cada vez mais irritada.

John começou a se debater e, à medida que se agitava, Marianne pulava sobre ele, como se o estivesse cavalgando. Mike e Grandão riam cada vez mais, pensando em qual dos dois, naquela noite, seria o primeiro a se aliviar com Marianne. Estava claro que a menina tomara gosto pela coisa e tentava provocá--los para que eles a possuíssem.

— Muito bem — disse Mike a Grandão. — Se é disso que ela gosta, faremos a sua vontade. A noite hoje vai ser quente, meu amigo. Que tal se a levarmos para a lavanderia? Lá, a farra pode ser muito melhor. Podemos até arrumar uma outra para incrementar a coisa.

Grandão ria gostosamente, levando a mão à barriga, quando escutaram gritos agoniados. Olharam ao mesmo tempo e desataram a correr. Completamente fora de si, Marianne batia com a cabeça de John no chão, gritando e xingando-o dos palavrões mais feios.

Logo, os dois enfermeiros chegaram com a camisola e a prenderam. Com medo de dopá-la em demasia, ergueram-na e saíram com ela, ainda se debatendo.

— O que faremos? — indagou Grandão. — O doutor Kramer está lá embaixo com Eric.

— Vamos amarrá-la na cama e esperar. Ele nos dirá o que fazer.

Duas horas depois, Marianne entrava de novo no quarto do porão, ao som da Sonata ao Luar. Assim que entrou, Eric saiu na outra maca, e os espíritos se descolaram dela, provocando uma lucidez súbita. Ela ainda os via, contudo, não sentia mais vontade de fazer aquelas coisas e logo se deu conta do que estava para acontecer. Começou a chorar e a se debater.

— Não adianta chorar — repreendeu um dos espíritos. — São ordens de Luther. Você tem que pagar!

— Pagar...? — balbuciou ela. — Não lhe devo nada.

— Cale a boca, Marianne! — esbravejou o doutor Kramer, impaciente. — Não tem ninguém aí. Você já me causou problemas demais. Quem vai me pagar é você. E nem um pio a sua mãe, ouviu? Ou dou um jeito de acabar com a sua vida sem levantar suspeitas.

Marianne olhava do médico para os espíritos, que riam sarcasticamente. De repente, Luther surgiu diante dela, rindo também.

— Não adianta, Marianne — falou ele com ar aterrador. — Não vou deixar você sair impunemente. Quer ir embora? Que vá. Mas não sem antes passar por toda sorte de sofrimentos que eu puder lhe impingir.

— Por que está fazendo isso? — tornou ela magoada. — Pensei que fosse meu amigo.

— Amigo? Besteira! Você é minha inimiga. Sempre foi! E agora chegou a hora de me pagar!

— Não, não! — gritava ela, enquanto os enfermeiros passavam as correias ao redor de seus punhos. — Não vou pagar nada, não vou!

Pensando que Marianne se referia a ele, Kramer respondia com ar de mofa:

— Ah! vai sim. Vai me pagar por toda humilhação que me fez passar diante de sua mãe.

— Não! Não!

Enquanto ela gritava, o doutor Kramer mandou que aumentassem o volume do fonógrafo, dando início a mais uma de suas sessões de tortura. Marianne sentiu uma picada no pescoço, e tudo a sua volta começou a rodar. Como se isso não bastasse, veio a violência do choque em sua cabeça, e ela foi perdendo a consciência, enquanto a música estourava em seus ouvidos e as gargalhadas de Luther e dos outros vultos invadiam a sua mente.

— Bem feito! — rugia Luther. — Quis se livrar de mim? Pois agora vai ver só! Prometo muitas sessões diárias de castigos. Eu prometo... prometo...

A voz de Luther foi sumindo, sumindo, até que cessou por completo. Marianne cerrou os olhos e apagou, pensando se não seria melhor morrer.

8

A formatura de Ross transcorreu em clima de entusiasmo e muitos planos para o futuro, dos quais Nathan não tinha conhecimento. Somente o pai estivera presente à cerimônia e voltara às pressas para Londres, pois teria que partir em viagem de negócios a Southampton na segunda-feira de manhã.

— Mal vejo a hora de voltar para casa — anunciou Ross eufórico, enquanto acompanhava o pai à estação de trem.

— Espere eu voltar de Southampton — contrapôs Nathan.

— Por quê? Agora que as aulas terminaram, não tenho mais motivos para permanecer em Oxford.

— E a universidade?

— Já conversamos sobre isso. Para o ano, quem sabe?

— Não devia estragar a sua vida por causa de Marianne.

— Você não entende mesmo, não é, pai? Não percebe que, sem Marianne, minha vida já está estragada?

— Não compreendo. Um menino que tem tudo. Como foi se apaixonar pela prima louca?

— Quem disse que estou apaixonado por ela?

— Ninguém precisa dizer. Sou um homem experiente, sei das coisas. E é por isso que lhe digo que esse romance com Marianne não vai levar a lugar nenhum. Ela é doente, e você, muito jovem para cuidar de uma menina assim. Não é possível que não tenha conhecido outras garotas.

— Outras garotas não me interessam. Você tem razão, sou mesmo apaixonado por Marianne. É algo que não posso explicar.

— Vocês foram criados juntos. Não está misturando os sentimentos? Não é porque é mais velho e, por isso, sente-se responsável por ela?

Ele pensou durante alguns momentos, até que meneou a cabeça e considerou:

— Não é que me sinta responsável. Sinto-me protetor e sei que essa proteção vem do amor que tenho por ela. Quando estamos juntos, tenho vontade de beijá-la e estreitá-la. Isso não é amor?

Nathan não respondeu. Não conseguia compreender aquele sentimento e era melhor não questionar. O que o preocupava naquele momento era a reação de Lilian quando Ross voltasse para casa. Sem ele para contornar as coisas, temia uma catástrofe em seu lar. Ao menos fora o que Lilian lhe dissera. Planejando um fim de semana a sós com o amante, convencera o marido a impedir a volta de Ross até que ele retornasse de sua viagem de negócios cuidadosamente arranjada para Southampton.

— Você já está um homem — afirmou Nathan após alguns minutos de reflexão. — Não posso mais mandar em você. Nem Lilian.

— Ela nunca mandou em mim — revidou ele com raiva. — Francamente, pai, não sei como suporta aquela mulher mesquinha e fútil.

— Sou casado com ela.

— Isso não é desculpa. Devia se impor, ao invés de permitir que ela lhe dê ordens e faça exigências. Lilian é insuportável. Por causa dela, tive que me afastar de tia Kate.

— Também sinto falta de meu irmão, contudo, não posso contrariar minha esposa. Não se esqueça de que sua tia a desfeiteou.

— Só você para acreditar numa infâmia dessas.

— Não importa, Ross. Isso tudo é passado. A situação entre você e Lilian permanece a mesma. E é para evitar desavenças que peço a você que aguarde a minha volta. São só cinco dias.

— Posso ficar com tia Kate.

— Por favor, não...

— Pensando bem, acho que é isso mesmo que vou fazer. Vou tomar o trem direto para a casa dela.

— Não faça isso, eu lhe imploro — suplicou Nathan, com angústia na voz. — Não posso perder o meu filho.

— Passar uns dias na casa de meus tios não vai fazer você me perder.

— Tenho medo de que, acostumando-se ao ambiente de sua tia, você não volte mais para casa.

— Você está é com ciúmes.

— Que seja. Mas você não pode, ao menos uma vez, fazer a vontade de seu pai? Depois que eu voltar, você poderá fazer o que quiser da sua vida. Por favor... Você é tudo que me resta.

— E sua mulher? — tornou com desdém.

— Não é a mesma coisa. Lilian é minha esposa. Você é meu sangue. Conto com você para me ajudar a suportar os meus dias.

— Você não quer admitir que sua vida com Lilian está se tornando insuportável, não é? Do contrário, por que me diria essas coisas?

— Por favor, meu filho, é só o que lhe peço. Você não sabe o quanto tenho sentido a sua falta.

— Entendo os seus argumentos, mas isso não é motivo para me reter aqui. Vou ficar com tia Kate e depois, quando você voltar de Southampton, volto para casa.

— Promete?

—Prometo. Não se preocupe.

Despediram-se com abraços efusivos, e Ross percebeu o quanto era importante para o pai. Aquela mulher estava acabando com ele, sugando tudo o que podia. Não era justo. Ele e Nathan haviam se distanciado por causa dela. No entanto, ainda havia um forte sentimento de pai e filho unindo os dois. Não teve coragem de dizer-lhe que pretendia fugir com Marianne. Faria isso quando ele voltasse, pois não queria que Nathan partisse em uma viagem de negócios levando tantos problemas na mala.

Era uma segunda-feira nublada quando Nathan partiu para Southampton, contrariado por ter que deixar Londres justo no retorno do filho. Mas alguns clientes naquela cidade pareciam insatisfeitos, ameaçando fechar negócios com uma empresa concorrente, e ele precisava resolver a questão, levando-lhes amostras de novos tecidos de qualidade, a preços de ocasião.

Apanhou o trem das seis horas e recostou-se no banco, adormecendo em seguida. Por cerca de meia hora, o trem percorreu os trilhos com suavidade, exalando sua fumaça cinzenta no céu enevoado da manhã. Nathan sentia o balanço ritmado do vagão a embalar-lhe o sono, desviando de seus pensamentos todas as preocupações. Tudo corria bem, até que os freios foram subitamente acionados, sacolejando toda a composição e atirando pessoas e coisas para a frente e para o chão. Foi uma gritaria geral. Os que estavam dormindo acordaram apavorados, imaginando em que terrível acidente haviam se envolvido.

Finalmente, o comboio parou, e todo mundo se levantou, tentando ajeitar-se da melhor forma. Algumas pessoas estavam um pouco feridas, embora não gravemente. Quase ao mesmo tempo, todos correram para a janela, a fim de verificar o que havia acontecido. Num cruzamento de nível próximo, duas composições haviam se chocado, fechando as linhas de acesso. O auxílio começava a chegar, com sirenes estridentes e pessoas gritando, dando início à retirada dos corpos e feridos, muitos dos quais ainda presos nas ferragens.

Fechada a linha, ninguém podia passar. Nathan ainda tentou argumentar, no entanto, não houve jeito. Era impossível atravessar de trem por ali. O jeito era voltar e tentar no dia seguinte. Mais aborrecido do que nunca, Nathan voltou para casa, sob ameaça de perder o negócio e, pior, o emprego. O senhor Bradley realmente ficaria muito insatisfeito com aquele contratempo, contudo, não era culpa sua. Subiu no ônibus posto à disposição dos passageiros pela companhia ferroviária, retornou à estação de trem e dali tomou um bonde para sua casa.

Enquanto isso, Ross fazia a viagem de volta a Londres em companhia dos amigos, cuidadosamente repassando o plano de fuga. Vindo de ramais distintos, os comboios de pai e filho não se cruzaram, percorrendo, cada um, direções diferentes. Ao passo que o trem em que Nathan estava ia para o sul, o de Ross vinha do norte, de forma que o rapaz não ficou sabendo do acidente que fez o pai retornar.

Enquanto o trem de Ross chegava a Londres, Nathan já subia a rua a passos lentos. Vinha alquebrado, preparando-se para o interrogatório a que Lilian o submeteria quando chegasse. Deixaria a mala em casa e iria para o trabalho conversar com o patrão. O senhor Bradley haveria de entender que, se perdesse o negócio, não seria culpa sua.

Na porta de casa, parou, reunindo ânimo para entrar e enfrentar o mau humor usual da mulher. Olhou para os dois lados da rua, desejando que o filho despontasse em uma das esquinas, arrependido por não ter consentido que fosse para casa. Como gostaria que Ross estivesse ali! Mas ele não estava, e era preciso dar continuidade à vida. De cabeça baixa, pisou no pequeno caminho de pedras que cortava o gramado, conduzindo à porta da frente. Ao segundo passo, estacou. Bem na entrada, um automóvel estacionado lhe causou imensa sensação da familiaridade. A lembrança despontou com a rapidez do pensamento, e ele se virou de forma abrupta, fixando o olhar no colorido desmaiado e inconfundível do veículo.

Com a quase certeza da traição, que a teimosia do medo pretendeu rechaçar, abriu a porta e entrou em silêncio, depositando a mala no vestíbulo. A mansão estava quieta, sem sinal visível de habitante, a não ser por Nora, que cantava baixinho na cozinha. Com todo cuidado para não emitir nenhum som, Nathan foi seguindo pela sala. O mais silenciosa e mansamente que podia, subiu as escadas, evitando o ranger dos degraus. Pé ante pé, chegou à porta do quarto. Colou o ouvido à porta e escutou. De dentro, vinham risinhos abafados, gemidos e suspiros carregados de êxtase.

O sangue de Nathan ferveu. Quis irromper porta a dentro e flagrar a mulher e o amante em seu ato nojento de amor, porém, não conseguiu se mover. O medo e a vergonha o paralisaram, causando terrível hesitação. Será que deveria mesmo surpreendê-los? Ou não seria melhor voltar pelo mesmo caminho, fingindo que nada havia acontecido? Assim poderia continuar levando sua vidinha insossa, sem que Lilian soubesse o que ele sabia dela.

Arrasado, retirou a mão da maçaneta e se voltou, no exato instante em que Nora vinha subindo as escadas, com a vassoura e o espanador na mão. Ela soltou um grito agudo e largou tudo no chão. Em poucos instantes, a porta do quarto se escancarou e Richard saiu, em mangas de camisa e ceroulas, seguido por

Lilian, que vestia apenas um penhoar fino e transparente, sem nada por baixo para encobrir-lhe a nudez.

Os três se olharam perplexos, e Richard começou a gaguejar:

— Nathan... o que... que faz aqui...?

A visão quase desnuda da mulher, na companhia de seu chefe, trouxe Nathan de volta à realidade e fez dissipar sua covardia. Saltou em cima de Richard e pôs-se a esbofeteá-lo, ao mesmo tempo em que gritava:

— Cachorro! Canalha! Cafajeste! Como se atreve a trair-me debaixo de meu próprio teto?

Richard revidou e, em breve, sobraram socos e pontapés para todos os lados. Lilian, boquiaberta, não tinha coragem de falar, e Nora voltou correndo pelas escadas, com medo de ser responsabilizada por não ter dado o sinal. Em determinado momento, Richard se desvencilhou e, evitando os golpes desencontrados do outro, conseguiu dominar Nathan. Empurrou-o de encontro à parede, espremendo sua face na aspereza do reboco, e torceu-lhe o braço para trás.

— Devia me agradecer, Landor! — vociferou, entre colérico e sarcástico. — Você não era nada até eu aparecer. Eu o transformei num homem rico. Foi graças a mim que conseguiu tudo o que tem. Inclusive a mulher!

Sem poder se mexer, Nathan gritou vencido:

— Solte-me!

O outro deu uma gargalhada irônica e prosseguiu:

— Por que acha que ela se casou com você? Por amor? É claro que não, e você seria muito estúpido se acreditasse nisso. Ela só se casou com você porque não podia se casar comigo. Você foi o nosso disfarce, uma forma de manter Lilian perto de mim sem levantar suspeitas.

Foi um raio fulminante a cortar o coração de Nathan, imprimindo-lhe a dor da humilhação e da revolta. Agora compreendia tudo: o mau humor de Lilian, as viagens, as promoções sucessivas. Nathan percebeu o quanto fora idiota e sentiu raiva de si mesmo. Brigara com o irmão, afastara-se da família, privara o filho do convívio com os seus. E tudo por quê? Por uma mulher que nada valia e que o usara para acobertar seu romance espúrio.

Vencido e humilhado, Nathan choramingava baixinho. Satisfeito com a derrota moral do outro, Richard soltou-lhe o braço, e o corpo alquebrado de Nathan, sem forças para lutar ou resistir, deslizou até o chão, onde permaneceu, rosto colado na parede, engolindo o pranto e a vergonha.

— Se quer continuar a ocupar o importante cargo que ocupa na minha fábrica — advertiu Richard —, finja que não houve nada aqui hoje. Esqueça o que viu, e tudo voltará ao normal. Caso contrário, vá-se acostumando a viver na miséria, que é para onde você e o seu filhinho hão de voltar.

Como Nathan se odiou naquele momento por não conseguir reagir. Sentia desprezo de si mesmo, de sua incompetência e covardia. Por que não encarava o rival e tomava uma atitude?

— Levante-se, Nathan — ordenou Lilian friamente —, e pare de fricotes. Você é um homem ou um maricas?

Nesse momento, de forma inesperada, um vulto surgiu no alto da escada. Ross nem sabia ao certo por que mudara o rumo no último instante, tomando a direção de sua casa, ao invés da casa da tia. Só o que sentiu foi que precisava ir para lá. Não entendia por que nem questionara a si mesmo, dando vazão ao pensamento intuitivo de que sua presença seria de fundamental importância naquela hora.

Ao despontar no final do corredor, o que viu o encheu de indignação e revolta: o pai, sendo humilhado pelo amante da madrasta, em sua própria casa! Seu sangue jovem e indomado borbulhou a tal ponto que, cego de ódio, investiu contra Richard e, interpondo-se entre este e o pai, disparou com assustadora fúria:

— Saia daqui, verme! Ou serei capaz de matá-lo.

Apesar da vontade de contestar, Richard sentiu a superioridade moral do outro, incapacitando-o de reagir. Por pouquíssimos segundos, seus olhos se cruzaram, provocando um calafrio na pele do homem mais velho, que recuou com medo. Dono da situação, Ross agarrou-o pelo colarinho e saiu arrastando-o pelo corredor e escada abaixo, sem se deixar abater pela resistência de Richard, que, sentindo-se preso, lutava para se soltar.

— Largue-me, moleque! — conseguiu falar.

Alheio aos protestos dele, Ross continuou a puxá-lo, forçando--o a segui-lo aos tropeções. Com uma das mãos, escancarou a porta com estrondo e empurrou Richard de qualquer jeito para fora, fazendo com que ele rolasse os degraus e se estatelasse no chão, esfolando as faces nas pedras da entrada.

— Nunca mais ouse voltar a esta casa — ameaçou, fremente de ódio. — Se não quiser que o mate com minhas próprias mãos.

Bateu a porta com força, e Richard se viu a sós no jardim, em mangas de camisa e ceroulas. Pouco depois, suas roupas voaram pela janela, e ele as recolheu apressadamente, apanhando as chaves do carro e disparando para o interior do automóvel.

Do lado de dentro da casa, Lilian tremia de medo de Ross. Nunca o vira dominado por tanta ira e violência. Toda encolhida a um canto, pôs-se a chorar e a se justificar com fingido arrependimento:

— Não foi culpa minha. O senhor Bradley me obrigou. Fez chantagem. Disse que ia despedir seu pai...

— Cale-se, vadia! — berrou ele, transtornado.

— É verdade... Por favor, acredite!

Sentada na beira da cama, com parte do corpo à mostra, as mãos postas em sinal de súplica, ela lhe pareceu patética. Teria sido melhor se não tivesse dito nada e assumido sua culpa. Ao menos, seria mais digno. Ela começou a agitar os braços, implorando perdão, e o penhoar se abriu quase todo, causando tamanha fúria em Ross que, por pouco, não a agrediu também.

— Cubra-se, ordinária! — esbravejou o rapaz. — Não nos embarace ainda mais com a sua falta de vergonha!

— Deixe-a, Ross — interrompeu Nathan, com voz que o sofrimento tornava fria. — Ela não merece a sua raiva.

— Não vá me dizer que ainda pretende ficar com ela! — indignou-se.

— Lilian não é digna do nosso perdão ou respeito — Ross sorriu vitorioso, e ele continuou: — Vamos, mulher. Apronte suas coisas e saia daqui!

— Nathan... — choramingou ela. — Você não pode. Se fizer isso, vai perder o emprego, vai perder tudo. Do que é que vai viver?

— Pensa que me importo? — respondeu Nathan, cada vez

mais gélido. — Não me importo. Comecei de baixo e posso voltar para lá. E Richard fez um trabalho bem feito. Ensinou-me tudo que eu precisava saber para me tornar um bom diretor de vendas. Tenho recebido várias propostas de emprego e só não aceitei antes por fidelidade ao senhor Bradley.

— O que está esperando, Lilian? — vociferou Ross, interrompendo o desabafo de Nathan. — Não ouviu meu pai mandar você pegar suas coisas e sair?

— Você não pode fazer isso comigo! Sou sua mulher...

— Saia daqui! — esbravejou Nathan. — Vá procurar seu amante e peça a ele que a ajude! De mim, não terá nada!

— Não, Nathan, escute-me...

Ela tentou segurá-lo pelos braços, mas ele se desvencilhou e a empurrou, deixando-a aos prantos no chão. Lílian sabia que, sem o disfarce de Nathan, Richard também lhe voltaria as costas. Não iria comprometer o casamento e a fortuna.

Nathan saiu do quarto, com Ross atrás dele. Desceu as escadas às pressas e irrompeu na cozinha feito uma bala.

— Você também, Nora — disse em tom imperativo para a criada. — Apanhe suas coisas e suma. Está despedida.

Pouco depois, Lilian apareceu toda chorosa, vestida e carregando duas pesadas malas. Parou na sala, onde Nathan e Ross aguardavam, e lançou ao marido um olhar esperançoso. Nathan, contudo, levantou-se furioso e subiu correndo para o quarto, sem olhar para ela. Lilian enxugou os olhos e ergueu as malas, esticando o pescoço para olhar a cozinha. De Nora, nem sinal. À primeira ordem de Nathan, tratara logo de sumir.

Ela pousou uma das malas no vestíbulo e abriu a porta. Quando se voltou para pegá-la, deparou-se com Ross, encarando-a com tanta frieza que ela se arrepiou toda.

— Mande-nos depois o endereço... E aguarde a visita do advogado.

De Ross, não podia esperar mesmo nada. Lilian mordeu os lábios e engoliu o ódio que sentia dele. Nem sabia para onde ia, como podia ele pretender que lhe mandasse o endereço? E para quê? Para receber a visita de um advogado que, muito provavelmente, a obrigaria a assinar o divórcio?

O carro de Richard não estava mais parado ali. Com certeza, ele se fora, temendo ser descoberto ou visto por alguém. Era apenas ela, agora. Não podia contar com mais ninguém, apenas consigo mesma. Permanecera, sozinha, presa ainda às ilusões transitórias do mundo.

9

Depois que Lilian e Nora se foram, pai e filho se sentiram unidos como há muito não acontecia. Nathan não voltou mais ao emprego, mas enviou uma carta de demissão. O estado dele era de visível abatimento, e Ross preferiu adiar o momento de lhe contar sobre seus planos a respeito da libertação de Marianne. Ia, todos os dias, visitar os tios e os primos, mantendo contato quase diário com os amigos que iriam ajudá-lo. Em casa de Kate, repassaram o plano várias vezes, até que cada um ficasse bem seguro do que deveria fazer.

A execução do plano teve que ser adiada várias vezes, já que Marianne era agora usualmente conduzida à enfermaria, devido à forte reação ao láudano e outras drogas calmantes. Sabedor dos planos de Kate e Ross, Luther tudo fazia para impedir a sua concretização, e como não podia atingi-los diretamente, direcionava seus fluidos malignos para a menina, que, associando-os ao efeito dos narcóticos, tornava-se presa de torpores quase invencíveis.

Chamar a polícia, naquele momento, podia comprometer o doutor Kramer, mas, certamente, não livraria Marianne dos grilhões do hospício e atrairia, para ela, a atenção das autoridades. Kate não podia pôr em risco a fuga da filha. De qualquer jeito, precisavam libertá-la. Desesperada, Kate e Ross fizeram a única coisa possível naquela situação: rezaram.

Setembro entrou com a deflagração da guerra e a rápida entrada do Reino Unido no conflito, decidindo o rumo dos acontecimentos. Ross e seus amigos ainda não haviam sido convocados, mas, de qualquer forma, Vincent e Arnold tiveram que retornar a Oxford, para o início das aulas.

— Voltaremos no próximo fim de semana — prometeu Vincent. — E tiraremos Marianne de lá de qualquer jeito. Ainda que tenhamos que arrombar a enfermaria.

— Está certo — retrucou Kate em tom agradecido. — Acho que estamos todos prontos. Deus há de nos ajudar, e Marianne estará em condições de seguir conosco.

— Não se preocupe — recomendou Arnold. — Faremos tudo direitinho. Não haverá erros.

— E estaremos lá no domingo, sem falta — acrescentou Vincent. — Pode contar conosco. Não faltaremos.

Kate os abraçou e finalizou emocionada:

— Para serem amigos de Ross, vocês só podiam ser pessoas de bem. Nem posso lhes dizer o quanto fico grata pelo risco que estão correndo para salvar uma menina que nem conhecem.

Todos se abraçaram com muita emoção. Kate não sabia explicar, mas tinha certeza de que, daquela vez, não encontraria Marianne na enfermaria. Suas preces, realmente, haviam alcançado o resultado desejado, e espíritos luminosos intervieram em favor da menina, cuidando para que, no dia, Marianne estivesse bem e não precisasse ser dopada pelos enfermeiros.

A espera chegara ao limite e, com ela, a hora de Ross revelar ao pai o que pretendia fazer. Não podia esperar mais nem desaparecer de uma hora para outra. O amor reconquistado exigia confiança, que levava a explicações sinceras.

— Como está se sentindo? — começou ele, à hora do jantar.

— Estou superando. O novo emprego está me ajudando muito.

— Fiquei impressionado com a rapidez com que conseguiu uma nova colocação.

— Como disse, aprendi muito com o senhor Bradley.

— É verdade — fez uma pausa sugestiva e mudou de assunto: — Tenho algo a lhe contar.

— Vai para a faculdade?

— Não é isso. É um assunto sério e tem a ver com Marianne. — Nathan tomou um gole de vinho e encarou o filho, à espera de que ele prosseguisse: —Tia Kate e eu tomamos uma decisão. Vamos tirá-la daquele lugar.

— Seu tio consentiu?

— Ele não sabe.

Nathan levantou as sobrancelhas e retrucou, deveras surpreso:

— Está querendo me dizer que vão ajudá-la a fugir? — ele assentiu. — Vocês enlouqueceram?

— Precisamos fazer alguma coisa, ou ela vai acabar morrendo lá.

— Não faça nenhuma besteira, filho. Dar fuga a um louco é um crime muito sério.

— Marianne é só uma menina! — contrapôs ele. — E você não faz ideia do quanto está sofrendo.

Apesar de não querer contrariar o filho, Nathan não conseguia ocultar a preocupação:

— Você e sua tia devem estar mais loucos do que ela. Estão querendo o impossível.

— Não é impossível. Temos tudo planejado. Vai dar certo.

— Posso saber como pretendem fazer isso sozinhos?

— Não estaremos sozinhos. Meus amigos da escola vão me ajudar.

— Acha prudente comprometer seus amigos numa aventura insana feito essa?

— Não é aventura, muito menos insana. O plano tem tudo para dar certo, e ninguém vai poder provar que fomos nós. A não ser que alguém conte.

— Você sabe que eu jamais o delataria.

— Sei disso. É por isso que estou lhe contando. Você é meu pai e precisa saber o que irá acontecer. Quando tirarmos Marianne de lá, vou fugir com ela.

— Fugir? — surpreendeu-se. — Para onde?

— Para a Escócia, talvez.

Nathan balançou a cabeça, contrariado, e tornou aflito:

— E quando vai ser isso?

— No próximo domingo, dia de visita.

— Será que é prudente? Estamos em guerra contra a Alemanha.

— Se tudo correr bem, estaremos longe antes que possamos sentir seus efeitos.

Nathan não disse mais nada. Abraçou-se ao filho em lágrimas, como se quisesse prendê-lo para sempre em seus braços, evitando que sofresse. Contudo, tinha consciência de que Ross era dono de seu destino.

— Faça o que tem que fazer — disse por fim. — Só não se esqueça de seu velho pai. E você sabe que pode contar comigo, seja para o que for, não sabe?

— Sei, sim, e sou-lhe grato por isso.

— Não se agradece o amor. Amo você e tudo farei para ajudá-lo a ser feliz. Acho uma loucura libertar Marianne, mas se é o que você quer, tem o meu apoio.

Na véspera da visita, quando Ross entrou em casa, vindo de seu último encontro com Kate antes da execução do plano, Nathan o aguardava na sala, andando de um lado a outro, preso de uma preocupação extrema.

— Pai? — chamou Ross, apreensivo. — Aconteceu alguma coisa?

— Estou muito preocupado com essa guerra — confessou aflito.

— Tenha calma.

— E se convocarem você, meu filho? O que é que eu vou fazer se você for para o front?

— Isso não vai acontecer.

— Você não sabe. Faz tempo que jovens estão sendo convocados para o alistamento militar. E agora, ouvi dizer que qualquer um pode ser recrutado.

— Ninguém vai me recrutar.

— Hoje mesmo, o filho de nosso vizinho recebeu a convocação. Um jovem pouco mais velho do que você. Fiquei apavorado. O que será de nós se você for?

Confuso, Ross começou a andar pela sala, tentando concatenar as ideias. Não podia ir para a guerra. Não que tivesse medo do combate ou de morrer. O que temia era deixar Marianne presa naquele hospício.

— Não posso ir para a guerra — objetou ele. — E Marianne? Ela precisa de mim. Vamos tirá-la de lá no domingo e vamos fugir...

Para Nathan, a ideia da fuga, repentinamente, pareceu a única salvação, e ele lhes facilitaria a escapada. Tinha dinheiro e poderia comprar-lhes passagens para a França. Lá, onde a

Linha Maginot[6], certamente, manteria os alemães à distância, não recrutariam um estrangeiro, e Ross estaria em segurança. E essa seria também uma excelente oportunidade para se reconciliar com Kate e o irmão.

— Vou ajudá-los, Ross — disse ele por fim. — Vou tirá-los da Inglaterra. Os dois.

Às oito horas em ponto de domingo, Kate e Ross estavam parados no saguão do hospício, enquanto Arnold e Vincent, sem serem vistos, os observavam do lado de fora.

— Não vai entrar, senhora Landor? — indagou o atendente, que anotava os nomes dos que chegavam.

Kate já era conhecida e, olhando para ele com simpatia, respondeu calmamente:

— Daqui a pouco. Estou esperando minha irmã.

O homem não disse nada e voltou a atenção para o serviço, anotando o nome de um recém-chegado, também conhecido, e o horário de entrada. Kate viu quando ele entrou e fingiu que olhava para fora, à procura de alguém. Precisava esperar até que algum estranho passasse por ali. Não podia correr o risco de usar o nome de um frequentador costumeiro.

Cerca de vinte minutos depois, finalmente surgiu o visitante ideal. Kate jamais o havia visto e imaginou que deveria ser parente de algum novo interno. Fez um sinal imperceptível para os rapazes e entrou com Ross atrás do homem.

— Acho que ela não vem — anunciou de forma displicente. — Não vou mais esperar, ou perderei todo o horário de visita.

O rapaz balançou a cabeça e sorriu com simpatia. Tomou nota do nome do homem à sua frente, da hora, e deixou-o passar. Na vez de Kate, o atendente foi logo escrevendo seu nome na lista. Enquanto ele anotava, ela deu uma espiada no livro e leu o nome imediatamente anterior ao seu, que era do homem que acabara de passar: George Phillips.

6 A Linha Maginot foi uma linha defensiva de fortificações construída pela França, entre 1930 e 1936, ao longo das fronteiras com a Alemanha e a Itália. Apesar de poderosa, não conseguiu impedir a invasão, em maio de 1940, quando as tropas alemãs a contornaram e invadiram a França pela região de Sedan, onde sua construção havia sido interrompida (N.A.).

Entrou apressada, seguida pelos rapazes. À exceção de Ross, que ali estivera outras vezes, todos declinaram nomes falsos.

— Seu nome, por favor?

— Bob Smith — mentiu Vincent.

— E o seu?

— John White — falou Arnold.

Como o homem não os conhecia, não suspeitou de nada. Admitidos ao interior do sanatório, Kate e Ross suspiraram aliviados ao receber a notícia de que Marianne se encontrava no jardim. Nada de enfermaria, como os amigos invisíveis e silenciosos haviam providenciado. O grupo seguiu para lá ansioso, procurando por ela, e encontrou-a parada de costas, ao pé de uma árvore, aparentemente espanando alguma poeira invisível. Kate percebeu o olhar de espanto dos outros rapazes, que nunca antes haviam entrado num hospício, e afirmou, segurando as lágrimas:

— É o resultado das drogas.

Ross engoliu em seco, lutando para não chorar nem esmurrar os enfermeiros. Não tinha permissão para visitar Marianne na enfermaria e, por isso, não sabia de seu real estado. Presa em sua fantasia, ela agora tentava espantar pássaros negros que esvoaçavam à sua frente. Essa era uma das figuras que os espíritos plasmavam para ela. Podiam ser morcegos, insetos, cobras ou qualquer outra coisa repugnante.

— Deixem que eu vou chamá-la — anunciou Ross, tentando não demonstrar tristeza.

Kate mandou que os rapazes não tirassem os olhos do tal George Phillips, e Arnold ficou encarregado de vigiar os seus passos. Ele estava sentado ao lado de uma mulher jovem, que Kate não conhecia, provavelmente, uma recém-chegada.

Ross chegou por detrás dela e chamou baixinho:

— Marianne.

Ela parou de súbito, a mão ainda suspensa no ar, afugentando o vazio. Aos poucos, foi-se virando, e Ross levou um susto. Seu rosto estava extremamente pálido, sulcado por olheiras, e os cabelos, cortados bem curtinhos, exibiam falhas e pontas irregulares. Todavia, não tinha tempo para perder com a surpresa.

— Sou eu, Marianne, o Ross — disse ele, tentando não demonstrar desespero. — Não me reconhece?

Ela ficou parada, olhando para ele, balançando a cabeça de um lado para outro. Em algum lugar de sua mente confusa, a imagem de Ross ainda estava guardada. Sorriu e estendeu as mãos para ele. Ross a puxou para si e abraçou-a com força, transmitindo tanto amor naquele abraço, que os pássaros se desmancharam e os espíritos se afastaram acabrunhados, sem entender que estranha força era aquela que os repelia.

— Vim buscá-la — sussurrou ele.

Ela se deixou conduzir. Ao passar perto de uma pequena fonte, viu Luther sentado, olhando para ela com ar diabólico. Ela estacou e tentou recuar. Luther deixara de ser seu amigo e passara a aterrorizá-la, tornando-se a causa de vários de seus castigos.

— Aonde pensa que vai, Marianne? — perguntou entre os dentes, exibindo seus olhos rubros.

— Não, não! — gritou ela aterrorizada, agitando-se freneticamente e tentando recuar.

Parecia que ela ia se descontrolar, e os enfermeiros, de longe, olharam para ela, prontos para uma nova injeção. Na mesma hora, Ross abraçou-a de novo, falando bem baixinho ao seu ouvido, mas, com tanto sentimento, que até Luther conseguiu escutar:

— Eu a amo. Confie em mim. Deus está do nosso lado. Nada pode ser mais forte do que Deus e o nosso amor.

Era verdade. O amor transcende qualquer obstáculo, e mesmo o mal, por mais empedernido que seja, enfraquece ante o seu inigualável poder. Luther sentiu isso, porque uma estranha fraqueza começou a tomar conta dele. Aquele calor, que partia dos corpos de Marianne e Ross, atingiu-o em cheio, e ele foi recuando, sentindo-se incomodado por aquela onda de amor que não podia suportar.

Marianne ganhou forças e foi aos poucos recobrando a consciência de si mesma. Fitou Luther pelo canto do olho e passou por ele, sustentada pelos braços e pelo coração de Ross. Em poucos minutos, alcançaram Kate e os demais. Sentaram Marianne num banco e fingiram conversar. Os enfermeiros desviaram a atenção dela, deixando Kate livre para agir.

— Venha comigo, Marianne — falou com ternura.

— Não — respondeu ela secamente.

— Por favor, Marianne, vá com ela — pediu Ross com carinho.

Marianne obedeceu. Levantou-se feito um autômato e seguiu a mãe para dentro. Permaneceram na sala de visitas até que não houvesse ninguém por perto, quando, então, Kate entrou com ela no banheiro.

Do lado de fora, Ross dizia para os rapazes:

— É hora de distrair a atenção dos enfermeiros.

— Deixe comigo — falou Vincent, preparado para aquele momento.

De forma imperceptível, apanhou uma pedrinha no bolso, esperou até que ninguém estivesse olhando e lançou-a com força, acertando a cabeça de um dos internos, gordo e de ar mais enfezado. O homem se empertigou, levou a mão à nuca e olhou para trás. Vincent, que já esperava por isso, piscou o olho para ele e apontou para o outro lado, onde um jovem alto e forte falava sozinho. Deu certo. O homem, furioso, saiu de onde estava e agarrou o outro, dando início a uma briga que logo atraiu os enfermeiros.

No mesmo instante, Arnold se levantou e foi caminhando calmamente em direção à saída. Deu uma última olhada no senhor Phillips, certificando-se de que ele ainda estava ocupado com a mulher, e passou pela porta que dava acesso ao saguão do prédio. Do lado de fora, o atendente ainda estava sentado na cadeira, e ele deu o nome ao rapaz, torcendo para que ele não se lembrasse:

— George Phillips.

O atendente o olhou por um momento, sentindo alguma coisa errada que não soube definir, mas balançou a cabeça e procurou na lista. Anotou o horário de saída ao lado do nome indicado e mandou que ele passasse. Mais que depressa, Arnold ganhou a rua e sumiu.

A balbúrdia era grande, e Kate aproveitou para sair com Marianne, que havia trocado de roupa, vestindo calças de homem, camisa, suspensório e um imenso boné que lhe cobria parte do rosto. Ela olhou de um lado a outro no corredor vazio. Empurrou Marianne gentilmente e saiu mais atrás, cuidando, à distância, de seus passos, rezando para que ninguém as notasse.

Na porta da sala de visitas, adiantou-se e procurou o sobrinho com os olhos. Ross estava atento e, na mesma hora, chamou Vincent, seguindo em direção à tia. Os enfermeiros, ainda ocupados com a briga, nem se aperceberam de sua saída.

Rapidamente, Ross segurou o braço de Marianne e saiu com ela e Vincent, enquanto Kate permanecia olhando a confusão, pronta para responder que a menina se encontrava no banheiro, caso alguém lhe perguntasse. Se ela saísse junto, poderia levantar suspeitas. Enquanto caminhavam a passos rápidos, Ross dizia para Marianne:

— Seu nome é Bob Smith...

— É Marianne.

— Por favor, Marianne. Diga que é Bob Smith. Por mim, diga que é Bob Smith. É Bob Smith.

Bob Smith era o falso nome que Arnold havia dado ao atendente quando entrara e sob o qual Marianne iria sair. Escolheram um nome fácil, para que ela o memorizasse sem problemas.

— Depressa — Kate sussurrou para si mesma, de olho no verdadeiro George Philips.

Chegaram à porta. O enfermeiro do lado de dentro, sem desconfiar de nada, franqueou-lhes a passagem para o saguão.

— Seus nomes? — perguntou o atendente do outro lado, sem nenhum interesse.

— Ross Landor.

— Você não é o sobrinho da senhora Landor? — indagou ele, levantando os olhos e estudando Ross cuidadosamente.

— Sou.

— E ela não vem com você?

— Não. Minha tia vai ficar um pouco mais. Tenho coisas a fazer.

Novamente aquela sensação de estranheza cujo sentido o rapaz não conseguiu captar. Ele localizou o nome de Ross, tomou nota do horário de saída, e voltou-se para Marianne. Parada logo atrás, ela o encarava por debaixo da aba do boné, tentando se lembrar do que deveria dizer. Havia esquecido. Ross, aterrado, lançou para ela um olhar de súplica, enquanto o atendente indagava:

— Qual o seu nome, moço? Não se lembra? Se esqueceu, esse é o lugar certo para você.

Riu da própria piada, e Ross quase desmaiou. Foi Vincent, que vinha logo atrás, que salvou a situação:

— Ande logo, Bob. Deixe de namorar o moço. Ele não é disso.

O atendente, pensando tratar-se de um efeminado, contraiu o rosto e olhou para a lista, perto de onde marcara o nome de Ross.

— É Bob Smith? — indagou, rubro de raiva e vergonha.

Marianne assentiu, e ele tomou nota da hora na coluna apropriada. Depois foi a vez de Vincent, que repetiu o falso nome e acrescentou para o atendente em tom jocoso:

— Não ligue para ele, não. Já o mandamos largar essa vida, mas não tem jeito. É um caso perdido.

O atendente balançou a cabeça em sinal de assentimento e concluiu de má vontade:

— Deviam era fuzilar esses homossexuais. Onde já se viu? Deixe a polícia descobrir...

Vincent assentiu de bom humor, bateu com os dedos na ponta do boné e saiu atrás de Ross e Marianne, que já estavam quase na esquina. Pouco depois, Kate saía também e nem precisou dar o nome ao atendente. Passou por ele e lançou-lhe um sorriso amistoso, como sempre fazia, e ele respondeu:

— Até domingo que vem, senhora Landor.

Kate saiu para a rua. Olhou ao redor, e nem sinal de Marianne. Dera certo. Àquela altura, ela já devia estar a caminho da casa de Jane. Haviam conseguido enganar todo mundo. Por sorte, ninguém percebera nada.

O que Kate chamava de sorte nada mais era do que a força do amor e da fé, que a levaram e a Ross a acreditar que conseguiriam. Os amigos espirituais de Marianne, conhecedores e inspiradores do plano, enviavam a todos ondas energéticas de força e coragem, fazendo vibrar o poder pessoal e interior de confiança que cada um possuía em si mesmo. Foi assim que conseguiram fazer com que todas as coisas se encaixassem e tudo saísse conforme o esperado. Ninguém desconfiou, nem fez perguntas, nem atrapalhou. Não foi a sorte ou o acaso que lhes facilitou. Foi a própria determinação.

10

Seguindo o combinado, Ross levou Marianne para a casa de Jane. O ar triste e derrotado da menina lhe causou espanto e compaixão. Ouvira falar dos maus tratos aos doentes dos hospícios, mas pensara que aquilo havia ficado no passado. Jamais poderia imaginar que médicos civilizados pudessem utilizar métodos tão cruéis no tratamento de seres humanos que precisavam, acima de tudo, de amor.

Quando os dois lá chegaram, Nathan já estava à sua espera e abraçou o filho demoradamente, sentindo imenso alívio por vê-lo de volta são e salvo. Cumprimentou Marianne, que pareceu não o reconhecer, e sentiu um bolo no estômago ao imaginar o que seria a vida de Ross dali em diante. Tentava desviar o pensamento e centrar-se na segurança do filho quando a porta da frente se abriu.

Kate entrou apressada, levando um susto ao dar de cara com Nathan. Procurou o sobrinho e a filha com os olhos, temendo que o cunhado os houvesse delatado. Notando a sua preocupação, Ross se adiantou e, colocando as mãos em seus ombros, anunciou:

— Está tudo bem, tia Kate. Meu pai está aqui para ajudar.

Mesmo sem entender, Kate relaxou, sentindo que podia confiar nas palavras de Ross. Não tinha tempo para se ocupar com Nathan naquele momento, preocupada que estava com Marianne. Ao vê-la, seu coração se enterneceu. Aproximando-se dela, passou a mão em seus cabelos ralos e irregulares, acariciou seu rosto sulcado e desceu a mão pelo seu pescoço, sentindo a aspereza que as muitas picadas lhe haviam deixado na pele.

Para que ela não desabasse em prantos, Ross interveio com estudada jovialidade:

— Gostaria de ver a cara do tal George Phillips quando sair e descobrir que seu nome já foi riscado.

— É mesmo — concordou Kate. — O atendente vai pensar que cometeu algum engano.

— Isso até descobrirem que Marianne sumiu — falou Bill, marido de Jane.

— Vai custar um pouco até acreditarem. Marianne já estava lá há tanto tempo!

A referência ao hospício fez tremer todo o corpo de Marianne, que começou a chorar baixinho.

— Tenha calma — confortou Ross, abraçando-a. — Está tudo bem. Eu estou aqui. Vou cuidar de você. Vou fazê-la esquecer-se de tudo.

A cena os comoveu a todos, e Kate e Nathan se entreolharam com lágrimas nos olhos. Para cortar a tensão, Jane sugeriu:

— Não quer tomar um banho, Marianne?

A palavra banho tinha um significado horrendo para Marianne, que voltou a se debater e retrucou angustiada e aflita:

— Não... Banho não...

— É com água quente — esclareceu Ross, sabendo que o terror de Marianne decorria dos banhos gelados. — Vai lhe fazer bem. Você vai ver.

Confiante nas afirmações de Ross, ela assentiu, mas pediu em tom de súplica:

— Fica comigo?

Ross questionou a tia com o olhar. Afinal, Marianne era uma moça, e ele era um homem. Apesar de não possuir qualquer outra intenção além de auxiliar Marianne no que fosse preciso, ele não podia olvidar o fato de que os costumes não permitiam que dois jovens solteiros ficassem sozinhos e nus num banheiro. Kate, contudo, nem de longe se preocupava com isso. Só lhe interessava o fato de que Marianne confiava em Ross e de que ele a amava acima de qualquer desejo da carne.

— Creio que não haverá problema se Ross ajudar Marianne — afirmou. — Vocês não vão se casar?

Envergonhada, Marianne abaixou os olhos e apanhou a mão de Ross, levando-a aos lábios. O que faria quando ele descobrisse que ela não era mais virgem? Ela não sabia como os homens conseguiam descobrir aquelas coisas, mas não seria ela que iria contar. Se Ross a abandonasse, seria preferível se matar.

Minutos depois, Jane anunciou que o banho já estava pronto. Gentilmente, Ross conduziu Marianne até o banheiro. Despiu-a carinhosamente, lutando para não chorar ante a visão de seu corpo esquálido, a pele macilenta, sem vida, os hematomas...

Ela estava com medo da água, e Ross apanhou um pouco em concha, despejando sobre seus punhos. Ela se retraiu toda, mas o contato do líquido morno fez abrandar o seu temor. Aos poucos mais confiante, entrou na banheira, ajudada por Ross, e foi arriando o corpo lentamente, até imergi-lo quase todo e recostar a cabeça na borda da banheira. Com uma esponja, Ross foi alisando sua pele, o mais gentilmente possível. Aos pouquinhos, ela foi relaxando, até que as pálpebras pesaram, e ela adormeceu. Há muito tempo não se sentia tão bem e em paz consigo mesma.

Despertou quando a água começou a esfriar. Com o susto, quis saltar da banheira, mas o olhar carinhoso de Ross a acalmou, e ela conteve o pânico, ciente de que não estava no porão do hospital. O rapaz deu-lhe uma saia e uma blusa novas e muito bonitas, compradas especialmente para ela. Penteou seus cabelos curtos e ralos, e ela se olhou no espelho, chorando ao se deparar com seu rosto transfigurado. Não havia espelhos no hospício, e o pouco que ela conhecia de suas feições de moça provinha da sombra inexata refletida nos vidros sujos das janelas.

Enquanto Ross ajudava Marianne, Nathan aproveitou para contar a Kate tudo o que havia lhe acontecido desde que partira. Contou do mau humor de Lilian e de sua covardia ao consentir que Ross fosse mandado a estudar em Oxford, sentindo-se culpado, inclusive, pela piora no estado de Marianne. Falou das promoções, das viagens, da formatura do filho e da derradeira viagem a South Hampton, quando fora obrigado a voltar por causa do acidente. E, por fim, assumiu a vergonha ao descobrir o caso de Lilian com Richard e a humilhação que o ex-patrão o fizera passar, concluindo com a chegada de Ross e sua atitude, ao mesmo tempo digna e firme, de expulsar o senhor Bradley e Lilian. Depois veio a guerra, e o temor de perder o filho no campo de batalha foi conclusivo para que ele pusesse uma pedra no passado e procurasse se reconciliar com a família, de quem jamais deveria ter-se afastado.

Kate, Jane e Bill ouviam em silêncio, incapazes de interromper ou contestar aquela narrativa tão pungente e sincera. Quando ele terminou, Jane achou que deveria dar-lhes uns minutos a sós e foi para a cozinha terminar o almoço, enquanto Bill foi fazer uns reparos na garagem.

— Não sei o que dizer — considerou Kate, confusa.

— Diga apenas que me perdoa — ela não respondeu, e ele insistiu: — Será que o que fiz foi tão terrível que você não pode me perdoar?

— Não se trata disso. É que você se tornou praticamente um estranho para nós.

— Sou seu cunhado, não posso ser um estranho. Amo-a como a uma irmã...

Ao pronunciar a palavra irmã, Nathan engoliu em seco e fitou a cunhada, que o encarava com espanto. Pela primeira vez, percebera uma entonação diferente na voz dele, algo que provinha da incerteza do que dissera, pois Nathan, no fundo, tinha sentimentos contraditórios para com ela. Tentando não pensar naquilo, ela abaixou os olhos e ponderou:

— Não sou sua irmã. Seu irmão está em casa, louco por uma palavra sua.

— Eu sei. Também gostaria muito de me reaproximar dele, mas não posso fazer isso antes de me reconciliar com você.

— Eu nunca briguei com você — afirmou peremptória, encarando-o com firmeza e ternura. — Foi você que me afastou da sua vida.

— Só Deus sabe o quanto me arrependo disso! E como gostaria que você me perdoasse.

— Você sabe que não sou mulher de guardar ressentimentos...

— Você me perdoa?

— Por certo. Tudo o que mais quero, nesse momento, é reunir novamente a família. Principalmente agora, que nossos filhos vão fugir juntos, precisamos estar mais unidos do que nunca.

Movido pela emoção, Nathan se ajoelhou aos pés dela e tomou-lhe as mãos, levando-as aos lábios em sinal de gratidão e afeto. Confusa e atordoada, Kate puxou as mãos de volta no exato momento em que Ross chegava com Marianne.

Jane havia acabado de pôr a mesa e chamado o marido e os filhos, convidando-os a se sentaram. Caprichara ao máximo na refeição, preparando os pratos de que Marianne mais gostava. A menina começou a comer vagarosa e prazerosamente, instigada pelo aroma e o sabor agradáveis da comida, dos quais já havia praticamente se esquecido.

Depois da sobremesa, com a qual se deliciou, Nathan se adiantou preocupado:

— Acho que já é hora de Marianne partir — ela o olhou surpresa, com medo de que a levassem de volta ao hospital, mas o gesto do tio a tranquilizou: — Fiz reservas para os dois em um hotelzinho perto do cais. Nada de luxo, que é para não chamar a atenção.

— Pensei que Marianne e Ross pudessem ficar aqui — interveio Jane.

— É perigoso. Quando descobrirem a fuga, irão direto à casa de Kate. De lá até aqui, será questão de tempo.

— Tem razão — concordou Bill. — Se a pegam aqui, será o seu fim.

Não foi difícil convencer Kate, que se levantou às pressas:

— Vamos, então. Não temos tempo a perder.

— Você não, Kate — objetou Nathan. — Precisa ir para casa deter David.

— Acha que é necessário?

— Você, melhor do que ninguém, pode dizer qual será a reação dele quando souber da fuga.

Apesar da tristeza, Kate concordou. Realmente, se David aparecesse ali, todo o plano iria por água abaixo. Doía-lhe muito ver Marianne partir sem que tivessem a oportunidade de conversar fora dos muros do hospício. Havia tantas coisas que gostaria de dizer! Explicar por que a internara e falar-lhe de seu arrependimento e amor. Agora, porém, era tarde demais. A urgência era tirar os dois dali.

— Você está certo — concordou ela, olhos banhados em lágrimas. — Faço qualquer coisa para ver minha filha em segurança e feliz.

Afagou o rosto de Marianne, deu-lhe um beijo, outro em Ross e murmurou:

— Obrigada. Cuide bem dela.

Remoendo a tristeza da separação, Kate apanhou a bolsa e encaminhou-se para a porta, sentindo a quentura das lágrimas que se derramavam de seus olhos. Não queria olhar para trás, com medo de fraquejar, e colocou a mão na maçaneta, disposta a abrir a porta com decisão. Já ia girá-la quando a vozinha infantil de Marianne a alcançou em cheio:

— Mamãe... sei o que você fez. Obrigada... Vou sentir saudades.

Kate largou a maçaneta e virou-se para a filha, puxando-a para envolvê-la num abraço terno e transbordante de amor. A muito custo soltou-a. Acariciou seu rosto novamente, enxugou as lágrimas dela e sussurrou com emoção:

— Amo você, Marianne. Sabe disso, não sabe?

Marianne apenas assentiu, e Kate se forçou a sair, ou não conseguiria mais deixá-la. No trajeto para casa, a certeza de que fizera a coisa certa a acalmou. Ainda mais agora, que Nathan se juntara a eles, nada podia dar errado. Com as passagens compradas, em breve estariam na França.

Antes de ir para casa, passou na confeitaria e comprou uma torta de maçãs. Queria ter algo que justificasse sua demora. Assim que chegou, o perambular nervoso de David, que caminhava de um lado a outro na sala, foi o sinal de que ele já sabia.

— Até que enfim! — exclamou ele. — Onde é que esteve?

Ela largou a bolsa sobre a poltrona, tirou o chapéu e respondeu com cautela:

— Fui visitar Marianne, como sempre faço aos domingos.

— Por que demorou tanto?

— Passei na confeitaria para comprar uma torta. Tive que esperar até que ficasse pronta e...

— Marianne fugiu! — gritou ele, esfregando as mãos nervosamente.

— O quê? — balbuciou ela, fingindo-se surpresa. — O que foi que disse?

— Disse que Marianne fugiu. Acabaram de avisar.

— Deve haver algum engano. Deixei-a, agora mesmo, no hospício.

— Não há engano nenhum. Ela fugiu!

— Mas como?

— Não sabem ao certo. Parece que ela usou um nome falso.

— Um nome falso? Ora, não me diga.

Kate não fazia muito esforço para mentir de forma convincente, e David olhou-a em dúvida.

— Você tem algo a ver com isso?

— Eu?! É claro que não.

A boca dizia uma coisa, mas os olhos e, principalmente, o sorriso de vitória em seus lábios, diziam outra bem diferente.

— Está mentindo — afirmou David. — Sei que está.

— Se sabe, por que me pergunta?

— Pelo amor de Deus, Kate, você sabe o que fez? Soltou no mundo uma louca!

— Essa louca é sua filha. E depois, eu não disse que a soltei. Como poderia?

— Você tramou tudo direitinho. Onde ela está? Onde a escondeu? Na casa de Ross não pode estar, seria óbvio demais. Então, só pode estar na casa de Jane.

— Não sei de nada. E se soubesse, não lhe diria.

— O diretor do hospício disse que Ross esteve lá hoje, em companhia de uns amigos desconhecidos. Quem são esses amigos?

— Eu é que vou saber?

— Vocês entraram juntos.

— Não fiz perguntas a Ross. Aliás, mal falei com ele.

— Está mentindo, Kate, sei que está. Vocês entraram e saíram juntos, só que um dos amigos de Ross não era o verdadeiro. Era Marianne, não era?

— Quer saber, David? Não tenho nada com isso. Se eles são desorganizados lá no hospício, o problema é deles. E agora, com licença. Preciso ver as crianças.

David tinha certeza de que Kate e Ross haviam ajudado Marianne a fugir. Contudo, não a levaram nem para casa, nem para qualquer lugar conhecido. Se fosse desse jeito, então talvez não fosse tão ruim. Desde que Marianne não voltasse para sua vida, não tinha por que se preocupar com ela.

As crianças brincavam no quintal, e Kate foi ao encontro delas. A cerca que dava acesso à casa vizinha, por onde Marianne e Ross costumavam passar, há muito fora consertada. Quando os novos vizinhos fizeram o conserto, ela se ressentira. Era como se houvessem fechado uma porta em seu coração. Agora, porém, a cerca fechada tinha um outro significado. Aquela não seria mais a porta de fuga do sofrimento de Marianne. Aquele era o passado que ela deixara para trás, partindo em busca de um futuro mais feliz. Muito provavelmente, ela e Ross se casariam, e Kate ficaria à espera de que eles voltassem um dia, com seus netos, trazendo de volta a felicidade ao seu lar.

11

Não muito depois de Kate deixar o sanatório, o verdadeiro senhor Phillips resolveu ir embora. Despediu-se da irmã, que fora visitar, atravessou o saguão e foi apresentar-se ao atendente.

— Nome, por favor? — perguntou o rapaz.

— George Phillips — respondeu o homem, sem qualquer tipo de preocupação.

O atendente correu a lista com a ponta do lápis até parar no nome que o homem lhe dera, já marcado com o horário da saída. Pensando que havia entendido errado, o rapaz tornou a indagar:

— Seu nome?

— É George Phillips, já disse.

O outro o fitou com um assombro mudo, tentando compreender o motivo daquele engano.

— Perdão, senhor, mas George Phillips já foi embora. Saiu faz tempo.

— Isso é alguma brincadeira? George Phillips sou eu.

Confuso, o atendente espetou o lápis em cima da anotação e exibiu o livro ao homem:

— Veja o senhor mesmo. George Phillips, entrada às 8h45 e saída às 9h10.

— Meu jovem, por acaso está insinuando que não sei quem sou? — aborreceu-se o homem.

— Vai ver é alguém com o mesmo nome — sugeriu o senhor de trás, louco para passar.

— Impossível — declarou o atendente. — Só um George Phillips entrou aqui hoje.

— E fui eu. Vim visitar minha irmã.

— Mas... George Phillips já saiu... — insistiu o atendente.

— Ouça aqui, rapaz! — berrou o senhor Phillips. — Sei que isso é um hospício, mas se alguém aqui fora está ficando louco é você! Sei muito bem quem sou!

— Será que vocês podem andar logo com isso? — queixou-se alguém.

O atendente não sabia o que fazer, mas não estava disposto a deixar ninguém passar. Alguma coisa estava errada, e, enquanto tudo não se esclarecesse, permaneceriam todos ali.

— Isso é um absurdo! — indignou-se o senhor Phillips.

Percebendo a movimentação na mesa da entrada, um supervisor apareceu:

— O que está acontecendo aqui?

— Senhor Waldo... — balbuciou o atendente — não sei o que houve. Este senhor aqui diz que se chama George Phillips, mas George Phillips saiu há muito tempo...

O supervisor não esperou resposta. Em segundos, compreendeu tudo. Soprou um apito com estridência, e guardas acorreram de todos os lados.

— Fechem todos os portões! — ordenou ele, correndo de volta para dentro do edifício. — Ninguém sai!

Enquanto todos na fila se queixavam, exigindo passar, o senhor Waldo foi chamar o doutor Kramer e iniciou a contagem dos internos. Um a um, os doentes foram identificados, até que Mike deu o sinal:

— É Marianne! Está faltando Marianne!

— Procurem-na! — berrou o doutor Kramer, o rosto vermelho e afogueado de tanta raiva. — Não vou admitir nenhuma fuga nesta instituição!

Seguiu-se imenso alvoroço. As pessoas na fila foram identificadas e liberadas, e todos os cantos do hospício, do jardim e até mesmo das redondezas foram revistados pelos enfermeiros e pela polícia, chamada às pressas para ajudar nas buscas. Os demais enfermos, ao saberem que Marianne havia fugido, puseram-se a gritar e a espernear, e foram necessárias doses maciças de láudano para controlar a situação.

Por fim, a notícia se confirmou: ao que tudo indicava, Marianne havia fugido usando o nome de outra pessoa, embora ninguém soubesse precisar como aquilo sucedera.

— Ela teve ajuda externa — rosnou o doutor Kramer. — Marianne não tem inteligência para idealizar um plano desse porte.

— O senhor sabe quem foi? — indagou o supervisor.

— Sei — afirmou ele entre os dentes, um estranho brilho despontando no olhar. — A mãe. Só pode ter sido ela.

Imediatamente, a polícia partiu para a casa de Kate, não a encontrando. Apenas David estava em casa, e o ar de espanto que fez foi tão genuíno que convenceu as autoridades de sua ignorância a respeito da fuga.

— Tem ideia de onde ela possa estar? — questionou o oficial de polícia.

David deu o endereço de Jane e, por via das dúvidas, também o de Nathan. Como a casa do irmão ficava mais próxima, foram primeiro para lá, mas não havia ninguém. Em casa de Jane, só a família, que afirmou não ter notícias da menina há muito tempo. Sem ter mais onde procurar, a polícia encerrou as buscas.

A fuga de Marianne provocou uma reação inquietante em Kramer. Era óbvio que Marianne contaria a todos o que se passava ali. Ele não fazia nada que não tivesse o apoio da comunidade psiquiátrica, e alguns dos seus métodos, se bem que ultrapassados, ainda produziam resultados altamente satisfatórios. A terapia do eletrochoque, recentemente desenvolvida na Itália, era o que havia de mais moderno no tratamento aos doentes.

Se era assim, por que então se demonstrava tão aflito? Se não fizera nada que não merecesse aprovação de seus colegas psiquiatras, de onde provinha o seu medo? Não sabia explicar. Não conseguia compreender que era sua própria consciência quem o acusava de crueldade. Para o mundo, podia justificar suas atitudes com a intenção da cura. Mas, e para si mesmo? Que desculpas tinha para dar quando sabia do prazer que sentia ao causar dor aos doentes? Como enganar a alma que reconhecia o sadismo de seus métodos?

O medo foi, cada vez mais, tomando conta de Kramer, que passou a temer os próprios enfermos. Aos poucos, começaram a parecer pessoas assustadoras e acusadoras. Sem se dar conta, o médico via além do físico dos loucos: enxergava seus corpos fluídicos maltratados, acusando-o de tirania e crueldade.

Passou a ser assaltado por sonhos que denominava malditos. Marianne e os outros viviam a acusá-lo em pensamento, cobrando-lhe coisas que ele não compreendia. Esses sonhos o atormentavam dia após dia. Kramer julgava-se vítima da vingança dos loucos, que se recusavam a compreender o sacrifício que lhes era exigido. Sofriam em nome de um bem muito maior, que era a descoberta da cura. Da cura! Será que não entendiam? Se ele descobrisse uma cura, se tornaria o médico mais bem conceituado do mundo!

Resolveu tentar não pensar mais naquelas bobagens. Sim, eram bobagens. Marianne fugira, mas sua fuga não abalaria em nada sua vida no hospício. Ela não era ninguém importante, ninguém por quem valesse a pena brigar. Ninguém se importava com ela. Ninguém, além daquela mãe igualmente louca e estúpida.

Estava enlouquecendo e nem sabia. Não compreendia nem se dava conta, mas estava tão louco quanto os internos. Um dia, sua loucura o dominou. Estava agitado, descontando nos pacientes a raiva que ainda sentia pela fuga de Marianne. Foi quando, numa sessão de choques, ao som da Sonata ao Luar, exagerou na voltagem e acabou eletrocutando Eric. O rapaz, acompanhado pelo espírito do anão Escobar, veio a desencarnar, acelerando o processo de loucura do médico.

Daí em diante, Kramer passou a tomar atitudes cada vez mais estranhas, cruéis e autoritárias. Mandava espancar os doentes e ameaçava dispensar os enfermeiros por qualquer motivo. Xingava os visitantes, maldizia as autoridades, mandava que Eric levasse dali aquele anão maldito. Atravessava graves crises e esbravejava para as paredes, amaldiçoando a todos que encontrava.

Para piorar a situação, Kate e Ross levaram a público as atrocidades por ele cometidas, com o auxílio de alguns enfermeiros. A notícia foi manchete nos jornais, e a acusação levou as autoridades a intervirem no hospício, iniciando-se uma sindicância.

Os aparelhos utilizados por Kramer em seus tratamentos foram encontrados e transferidos à administração de outros médicos. Muitos enfermeiros foram dispensados, alguns até submetidos a investigação, acusados pelas internas de amarrar as moças à cama e violentá-las.

O cerco em torno de Kramer foi-se fechando. As autoridades o submeteram a rigorosa investigação, e choveram acusações sobre ele. Acuado e desesperado, tomou a única decisão que lhe pareceu digna naquele momento. Numa noite chuvosa, enforcou-se no sótão do hospício, sendo arrastado pelos espíritos das sombras, que, sem qualquer discernimento ou sentimento de perdão, puderam enfim aprisioná-lo.

12

Em setembro de 1939, Ross e Marianne chegaram a Paris em meio a forte comoção. Tendo declarado guerra à Alemanha, os franceses contavam com a linha Maginot para manter o inimigo longe de sua pátria. Confiante em sua segurança, Ross alugou um pequeno apartamento num bairro ao sul de Paris com o dinheiro que o pai lhe dera, suficiente para manter a ambos durante alguns meses. Embora Nathan prometesse enviar mais quando necessário, Ross pretendia arranjar um emprego. Era jovem, inteligente, bem apessoado e tinha um bom domínio do francês. Nos primeiros tempos, contudo, não deixaria Marianne sozinha. Somente depois que ela se acostumasse, e estivesse pronta para se cuidar sozinha, é que partiria em busca de trabalho.

Apesar das dificuldades, estavam felizes. Sentiam-se livres e em paz, e poderiam enfim viver o verdadeiro amor. Na primeira noite em sua nova casa, Ross deitou-se ao lado de Marianne e pôs-se a alisar seus cabelos ralos e curtos, beijando-os com ternura, sentindo-se inebriado pelo seu aroma suave.

Conhecera Marianne a vida inteira e sempre a vira como menina. Mesmo quando lhe dera banho, não sentira o despertar do desejo, talvez devido às circunstâncias em que tudo acontecera. Agora, porém, via-a com outros olhos. Ela não era dotada de nenhuma beleza clássica ou que chamasse a atenção, mas tinha um rosto regular, feições delicadas, olhos profundos que variavam constantemente do azul para o verde. Ross pensou no quanto a achava bonita e teve a certeza de que jamais poderia amar outra mulher em toda a sua vida.

Ao sentir que Ross a acariciava, Marianne encolheu-se toda na cama, com medo de que ele descobrisse que ela não era mais virgem e desistisse de se casar com ela. Percebendo seu temor, Ross não insistiu. Ela havia passado por maus momentos, e ele compreendia sua reação. Aconchegou a cabeça dela em seu ombro e continuou a afagá-la, ouvindo-a chorar baixinho.

— Está tudo bem agora. Estamos juntos. Nunca mais vou me separar de você nem deixar que lhe façam mal.

Marianne chorava agarrada a ele, tentando se esquecer de tudo por que havia passado. Tinha vontade de contar-lhe a verdade, mas não conseguia.

Adormeceram. No dia seguinte, fizeram compras, e Ross lhe deu roupas novas e bonitas. Fazia muito tempo que não se vestia adequadamente. Acostumara-se aos roupões do hospício, aqueles camisolões brancos, retos e compridos, que nada tinham de agradável. Também foram ao mercado e compraram frutas, legumes, carne e doces.

Iam aprendendo juntos as tarefas do lar, e Ross acabou por se revelar um exímio cozinheiro, enquanto Marianne cuidava da casa. Aos poucos, foi tomando gosto pelas coisas belas e distraía-se plantando flores em pequeninos vasos que Ross lhe comprava, ajeitando um enfeite aqui e ali, pendurando quadros nas paredes. Logo a casa tomou um ar agradável e aconchegante, levando confiança e paz a Marianne. Pela primeira vez, sentia que tinha um lar.

Após quatro meses, ainda viviam como irmãos. Várias foram as vezes em que Ross tentara um contato mais íntimo, contudo, Marianne sempre se encolhia e começava a chorar. Ele então a afagava e soprava palavras de amor aos seus ouvidos, procurando transmitir-lhe confiança. Marianne também sentia o desejo, que acabava sendo sufocado pela lembrança atroz da brutalidade dos enfermeiros e pelo medo de perdê-lo.

Mesmo que ela não dissesse nada, Ross tinha quase certeza de que algo acontecera no sanatório. Não foram poucas as vezes em que surpreendera os olhares lúbricos que os enfermeiros lançavam a algumas pacientes mais jovens e bonitas.

Não havia garantias de que eles não molestassem as moças, ainda mais porque o doutor Kramer não parecia o tipo que se importava com o que acontecia às doentes.

Aos poucos, Marianne foi substituindo o medo pela confiança e a certeza de seu amor. Ele se aproximava com carinho e a acariciava com ternura, sem tentar forçá-la a nada, sempre dizendo o quanto a amava. Até que um dia, enchendo-se de coragem, Marianne indagou de súbito:

— É verdade que os homens não se casam com mulheres que já não são mais virgens?

A ingenuidade da pergunta o comoveu, e ele a abraçou com efusão antes de retrucar:

— Quem lhe disse isso?

— Ouvi os enfermeiros comentando — revelou ela, cheia de medo.

— Pois eles estão enganados. Quando há amor, tudo o mais perde a importância.

— Virgindade não é importante?

— Não.

Ela se calou, refletindo no que Ross dissera, enquanto ele se convencia do fundamento de suas desconfianças. Queria, porém, fazer com que ela compreendesse que nada faria diminuir o seu amor por ela.

— E se eu não fosse mais virgem? — arriscou ela timidamente. — Você se importaria?

— Não — respondeu ele de imediato, encarando-a com seriedade.

Com os olhos abaixados e úmidos, Marianne acabou revelando numa voz quase inaudível:

— Não sou mais virgem, Ross. Os enfermeiros fizeram isso comigo...

Os soluços a fizeram calar-se, e Ross a estreitou o mais que pôde. Todo o corpo de Marianne estremecia, e ele foi beijando-a suavemente, dizendo com o máximo de ternura que conseguiu reunir:

— Tudo se acabou agora. Eles não podem mais lhe fazer mal, e eu farei de tudo para fazer você esquecer o que houve.

— Eu não queria... — gemeu baixinho. — Mas eles me

obrigaram... me amarraram na cama... subiram em cima de mim... fizeram coisas horríveis...

O pranto agora a dominava por completo, e Ross a tomou nos braços como um bebê, embalando-a com sua voz doce e carregada de amor:

— Está tudo bem. Chore, minha querida, e descarregue sua dor. Eu estou aqui e nunca vou deixar você.

— Não está zangado?

— Com você, nunca! Eu a amo, não entende? Mas fico triste e com raiva das pessoas que fizeram você sofrer. Perdoe-me por não ter podido evitar. Devia ter tirado você de lá há mais tempo, mas não pude.

Ele chorou também, e ela sentiu fluir do corpo dele uma energia de compreensão e amor que lhe trouxe serenidade. Aos poucos, sentiu-se descontrair em seus braços e alisou-lhe o rosto, molhando suas mãos com as lágrimas do rapaz. Ross beijou as pontas de seus dedos e puxou seu rosto, recebendo os lábios entreabertos de Marianne como um doce presente para os seus. O beijo que se seguiu não foi carregado de volúpia nem de ardor, mas tinha uma dose tão grande de amor que fez com que Marianne se entregasse sem medo ou hesitação.

Depois de consumado o ato de amor, os dois estavam seguros e felizes. Marianne se abraçou a ele, sentindo esvair-se o temor e a lembrança da brutalidade, substituída agora pelos momentos de carinho e afeto que vivera com Ross. Nada é mais poderoso do que a vivência do amor, que supera todos os traumas e os faz pequenininhos diante de sua beleza.

— Ainda seremos muito felizes — comentou ele, acariciando suas faces. — Vamos nos casar e ter muitos filhos.

Ela desviou os olhos dele e balbuciou sentida:

— Ross...

— O que é?

— Não quero ter filhos. Tenho medo de que eles sejam como eu.

— Não tem importância, Marianne — afirmou compreensivo. — Quero apenas estar com você.

Finalmente, haviam conquistado a felicidade. Estavam em paz com eles mesmos. Até que o tempo passou, trazendo para mais perto os horrores da guerra.

13

Em Londres, quando as buscas por Marianne haviam cessado, Kate resolveu revelar a verdade ao marido. David recebeu a notícia sem entusiasmo. Apesar de ela ter demorado a lhe contar, ele tinha certeza de que fora ela a responsável pela fuga da filha.

— Pensou bem no que fez? — censurou ele. — Deixou fugir uma louca que não tem a menor condição de cuidar de si mesma. E ainda envolveu um rapaz que mal começou a viver.

— Não envolvi ninguém — defendeu-se. — Ross é adulto e sabe cuidar de si. E ama Marianne de verdade, ao contrário de você, que deveria amá-la tanto quanto eu.

— Ah! Agora o seu amor é o maior do mundo. Mas não pensou assim quando a internou.

— Vi o que Marianne sofreu.

— Ela não sofreu nada além do necessário ao tratamento.

— Acha necessário ela tomar choques na cabeça?

— O doutor Kramer me afirmou que o método é novo e foi muito bem aceito na comunidade médica. Acalma os doentes.

— O doutor Kramer é um louco. Aquele lugar é todo de gente louca. A única diferença que separa os doentes dos médicos e enfermeiros é a posição que cada um ocupa. Os doentes são os loucos, assim declarados pelos que vivem a liberdade para exercer a loucura com o respaldo da lei e da justiça.

— Não devia falar assim. O doutor Kramer fez de tudo para ajudar Marianne.

— Você não sabe o que diz — rebateu ela com profundo desprezo. — E não sabe porque não quis ver. Mas eu vi. Vi em que Marianne se transformou. Você não. Quando foi visitá-la...?

— Ela não queria me ver.

— A mim também não e, mesmo assim, não deixei de visitá-la um domingo sequer. E sabe por quê? Porque ela é minha filha e, haja o que houver, nunca vai deixar de sê-lo.

A acusação na voz dela era facilmente perceptível, e David retrucou com uma certa raiva:

— Sinto muito se não fui o pai e o marido que você esperava. Mas, se fiz o que fiz, foi pensando no bem-estar da família.

— Essa desculpa já não convence mais a nenhum de nós. Por que não assume que não gosta dela, que tem vergonha de sua loucura e, por isso, preferiu jogá-la no hospício e esquecer que ela existe?

— Você está sendo injusta. Ela agrediu você e tentou matar os irmãos. Era meu dever proteger a todos da fúria incontrolável de Marianne.

— Se desde cedo a tivéssemos tratado com amor e respeito, ela jamais teria atacado ninguém. Poderíamos tê-la controlado, assim como Ross sempre o fez.

— Isso são conjecturas. Ninguém sabe por que ela agia de forma diferente com Ross. Mas loucos são imprevisíveis, não raciocinam, não agem pela lógica, não tomam atitudes sensatas. Não precisam de motivos nem de explicação para nada. São apenas... loucos.

— São seres humanos. Precisam de amor. E Marianne... é apenas uma criança. Tão jovem e já tão carregada de sofrimentos.

— Ora vamos, Kate, ela não sofreu tanto assim. As terapias eram necessárias...

— Ela foi estuprada, David! — irritou-se Kate, interrompendo-o. — Várias vezes. Isso também é uma terapia necessária?

David encarou-a perplexo:

— Estuprada? Por quem? Alguém entrou no hospício sem que vissem? Foi outro doente?

— Foram os próprios enfermeiros! Eles a amarraram na cama e a violentaram. Várias vezes!

— Como é que sabe disso?

— Ross me contou.

Ela desdobrou uma carta que trazia guardada dentro do corpete e exibiu-a a David, que a tomou e leu brevemente.

— Será? — duvidou. — Talvez isso seja mais uma de suas invenções.

Ela arrancou a carta das mãos de David e rebateu furiosa:

— Marianne pode ser louca, mas estava dizendo a verdade quando nos contou todas aquelas coisas. Você não a viu, não viu os hematomas pelo seu corpo. Não viu o medo em seus olhos, não sentiu o tremor de seu coração. Como pode dizer que ela inventou todo aquele sofrimento? E agora isso!

Sem conseguir se conter, Kate atirou a carta em cima de David e saiu batendo a porta. Estava arrasada. Sentou-se no degrau da varanda e ficou pensando em sua vida. Os outros filhos cresciam saudáveis e quase já não se lembravam mais de Marianne. Nem sabiam que ela tinha sido internada. Eles haviam inventado uma desculpa de que ela ficara doente e fora para outra cidade se tratar. Depois disso, o assunto foi morrendo, até que a lembrança de Marianne quase se esvaneceu por completo da cabeça das crianças.

Não era certo que os filhos esquecessem a irmã. Marianne podia estar longe, mas tinha o mesmo sangue que eles, era tão sua filha quanto os outros. Decidida a não deixar a memória de Marianne desaparecer daquela casa, partiu para o quintal atrás da casa, onde os outros estavam brincando. Contou-lhes tudo. Roger e Kevin compreenderam bem, mas Suzie ainda ficou um pouco confusa. Era a mais nova e não se lembrava muito bem da irmã. Os três, porém, lamentaram profundamente a sorte de Marianne. Não lhe guardavam raiva, ainda mais porque Kate lhes dissera o quanto ela era doente.

— Onde é que ela está agora? — quis saber Roger.

— Na França. Com Ross.

Não disseram nada. Fizeram algumas perguntas a respeito do hospício e da fuga, e acharam genial a ideia e a coragem da mãe.

— Libertei Marianne porque a amo — respondeu ela emocionada. — Assim como a internei por amor a vocês. Posso não ter feito a coisa certa, mas pensei estar ajudando a todos.

David ouviu a conversa sem dizer uma palavra. Começava a se arrepender do que fizera, mas o orgulho o impedia de se retratar. Era-lhe difícil reconhecer o erro. Muito mais difícil pedir perdão.

Na semana seguinte, assim que voltou do trabalho, David percebeu que havia vizinhos novos na casa ao lado. A movimentação de mudança era familiar e corriqueira, pois, desde que Nathan se mudara, a casa já devia ter sido alugada umas três vezes.

— Temos vizinhos novos outra vez — anunciou ele, sentando-se à mesa para jantar. — Será que estes vão ficar mais tempo?

— Algo me diz que sim — afirmou ela em tom misterioso.

Apesar de perceber o ar de mistério, David não lhe deu importância, tentando evitar, ao máximo, desavenças com a mulher. Kate terminou o jantar, e ele estranhou imensamente quando ela reapareceu na cozinha, segurando nas mãos um prato de bolo coberto por um pano.

— O que é isso? — indagou com curiosidade.

— Fiz um bolo de boas-vindas para o novo vizinho.

— Novo vizinho? É um homem solteiro? — ela assentiu. — Não tem família?

Ela simplesmente sorriu e retrucou de bom humor:

— Não quer vir?

Era a primeira vez que Kate lhe pedia que a acompanhasse à casa vizinha. Aliás, ele não se lembrava de nenhuma outra vez em que ela levasse bolo para os novos moradores. Alguma coisa estava acontecendo, e ele não sabia o que era. Resolveu acompanhá-la, não apenas pela curiosidade, como também para não desfazer o ar de felicidade que ela exibia no rosto, algo que ele não via há muito tempo.

— Está bem. Vamos.

Foram, em companhia das crianças, para a casa vizinha, causando uma estranheza ainda maior em David. Kate tocou a campainha e aguardou com expectativa o novo morador. Segundos depois, a porta se abriu, e David estacou, mudo de emoção, mal acreditando no que via.

— Nathan! — exclamou surpreso, sem saber se o abraçava ou se permanecia onde estava.

— Meu irmão — sussurrou Nathan, a voz embargada. — Não sabe o quanto esperei por esse dia.

Abraçaram-se meio constrangidos, e Nathan olhou para Kate por cima do ombro. Ela permanecia parada, olhos rasos de água, segurando na mão o prato de bolo. Nathan separou-se de David e convidou-os para entrar. Beijou os sobrinhos, surpreendendo--se com o quanto haviam crescido. Roger estava um meninão e fez com que se lembrasse de Ross. Eram bastante parecidos, assim como ele e David se pareciam também. Entraram todos e se sentaram ao redor da mesa. Nathan apanhou vinho para eles e refresco para as crianças, enquanto Kate servia o bolo. Faltavam-lhes Ross e Marianne, mas se haviam tornado de novo uma família.

A família era o que de mais caro havia para Nathan. Depois do divórcio e da ida de Ross para Paris, sentira-se mais solitário do que nunca. Apenas Kate o visitava de vez em quando, tentando estimulá-lo à reconciliação. Nathan, contudo, temeroso de que David o rejeitasse, ia adiando o reencontro. Até que a casa vizinha tornou a ficar vaga. Com a mudança dos inquilinos, veio a ideia de Kate. Por que Nathan não comprava a casa em que passara os anos mais felizes de sua vida?

A ideia ganhou forma, e Nathan concretizou a transação. Com o que lhe restou do dinheiro da venda da mansão, fez uma proposta ao proprietário, que, após certa relutância, aceitou. A casa precisava de pintura, mas Nathan preferiu deixar a reforma para depois da mudança. E agora, ali estava ele, junto da família que jamais devia ter abandonado.

Durante muito tempo, ficaram entretidos em amistosa conversa, até que Kate foi para casa com os filhos, deixando o marido e o cunhado a sós. Já era tarde, e os dois permaneceram bebericando vinho. A certa altura, levemente estimulado pela bebida, Nathan disse:

— David, eu... nem sei como começar...

— Começar o quê?

— A me desculpar pelo que fiz... — Nathan engoliu em seco, e David apertou a sua mão.

— Não precisa — confortou ele. — Somos irmãos, e desculpas não são necessárias.

— São sim. Sinto-me péssimo pela forma como o tratei.

— Você estava envolvido por aquela mulher. E eu não consegui compreender os seus motivos.

— Mas eu estava errado.

— Não fique se culpando pelas atitudes que tomou — cortou David, reflexivo. — Todos nós fazemos coisas das quais nos arrependemos depois.

— É verdade.

— Veja eu, por exemplo. Quando internei Marianne, achei que era o certo. Hoje não estou mais tão seguro.

— Nós dois tomamos caminhos errados. Será que ainda temos como voltar?

— Acho que sempre podemos voltar. O caminho que vai é o mesmo que vem. Basta dar meia-volta.

— A meia-volta é o mais difícil.

— Creio que é mais difícil por causa do orgulho. Aceitar que falhamos e retornar fere a imagem de altivez que construímos a nosso respeito. É um problema que temos que resolver conosco. Não diz respeito a mais ninguém.

Nathan ficou algum tempo pensativo, até que considerou:

— Você está mudado. Mais maduro, sei lá.

— É o que Kate faz por mim. Não posso dizer que foi ela que me mudou, mas, com certeza, é graças a ela que hoje penso essas coisas. Kate é uma mulher e tanto.

— Tem razão. Não fosse por ela, eu não estaria aqui hoje. Foi ela que me incentivou a comprar a casa, depois que Ross se foi.

— Você sabia que ele estava envolvido no plano para libertar Marianne?

— Ross me contou tudo. E fui eu que dei dinheiro para eles viajarem para a França.

— Você fez por minha filha o que eu, como pai, jamais fui capaz de fazer — desabafou envergonhado.

— Não vou mentir para você. Minha motivação maior foi o medo da conscrição de Ross. Por isso quis afastá-lo de Londres.

— Mesmo assim, você a tirou do país.

— Não faça de mim um herói, David. Eu também tenho meus erros. Jamais deveria ter-me afastado de vocês por causa de Lilian.

— Pelo visto, ambos temos muito de que nos arrepender.

— Meu maior arrependimento foi ter-me afastado de vocês. Não sabe o quanto preciso de seu perdão pelo que fiz.

— Se há o que perdoar, você já está perdoado. Há muito tempo.

David olhou para Nathan com os olhos abundantes em lágrimas. Soltou a taça de vinho sobre a mesa e aproximou-se dele, que se levantou e o encarou com os olhos também úmidos.

— Somos irmãos — falou David. — Não podemos perder esse sentimento.

— Não podemos... — concluiu Nathan, a voz embargada.

Abraçaram-se emocionados, felizes com a reconciliação. Podiam estar longe dos filhos. David, de Marianne, Nathan, de Ross. Mas, em seus corações, haviam voltado a ser uma família e jamais tornariam a se separar outra vez.

14

O ano de 1940 foi decisivo para a França. Os alemães, contornando a Linha Maginot, finalmente avançaram em território francês, chegando a Paris no princípio de junho. Dias depois, assinada a rendição, a capital francesa passou a integrar a França ocupada, quando então se originou o movimento de resistência, numa tentativa de oposição ao domínio nazista estabelecido por Hitler.

Em meio a tudo isso, Ross e Marianne iam sobrevivendo, procurando levar uma vida anônima, sem chamar a atenção dos soldados alemães. Ross, todavia, insatisfeito com o que ele chamava de passiva submissão, iniciou uma tímida colaboração com os membros da resistência, para amenizar a culpa que sentia por estar longe do front, onde muitos de seus companheiros, provavelmente, perdiam suas vidas.

O regime instaurado era de terror, e Ross evitava que Marianne saísse de casa, com medo de que ela se deparasse com algum nazista, e seu francês carregado de sotaque delatasse sua procedência inglesa. A menina vivia apavorada, com medo dos tiros e das bombas, despertando a cada estampido, toda trêmula e assustada. O terror desmedido, que passou a ser constante nos pensamentos de Marianne, favoreceu a aproximação de um velho conhecido seu, até então afastado pelas ondas de amor provenientes de Ross.

Mesmo sem poder se aproximar, Luther acompanhava de

longe todos os passos de Marianne. Muitas vezes, ela o via sentado no parapeito da janela, como ele gostava de fazer, e se assustava. Logo reagia. Parava o que estava fazendo e começava a gritar:

— Ele está aqui! Luther quer me pegar! Não deixe, Ross! Não deixe!

Embora Ross não visse nada e julgasse tratar-se de mais uma de suas muitas alucinações, não fazia qualquer comentário que a embaraçasse. Nunca a contrariou ou tentou convencê-la de que não havia ninguém ali. Aos poucos foi percebendo que, se rezasse, as alucinações sumiam e, abraçado a ela, costumava sintonizar com vibrações mais elevadas, atraindo espíritos amigos que espargiam no ambiente partículas invisíveis de amor e luz, tão poderosas que enfraqueciam o poder de Luther.

Certa manhã, em fins de novembro de 1941, Ross recebeu uma carta de Kate, contando-lhe que o pai e o tio haviam sido convocados pelo exército. Já não havia muitos jovens que pudessem atender às necessidades militares, e a conscrição se voltou para os mais velhos, homens de até cinquenta anos, com força e saúde suficientes para lutar.

A notícia foi causa de imenso desgosto para Ross. Seu pai o enviara a Paris para fugir do alistamento. No entanto, ele mesmo acabara ingressando no exército, ao lado do tio, ambos enviados para o campo de batalha. Mesmo seus amigos, Vincent e Arnold, haviam-se alistado espontaneamente. Apenas ele fugira covardemente e se refugiara em Paris, onde pensara que a guerra jamais iria chegar. Por mais que justificasse sua vinda com a necessidade de proteger Marianne, o que era inteiramente verdade, a alma do jovem indócil e indomado começou a incomodar, e Ross sentia, mais do que nunca, a necessidade de retornar a seu país e participar dos eventos.

Com o pai ausente, na guerra, o dinheiro começou a escassear. Ross economizou o mais que pôde, até que lhe sobraram apenas alguns poucos francos, suficientes para a viagem de volta. Não havia oportunidades de emprego, e a escassez era geral. Na Inglaterra talvez não fosse tão diferente, no entanto, era o seu país e não estava ocupado pelos nazistas.

— Precisamos voltar — informou a Marianne. — Nosso dinheiro acabou.

— Não quero ir — choramingou ela. — O doutor Kramer vai me encontrar e me levar de volta. Se tiver que voltar para aquele lugar, eu me mato. Você vai ver.

— Isso não vai acontecer — assegurou ele com firmeza. — Vamos voltar porque nosso dinheiro acabou. É a guerra, Marianne, você tem que compreender isso.

— Tenho medo... Tenho mais medo do doutor Kramer do que das bombas.

— Estaremos juntos, e o doutor Kramer não vai encontrá-la. Eu prometo. E mesmo que a encontre, mato-o antes de encostar as mãos em você.

— Você promete?

— Prometo, já disse. Mas você tem que confiar em mim. Se continuarmos aqui, vamos morrer ou ser presos. Você não quer ir para um campo de concentração, quer?

— Não sei...

— Você não sabe o que diz. Campo de concentração é um lugar horroroso. Matam as pessoas lá.

— Não quero ir.

— Então, vamos voltar. Na Inglaterra, ninguém poderá nos prender nem mandar embora.

Finalmente, ela concordou. Auxiliado por seus amigos na resistência, Ross comprou passagens para ele e Marianne. Apesar dos riscos, conseguiram chegar a Londres em segurança.

A rua onde Kate morava vivia agora praticamente deserta. Toda a população masculina com capacidade de combater havia sido recrutada, e os empregos antes destinados aos homens passaram a ser ocupados pelas mulheres. Kate era uma mulher por demais corajosa e decidida para ficar em casa lamentando a fome e a falta de tudo.

Conseguiu emprego numa fábrica de armas. Não que aquilo a agradasse, mas não podia se dar ao luxo de escolher. Roger, agora com quatorze anos, conseguiu emprego na mesma fábrica, enquanto Kevin e Suzie faziam o serviço de casa. Foram tempos difíceis. As notícias que recebia do marido e do cunhado eram poucas e nada animadoras, contudo, lhe davam ânimo, pois sabia que, ao menos, estavam vivos. As cartas de Ross, por outro lado, haviam cessado após a invasão alemã, o que a deixava em constante sobressalto.

Naquela noite, Kate e Roger chegaram a casa à hora de costume. Caía uma chuva fininha e soprava um vento frio e cortante. Suzie, agora com dez anos, cedo aprendera a cozinhar e a fazer algumas tarefas domésticas, auxiliada por Kevin, que cuidava dos serviços mais pesados.

Kate entrou em silêncio, seguida pelo filho, e foi-se sentar à mesa. Já nem sentia mais fome. Comia porque precisava, porque não podia desistir da vida enquanto tivesse seus filhos para cuidar. Terminado o jantar, ainda reuniu forças para ajudar Suzie com a louça. Faziam o trabalho em silêncio, ambas exaustas, sem querer admitir, quando ouviram batidas na porta. Apesar do susto, Roger foi atender. Era o homem da casa agora e se sentia responsável pela segurança de toda a família.

Atrás dele, Kate seguiu apreensiva. Assim que ele abriu a porta, ela se adiantou e soltou um grito de surpresa, passando por Roger com rapidez. Parados do lado de fora, Ross e Marianne, molhados da chuva, tiritavam de frio.

— Meu Deus! — exclamou Kate. — São vocês. Depressa, entrem!

Os dois passaram para o lado de dentro, causando enorme estranheza nos filhos de Kate, para quem a irmã e o primo haviam-se tornado dois estranhos.

— Tia Kate... — balbuciou Ross, a voz embargada.

Kate mal conseguia falar. Abraçou os dois ao mesmo tempo, chorando de alegria. Com as mãos postas sobre os lábios, abafando os soluços, fitou Marianne admirada. Ela estava bonita, como nunca antes lhe parecera. Os cabelos haviam voltado a crescer e a palidez cedera lugar a um rosto corado e viçoso. Estava diferente. Engordara, ganhara formas de mulher. Já não era mais uma menina.

— Marianne... — sussurrou, tentando conter as lágrimas. — Como está bonita!

— Senti saudades — disse ela, fitando as quase esquecidas feições da mãe.

Passado o impacto do primeiro momento, Kate enxugou os olhos e chamou os filhos.

— Venham cumprimentar sua irmã.

Os três se aproximaram acanhados. Marianne também se sentia pouco à vontade na presença deles, envergonhada pela forma como os tratara no passado. Suzie, percebendo o seu mal-estar, ergueu-se na ponta dos pés e deu-lhe um beijo no rosto, acrescentando com genuína emoção:

— É muito bom tê-la de volta, Marianne. Mamãe sempre nos fala de você.

Fitando-a por uns momentos, Marianne sentiu o coração se apertar. Suzie era uma menina muito bonita, assim como os irmãos. Os dois se aproximaram também e a beijaram, e Marianne se espantou com o tamanho de Roger. Era um homem e se parecia muito com Ross.

Sentiu-se feliz e reconfortada. Estava em casa, sua antiga casa e, de repente, era como se nunca tivesse saído dali. Lembrou-se de que, nos primeiros tempos, antes de tudo acontecer, formavam uma família feliz. Os pais eram dedicados e, apesar de ela sempre ter sido uma menina calada e arredia, sua primeira infância foi bastante agradável.

Afastou aqueles pensamentos. Fazia um bom tempo que ganhara lucidez e não tinha nenhuma crise. Não era agora que pretendia ter.Durante o tempo em que permaneceram ali, ninguém relembrou aqueles tristes episódios. A loucura e o hospício se tornaram assuntos proibidos naquela casa. Não lhe perguntaram nada e, seguindo a sugestão de Ross, não a contrariavam quando ela dizia ver alguma pessoa invisível ou ouvir alguma voz inaudível por perto.

O principal e mais temido assunto agora era a guerra. Era com esse terror que precisavam se preocupar. Com Marianne e Ross em casa, um pouco de alegria voltou ao coração de Kate. O marido e o cunhado estavam longe, e a presença dos filhos reunidos, inclusive Ross, que sempre considerara seu próprio filho, era o que a mantinha viva e confiante.

15

Kate terminou de se aprontar e desceu para tomar café, que Marianne havia feito caprichosamente. Ela estava mudada, mais madura, perdera os gestos infantis e assumira atitudes de mulher. De forma óbvia, ela e Ross levavam uma vida de casados, fato que não incomodou Kate. Naqueles tempos de guerra, onde o futuro era incerto e tenebroso, o importante era viver.

Sentada ao lado de Roger, Kate engolia a refeição, com medo de se atrasarem para o trabalho.

— Ande, filho — apressou ela. — Não temos muito tempo.

Roger assentiu e enfiou um pedaço de pão dormido na boca. Antes que terminassem o desjejum, Ross comentou:

— Preciso arranjar um emprego. Não posso continuar assim.

— Se puser a cara para fora de casa, será imediatamente convocado — alertou Kate, dando mostras de que aquela possibilidade a amedrontava terrivelmente.

— Sou homem, não posso viver às custas de minha tia e de meu primo menor.

— Não é hora para orgulho — censurou ela. — Não se esqueça de que, para todos os efeitos, você está fora da lei.

— Mamãe tem razão — concordou Marianne preocupada, tremendo só de pensar em perdê-lo. — Você fica aqui e cuida de nós.

— Sei que a situação não é das mais agradáveis e entendo a sua preocupação — acrescentou Kate. — Mas é só por uns tempos, até a guerra acabar.

— E até lá, fico fazendo o quê?

— Fica comigo — falou Marianne. — Podemos passear juntos.

— Não podemos — objetou ele.

— Estamos em guerra, Marianne — disse Kate com paciência. — Ross não pode ficar perambulando por aí. Você não quer que ele seja convocado, quer?

— Não.

— Pois então, vocês têm que ficar em casa. Tenho certeza de que Ross vai encontrar alguma coisa para fazer.

Saiu com Roger, e Ross permaneceu em casa, fazendo companhia a Marianne e aos demais. Ajudava na arrumação, cozinhava com Marianne, cortava a grama do quintal. Mas não saía. Era como uma prisão que já o estava enervando. Não estava acostumado a ficar escondido e sentia-se um inútil dentro de casa. Roger, seis anos mais novo, trabalhava para ajudar no sustento da família, enquanto ele, um homem, ficava em casa ajudando as crianças com as tarefas domésticas. Era humilhante.

Quis ir à sua antiga casa e soltou a madeira da cerca por onde costumavam passar. Precisava fazer alguma coisa para ajudar. Em companhia de Marianne, abriu a porta dos fundos e entrou. A casa estava escura e cheirando a mofo. Com o trabalho na fábrica, Kate não tinha tempo de arejá-la nem de limpá-la. Ross reconheceu alguns móveis que o pai trouxera da outra casa e viu que ele havia comprado outros, mais modestos e discretos. Subiu ao seu antigo quarto e encontrou ali todos os pertences que havia deixado.

— O que está procurando? — indagou Marianne, interrompendo as suas lembranças.

— Não sei. Algo para vender.

Vasculhou todos os cômodos e fez uma trouxa com algumas peças de maior valor. Juntou tudo e saiu, fechando a porta com cuidado.

— Aonde vai com isso?

— Vou vender. Mas não se preocupe. Logo, logo estarei de volta.

— Mamãe mandou você não sair.

— Você não entende, Marianne. Preciso colaborar com alguma coisa. Se não posso trabalhar, essa vai ser a minha colaboração.

Apertando o saco na mão, deu um beijo em Marianne, sorriu e ganhou a rua, imaginando onde poderia vender aqueles objetos, suas coisas e de seu pai. Com aquela escassez de comida, ninguém pensaria em comprar objetos de valor e obras de arte.

Ninguém, exceto os novos ricos. Se, por um lado, a guerra gerara muitos miseráveis, por outro, enriquecera muita gente, como os fabricantes de armas e munições. Pensando nisso, tomou uma resolução. Sabia onde ficava a fábrica em que a tia trabalhava e se dirigiu para lá, evitando as ruas de maior movimento. Não queria ser surpreendido por nenhum oficial do exército nem por alguém que pudesse denunciá-lo.

Chegou aos portões da fábrica e pediu para falar com o dono. O vigia, um senhor de seus sessenta anos, olhou-o com desconfiança e indagou bruscamente:

— Por quê?

— Tenho algo que talvez possa lhe interessar.

— Hum... Não sei o que um pobretão como você pode ter a oferecer ao senhor Wood.

Ross refreou a ânsia de esbofetear o sujeito e insistiu:

— Diga-lhe que tenho objetos de valor... Obras de arte por uma ninharia.

O velho considerou por alguns instantes. Podia ser que o senhor Wood tivesse algum interesse naquilo, afinal. Coçou a barba mal feita e mandou que Ross esperasse. Pouco depois, ele entrava no escritório do senhor Wood.

— Muito bem, meu rapaz — disse o homem, também já de uma certa idade. — Carl disse que você tem alguma coisa a me oferecer.

— Sim, senhor.

Abrindo a trouxa sobre a mesa, Ross exibiu seu conteúdo. O senhor Wood levantou as sobrancelhas e segurou uma das peças na mão. Era um castiçal de prata maciça, com acabamentos em ouro, muito bonito. Colocou-o sobre a mesa e foi examinar o restante. Havia bandejas, talheres, pratos, tudo de prata. O senhor Wood ficou impressionado. Tinha em mãos uma pequena fortuna.

— Onde arranjou isso? — indagou desconfiado. — Por acaso você roubou?

— Não, senhor. Veio tudo da minha casa.

— Da sua casa? Por quê?

— Precisamos comer. Ninguém se alimenta de prata.

— Entendo...

Ele balançou a cabeça e ficou estudando o menino, até que perguntou novamente:

— Por que não está no exército, rapaz?

— É Ross. Meu nome é Ross.

— Está certo, Ross... Mas você não respondeu a minha pergunta. Por que não está no exército, como os outros jovens de sua idade?

Ross engoliu em seco e respondeu acabrunhado:

— Acabei de chegar da França.

— Da França? Sei... E por que não foi alistar-se?

— Por quê? Ora, porque... porque... Olhe, senhor Wood, vim aqui lhe oferecer mercadorias de muito valor, não para falar da minha vida. Se não está interessado, tudo bem. Posso procurar outro.

Rapidamente, Ross começou a recolher os objetos, mas o senhor Wood segurou a sua mão.

— Não precisa ficar nervoso, rapaz... Ross. Quanto quer pelas peças?

Vendeu tudo pela metade do que valiam, mas pelo menos conseguiu vender. Foi correndo para casa, feliz da vida e, quando Kate chegou, entregou-lhe todo o dinheiro.

— Como conseguiu isso? — inquiriu ela, perplexa.

— Vendi umas peças valiosas de minha casa.

— Não devia ter feito isso. Seu pai não vai gostar.

— Meu pai vai ficar feliz se souber que tivemos com o que nos alimentar.

— Arriscou-se desnecessariamente. Alguém podia tê-lo visto.

— Fique sossegada. Ninguém me viu.

— Onde foi que conseguiu comprador para isso?

Ele piscou um olho e colocou o dedo nos lábios da tia, respondendo num cicio:

— É segredo.

Ross não queria lhe contar que vendera as peças ao seu patrão. Kate não iria gostar e, se o senhor Wood descobrisse, poderia fazer alguma coisa contra ela e Roger. Apesar da curiosidade, Kate não perguntou mais. Confiava nele o suficiente para saber que ele jamais se envolveria em alguma atividade ilegal.

Na semana seguinte, Ross reuniu novas peças e voltou ao escritório do senhor Wood, que o recebeu com uma certa cortesia. Comprou o que ele levara, sempre pela metade do preço. Aos poucos, Ross foi vendendo tudo. Quadros, vasos, pratarias. Qualquer coisa que tivesse algum valor. Graças ao dinheiro dessas vendas foi que conseguiram uma vida um pouco melhor. O salário de Kate e Roger mal dava para sustentar cinco pessoas, que dirá agora, com mais duas bocas para alimentar.

Graças ao dinheiro que Ross apurou, o Natal não foi tão ruim. Conseguiram comprar um peru magrinho e presentes singelos para toda a família. A época lhes trouxe um pouco mais de conforto, renovando a esperança do fim da guerra. O conflito, todavia, estava longe de terminar. Poucos dias depois, iniciaram-se os ataques aéreos, com bombas incendiárias e explosivas, provocando o Segundo Grande Incêndio de Londres.

Mesmo com os bombardeios, Ross continuou a vender os objetos de sua casa. Quando estes terminaram, Kate pediu que vendesse também os dela. Algumas joias, louças e prataria foram aos poucos passando às mãos do senhor Wood. Durante um bom tempo, seus pertences renderam um bom dinheiro. Tudo foi vendido, desde a prataria até toalhas de renda e colchas.

Quando, por fim, já não havia mais nada de valor que pudesse ser vendido, Ross começou a juntar algumas roupas em melhor estado. O senhor Wood deu uma boa examinada no material e encarou Ross. À exceção de um casaco de peles, nada o agradou.

— O que houve, rapaz? — perguntou irônico. — Acabou o seu estoque?

— Infelizmente, senhor Wood, já vendi tudo o que tinha de mais valor.

— Entendo...

Sem dizer nada, ele abriu a gaveta e tirou um maço de notas, atirando-o para Ross. Ele contou o dinheiro e ficou desapontado. Não era nem a quarta parte do que o casaco valia.

— Só isso? — queixou-se.

— Dê-se por satisfeito, rapaz. As roupas não servem para nada, e o casaco já está velho e puído.

Era mentira, mas ele não estava em condições de barganhar. Apanhou o dinheiro e foi embora. Depois que ele saiu, o senhor Wood tocou uma sineta, e Carl apareceu:

— Pode dar o alarme — disse Wood friamente. — Não preciso mais dele.

Na semana seguinte, quando Ross apareceu com algumas poucas camisas, foi surpreendido por um oficial do exército, que parecia estar à sua espera. Imediatamente, compreendeu tudo. O senhor Wood já não precisava mais dele e fez um favorzinho ao exército, esperando cair nas boas graças dos oficiais. Afinal, era comerciante de armas.

O oficial deu ordens para que os dois soldados que o acompanhavam prendessem Ross, e foi o que eles fizeram.

— Deveria mandá-lo à corte marcial. — disse o oficial com aspereza — Contudo, a Inglaterra precisa de homens, e você tem mais valor na batalha do que na prisão.

— Vai me mandar para a guerra?

— O que você acha?

O senhor Wood nem apareceu para ver o que estava acontecendo. Ross foi levado à força pelos soldados e deixou cair no chão o embrulho com as camisas, que Carl imediatamente apanhou. Não faria mal se ficasse com aquilo. O senhor Wood não estava mais interessado nas ofertas do rapaz, contudo, ele precisava se vestir.

Sem alternativa, Ross foi conduzido pelos soldados. Não tinha medo da guerra e, não fosse por Marianne, teria sido o primeiro a se alistar. Contudo, o que seria dela se ele fosse embora? Tinha certeza de que ela voltaria a ter aquelas crises e aqueles ataques. As alucinações retornariam com mais violência, e a ameaça do hospício, para onde ele prometera que ela jamais voltaria, o aterrorizou.

— Por favor, senhor — suplicou. — Deixe-me ao menos passar em casa para me despedir. Moro com minha tia e meus primos. Meu pai e meu tio estão na guerra. Titia vai ficar preocupada.

Apesar da má vontade, o oficial consentiu. Afinal, o rapaz não estava sendo sequestrado, e sim mandado para a guerra. Era natural que a família soubesse de seu paradeiro.

— Está bem — falou com frieza. — Vamos. E que seja rápido.

Kate não estava em casa, mas Ross não queria dizer que ela trabalhava na fábrica do senhor Wood. Falaria com Marianne que teria que se ausentar por um tempo e que logo voltaria. Pediria a Kevin que cuidasse dela até que Kate chegasse e deixaria uma carta à tia, explicando tudo. Quando a guerra terminasse, voltaria são e salvo.

O carro do oficial estacionou em frente à casa de Kate. Sentado ao lado dele, Ross foi o primeiro a descer. O guarda, que já o aguardava na calçada, prendeu seu braço com firmeza. Ross ia protestar quando um zumbido de máquinas passou por eles, vindo do alto. Olharam todos ao mesmo tempo, aterrados com a visão dos aviões que cruzavam o céu enevoado. Instantes depois, um zunido agudo pareceu descer das nuvens, e várias bombas foram caindo em direção à terra, pontilhando o espaço aéreo com pequenos cilindros metálicos. Instantes depois, seguiram-se várias explosões, o fogo levantou do solo e ouviu-se o barulho de vidros que se partiam em mil pedacinhos.

Daí em diante, foi um estouro atrás do outro. Em meio ao bombardeio, os soldados saíram arrastando Ross rua abaixo, enquanto ele lutava para se soltar. Queria ir para casa, precisava ver Marianne. Logo depois, uma outra bomba explodiu e depois outra, e mais outra, cada vez mais perto. Ross e os militares haviam-se refugiado num pequeno pub que ficava no fim da rua, ocultando-se atrás do balcão, e ele tentava se desvencilhar.

— O que há com você? — esbravejou o oficial. — Não vê que estamos sendo bombardeados?

Em casa, Marianne e os irmãos não sabiam o que estava acontecendo. Quando ouviram os zunidos, correram para o quintal e olharam. A visão dos aviões e das bombas caindo do céu foi aterrorizante. Marianne sentiu o sangue gelar. Não sabia o que fazer. Ross não estava ali para lhe dizer. Pensando o mais rapidamente que pôde, pensou apenas em salvar os irmãos. Apanhou-os pelas mãos e disparou com eles para a cozinha, abrindo de chofre a porta do porão. Empurrou-os para dentro e bateu a porta, correndo para a rua feito louca. Precisava encontrar Ross e avisá-lo do bombardeio.

Nesse instante, atendendo a um impulso da intuição, Ross ergueu o corpo e espiou por sobre o balcão, fitando a rua pelos quadradinhos de vidro que formavam a janela do pub. O que viu deixou-o mais apavorado do que as bombas. Descendo a rua em desabalada corrida, vinha Marianne, aflita e desnorteada, chamando-o pelo nome e agitando os braços feito louca.

Ao vê-la, Ross não conseguiu se conter. Deu um soco no soldado que o segurava, meteu o pé no outro, empurrou o oficial e saiu correndo. Foi tudo tão inesperado que ninguém conseguiu evitar. Ross ganhou a rua com a velocidade de um relâmpago, correndo em direção a Marianne com o desespero estampado no olhar.

A primeira bomba que atingiu a rua atirou Ross a alguns metros de distância, emborcando-o numa poça de sangue, bem diante dos olhos de Marianne. Sem acreditar que ele havia tombado, ela correu para ele, alheia aos estrondos e estilhaços que voavam por toda parte.

— Ross! Ross! — chorava.

Aproximou-se rapidamente, coração aos pulos, rezando para que ele estivesse vivo. Ajoelhada ao lado dele, segurou sua cabeça entre as mãos e tentou fazê-lo responder aos seus apelos. Foi quando o oficial, apavorado dentro do pub, gritou para ela:

— Saia daí, menina. Saia daí, vamos!

Como Marianne não se movia, o oficial saiu de seu esconderijo e foi em direção a ela, desviando-se das explosões que aconteciam por toda parte. Nem teve tempo de alcançá-la. Uma nova sucessão de bombas caiu em derredor, jogando pelos ares casas, carros e pessoas. O oficial sumiu no meio do fogo e, no lugar em que Marianne estava, uma nuvem de poeira e uma pilha de destroços ocultavam seu corpo agora inerte, atirado para longe do corpo de Ross.

16

Foi preciso esperar até o término do bombardeio para que Kate pudesse ir para casa. A destruição que foi encontrando pelo caminho fez estremecer o seu corpo. Passava por ruas incendiadas, ao lado de pessoas mortas e mutiladas, sensível ao desespero dos sobreviventes, que procuravam por seus entes queridos em meio aos destroços.

A exemplo das demais, a rua em que morava também fora atingida. Muitas construções haviam sido destruídas, e vários homens tentavam conter o fogo que ainda se alastrava. Em companhia de Roger, Kate desatou a correr pela via interditada, saltando os destroços até se aproximar de sua casa. Quando a viu, foi como se levasse um soco na boca do estômago. A casa viera quase inteira abaixo. O segundo andar não mais existia, e um monte de tijolos e vigas de madeira se acumulara no que antes eram a sala e a cozinha.

As ruínas ainda fumegavam quando Kate e Roger pisaram o chão, levantando o que podiam na esperança de encontrar sobreviventes. Paredes e tetos haviam desabado, e tudo estava ainda quente, dificultando a procura. Kate sentiu o desespero tomando conta dela e começou a chorar.

— Meus filhos! — suplicou em lágrimas. — Onde estão os meus filhos?

— Tenha calma, mãe — Roger procurou confortar. — Vamos encontrá-los.

Com um gosto amargo na boca, Kate ia revirando os destroços, na esperança de encontrá-los vivos. Mas tudo fora destruído. Ou quase tudo. A porta que dava acesso ao porão estava bloqueada, mas havia uma chance de os filhos terem se refugiado ali. Com essa esperança, Kate começou a retirar as pedras, ajudada por Roger.

— Marianne! — gritou. — Ross! Tem alguém aí?

Pouco depois, ouviram uma vozinha abafada, que ela reconheceu como sendo de Suzie.

— Socorro! — gemia.

Na mesma hora, Kate começou a arrancar os destroços, atirando-os para longe feito uma louca. Algumas pessoas que estavam próximas, vendo o seu desespero, juntaram-se para ajudá-la, e em breve a porta estava desobstruída. Suzie apareceu toda suja e ensanguentada, e Kate a abraçou com desespero, apalpando-a por todos os lados para certificar-se de que ela estava bem. O corte era leve, e ela não parecia seriamente ferida.

— Onde estão os outros? — questionou ela, vendo que ninguém mais aparecia.

— Kevin está lá embaixo — falou assustada.

Imediatamente, Kate desceu as escadas semidestruídas do porão. Saltando os degraus faltantes, ingressou na escuridão, tateando em busca de corpos.

— Kevin — chamou. — Pode me ouvir?

— Estou preso, mamãe.

Ela o localizou a um canto, preso sob as ferragens. Com a ajuda de Roger, conseguiu soltá-lo. Kevin sofrera apenas algumas escoriações leves na perna, onde ficara preso.

— E os outros? — indagou, logo após se certificar de que os dois não corriam perigo.

— Não sabemos — respondeu Kevin. — Quando as bombas começaram a cair, Marianne nos colocou no porão e saiu.

— Para onde ela foi?

O filho deu de ombros, e Kate saiu com Roger, procurando entre os escombros. Quase todas as casas das redondezas haviam sido total ou parcialmente destruídas, e com uma estranha sensação de perda, um pesar indescritível no coração, Kate foi caminhando entre elas, procurando sem esperar encontrar.

Subitamente, coração aos pulos, sentiu, mais do que viu, um rostinho muito semelhante ao de Marianne parcialmente soterrado pelos escombros. Aflita, encaminhou-se para onde ele estava. Foi o caminho mais longo que já percorrera em toda sua vida. Queria aproximar-se e não queria, tentando negar para si mesma que era a sua filha soterrada ali. Seu coração sofreu a dor da perda, ainda que aquela não fosse Marianne. Seria a filha de mais alguém, e uma tristeza inenarrável se apoderou dela, por saber que haveria, dali a instantes, uma mãe chorando a perda da filhinha amada.

Descobriu com pesar que aquela mãe era ela própria, pois foi a sua filha que encontrou ali, mutilada e sem vida. Sentindo uma dor que jamais pensou existir, Kate parou, o corpo vergando para o chão, até se ajoelhar ao lado de Marianne. Juntou as mãos sobre a boca, curvou-se para a frente e pôs-se a chorar de mansinho. Perdera sua filha. A filha por quem tanto lutara. A filha que tanto fizera sofrer e por quem teria dado a própria vida, para salvá-la. A filha por quem conseguira reconhecer um inesgotável amor.

Roger viu a mãe tombar no chão de joelhos e correu ao seu encontro. Ao dar de cara com o rosto sem vida da irmã, começou a chorar também. Por uma estranha razão, o rosto de Marianne permanecera intacto. Apenas seu corpo sofrera lacerações, e parecia a Kate que ela dormia. Roger colocou a mão no ombro da mãe, apertando-o emocionado. Foi seguindo com os olhos pelos escombros, até que encontrou o corpo de Ross. Apesar do sangue e das feridas, conseguiu reconhecer o seu semblante.

Ela acompanhou o olhar do filho e encontrou o sobrinho morto. Auxiliada por Roger, levantou-se e foi até ele. A dor era tamanha que ela nem conseguiu falar. Abaixou-se e ficou ali, alisando o rosto dele, sem se importar com o sangue que lhe manchava os dedos.

— Mamãe — chamou Roger baixinho, em lágrimas. — Vamos para casa.

— Não, Roger — falou ela com pungente dor. — Vou apanhar os meus filhos. Não podemos deixá-los ao relento.

De tão comovido, Roger não conseguiu responder. Nem percebeu quando um soldado se aproximou.

— Senhora — disse ele com profundo pesar —, meus homens farão esse serviço.

Kate ergueu para ele os olhos cheios de dor, tentando compreender o que dizia. O sofrimento era tanto que ela não conseguia concatenar as ideias. Ajudada pelo soldado e por Roger, levantou-se. Olhou mais uma vez para Ross, depois para Marianne, virou-se com pesar e se deixou conduzir pelo menino. Precisava cuidar dos filhos. Chorar a perda de uns, agradecer a Deus a sobrevivência de outros.

***

No momento em que a bomba estourou, uma forte pressão no peito deu a Marianne a sensação de que ele explodia. A dor e a violência mostravam que ela havia morrido, contudo, estranhou ao perceber que continuava vendo paredes e vidros voarem pelos ares. Enquanto o peito ardia em chamas, seus olhos acompanhavam os acontecimentos. Ouviu e viu a sucessão de bombas e, sem compreender, procurou Ross. Num minuto, ele estava em seu colo e, no minuto seguinte, havia desaparecido.

Descobriu que o corpo dele havia sido atirado a alguns metros de distância. Tentou se levantar, mas a dor no peito a impediu. Olhou para baixo e viu o corpo coberto de sangue. Parecia mesmo que lhe faltava alguma coisa. Pernas, braços, não sabia. Confusa, olhou para a frente e, por uma fração de segundos, julgou ter visto um homem parado a seu lado, todo vestido de branco. Ele lhe estendeu a mão num chamado carinhoso e quase irresistível, mas que ela recusou por não estar com Ross. Não iria a lugar nenhum sem ele.

Uma outra bomba estourou mais além, sem que o homem se incomodasse. Continuava parado a sua frente, estendendo-lhe a mão com ar bondoso e gentil. Uma dor aguda quase a sufocou, e ela levou a mão ao peito, esforçando-se para respirar. Espantou-se com a ausência de suas mãos, e então, tentou caminhar. Só que também não tinha mais pernas. O ar foi escasseando, e nova onda de dor percorreu o seu corpo como uma torrente de choque. Tudo começou a girar ao seu redor, enquanto a dor foi aumentando, aumentando, até se tornar insuportável. Já não podendo mais se conter, na iminência de cair sem sentidos, quis correr em direção ao homem vestido de branco, o que não foi possível, já que não tinha pernas. Seu corpo se projetou parra a frente, e ela se sentiu despencar num abismo sem fim. Desmaiou.

Quando acordou, estava limpa e medicada, o corpo coberto de bandagens. O que primeiro veio a sua mente foi a lembrança dos membros faltantes, e olhou para suas pernas e seus braços. Estavam todos ali.

O quarto em que se encontrava era, visivelmente, um quarto de hospital, só que bem diferente daquele em que passara boa parte de sua vida. Não, aquele lugar não tinha nada a ver com o hospício do doutor Kramer. Era limpo, claro e perfumado. Muito aconchegante e agradável. Por uma estranha razão, Marianne sabia que não se encontrava em nenhum hospital do mundo visível. Tinha certeza da morte de seu corpo, assim como estava certa de que sobrevivera a ele, e aquele fato não a assustava.

Uma porta lateral se abriu e o homem de branco que lhe estendera a mão apareceu.

— Como está? — perguntou gentil.

— Bem.

Ele olhou as bandagens e trocou alguns curativos, acrescentando satisfeito:

— Já está quase bom.

Marianne esperou até que ele terminasse e só então perguntou:

— Eu morri?

O homem deu um risinho simpático, bateu de leve em sua mão e respondeu com naturalidade:

— Você desencarnou.

Marianne não parecia surpresa, mas continuou a perguntar:

— E Ross?

— Desencarnou também. Em breve, virá vê-la.

A mente de Marianne parecia haver entrado no eixo. Era como

se um espinho houvesse sido arrancado de seu cérebro, algo que o emperrava e lhe dificultava o raciocínio. Após o breve repouso que se seguiu ao seu desenlace, retomou o controle sobre si mesma, inevitavelmente lembrando-se de muitas coisas passadas em outras vidas.

Ross foi o primeiro a visitá-la. Estava muito bem, vestido em uma túnica branca, alegre e sorridente. Nem parecia vítima da guerra. Seu corpo fluídico não guardava nenhuma sequela do bombardeio, e ele pareceu ainda mais bonito do que costumava ser.

Os amigos, aos poucos, foram aparecendo, parabenizando--a pela vitória que alcançara. Marianne se lembrava de todos, inclusive daqueles com quem mantivera relações difíceis no passado. À exceção de Ross, nenhum deles a acompanhara. Todos haviam permanecido no mundo espiritual, alguns à espera de que ela retornasse daquela curta encarnação para empreenderem uma programação de vida conjunta.

Charles, o espírito amigo que a ajudara, fora uma pessoa muito querida em uma encarnação bem anterior e já estava livre do círculo reencarnatório. Durante todo o período em que ela vivera na terra, fora ele o responsável por sua proteção e pela manutenção de seus projetos.

Tudo porque Marianne precisava dar um salto em sua ascensão espiritual. Durante muitas vidas, perdera-se no vício e nos prazeres fáceis, deixando-se seduzir pelos excessos da matéria e levando uma existência distante do bem e da moral. Tantos desregramentos acabaram imprimindo marcas em seu próprio corpo astral, cujos reflexos persistiriam na formação dos seguintes, caso uma medida de impacto não fosse logo tomada. Isso, aliado à necessidade de contenção de seus impulsos, fez da deficiência mental um ótimo facilitador. Marianne poderia, ao mesmo tempo, cicatrizar a ferida deixada pelos excessos e limitar suas atitudes, para que neles não reincidisse.

Havia também os inimigos espirituais, que Marianne fora colecionando ao longo dos séculos. Sanguinária e cruel, teve amplo domínio das ciências ocultas, direcionando seus conhecimentos para práticas perversas e nocivas, cujo único propósito era o domínio da fortuna e do poder, destruindo todos que a ela se opusessem. Muitos desses espíritos faziam agora parte do círculo pessoal de Marianne, dispostos a reencarnar com ela para vivenciarem o amor e fazerem dissipar as névoas da antiga inimizade. Outros, porém, apegados ainda ao desejo de vingança, iam se arrastando na ignorância e não perdiam a oportunidade de assediar Marianne de todas as formas possíveis, ganhando espaço e força através da mediunidade indisciplinada e da loucura da menina.

De todos, Luther era seu pior inimigo, o mais audaz, o mais feroz. Ainda longe de enxergar as verdades da alma, só se sentia bem quando em contato com vibrações inferiores, além de não desejar abrir mão do poder que conquistara na hierarquia das sombras.

***

Em maio de 1945, finalmente, a Alemanha assinou o tratado de rendição com os aliados, e Kate aguardava, ansiosamente, a volta do marido e do cunhado. Recebera uma carta de Nathan anunciando seu retorno para aquele dia e, desde cedo, preparou tudo. Com a destruição de sua casa, o proprietário retomou o imóvel, e Kate se mudou com os filhos para a casa de Nathan. Arrumou o ambiente como pôde e cozinhou um jantar razoável, considerando a precariedade em que se encontravam.

Todos reunidos, puseram-se à espera na varanda, mal contendo a ansiedade. A cada um que passava, Kate se sobressaltava, mas nada de avistar o marido e o cunhado. No final da tarde, finalmente, um homem de farda apareceu no fim da rua. Vinha mancando, trazendo ao ombro um saco do exército sujo e manchado. Kate e as crianças se levantaram correndo, ao mesmo tempo felizes e em dúvida.

Era apenas um. Um homem, quando deveria haver dois. À distância, não dava para dizer quem era. Ele foi-se aproximando devagar, arrastando a perna e, de vez em quando, trocando o saco de ombro. Kate apertava as mãos nervosamente, certa de que a alegria pela volta de um seria ofuscada pela morte do outro.

Finalmente a proximidade do homem tornou possível, a ela e

as crianças, identificar-lhe as feições. Magro, maltratado e ferido, vinha Nathan, dando a todos a certeza de que David havia perecido. Ela desceu correndo a rua em sua direção, e ele soltou o saco no chão e a recebeu num abraço emocionado, de uma efusão comedida.

Sem saber se ria ou se chorava, Kate se afastou dele e, com uma certa angústia, perguntou, já sabendo a resposta:

— Nathan... O que foi feito de David?

O olhar do cunhado traduzia sua dor. David fora atingido por uma granada na última batalha e não resistira aos ferimentos.

— Queria dizer-lhe pessoalmente — desabafou ele. — Achei que lhes devia isso.

Kate sofreu a sua dor em silêncio. Não podia fraquejar diante dos filhos, que dela retiravam sua coragem. E Nathan também sofria. Desde que recebera a notícia da morte de Ross, nunca mais fora o mesmo. Lutava na guerra, ora como se quisesse morrer, ora como se desejasse desafiar a morte. Os soldados o chamavam de louco suicida, mas o fato é que sua ousadia intrépida lhe valeu uma condecoração por bravura, tendo ele salvado vários de seus companheiros na batalha em que David perdera a vida. Mesmo assim, conseguira resgatá-lo ainda vivo, não sendo capaz, contudo, de curar-lhe os ferimentos.

O sofrimento indizível os uniu ainda mais. Nathan conseguiu de volta seu antigo emprego, embora com salário reduzido, e arranjou uma colocação para Roger. Aos poucos, foi refazendo sua casa, que não sofrera muita destruição, dividindo espaço com a cunhada e os sobrinhos. Como era de se esperar, Kate e Nathan acabaram se casando, formando uma união que, embora pouco calorosa e sem paixão, era pontilhada de amizade e respeito, suficientes para auxiliar na construção de um novo lar.

Algum tempo depois, Nathan soube, por um antigo colega de trabalho, que a fábrica de tecidos do senhor Bradley fora à falência, levando-o a uma associação com um fabricante de armas e munições. Desde a eclosão da guerra, o caso entre ele e Lilian tornou-se público, para desgosto da esposa de Richard, que se suicidou pouco tempo depois. Atormentado com a morte da mulher, ele deixou Lilian, casando-se com a filha de seu sócio.

Abandonada e sem dinheiro, Lilian passou a sobreviver dos favores que fazia aos soldados, vindo a desencarnar doente e em completa solidão.

Por seu turno, David foi recebido no astral por espíritos encarregados de orientar as vítimas da guerra. A princípio, permaneceu no abrigo astral de recuperação, até sentir-se livre da sensação das feridas. Quando, finalmente, acreditou-se curado, saiu espontaneamente do abrigo e, não conseguindo lidar com a culpa pelo que fizera a Marianne e a Kate, deixou-se prender pelos inimigos, que o levaram para o astral inferior.

Epílogo

Marianne retornou de suas reminiscências e fitou o semblante tranquilo de Ross. Fazia cinco anos que estava ali, aprendendo com ele sobre as coisas do espírito. Lembrar-se do passado lhe causara imenso bem, pois conseguira revivê-lo sem dor, e as lembranças, sobretudo, fizeram nascer uma admiração até então desconhecida por Kate.

— Minha mãe é uma mulher de muita coragem — observou com respeito. — Você não acha?

— É claro. Sempre tive a maior admiração por tia Kate.

— Como será que anda a vida dela agora?

— Não gostaria de ir até lá e ver por si mesma?

— Gostaria sim.

— Então venha. Vamos pedir permissão a Charles.

Mais tarde, Ross e Marianne entraram no quarto de Kate, no exato momento em que ela acabara de adormecer. Esperaram um pouco até que seu corpo astral se desprendesse parcialmente do corpo e se tornaram visíveis.

— Marianne! Ross! — exclamou ela surpresa. — Quantas saudades!

Beijou e abraçou os dois, que corresponderam com afeto.

— Como está, tia Kate?

— Bem, na medida do possível.

Kate abaixou os olhos e começou a chorar de mansinho.

— Por que está chorando, mamãe?

— Faz muito tempo que vocês se foram. Mas, para uma mãe, o tempo nunca apaga a dor da perda de seus filhos.

— Nós não nos fomos — esclareceu Ross. — Não está nos vendo?

— É diferente. Vivemos em mundos distintos.

— Distintos, mas que se intercalam. E é por isso que estamos aqui e poderemos vir sempre.

— Sei que Deus faz as coisas certas, mas é tão difícil compreender e aceitar a perda! Além de vocês, perdi também meu marido.

— Estamos livres, mãe — esclareceu Marianne. — Eu, principalmente.

Kate fitou a filha com atenção, e seu rosto lhe pareceu mais iluminado e sereno.

— Você está muito bonita — elogiou, alisando-lhe os cabelos compridos e lisos.

Marianne deu-lhe um beijo na palma da mão e acrescentou emocionada:

— Obrigada. Por tudo que fez por mim.

— Só o que fiz foi lhe causar sofrimento.

— Não pense assim. Foi graças a você e papai que tive a chance de reencarnar como louca, que era o que eu precisava. Ninguém, a não ser vocês, estava disposto a me aceitar.

Pelos olhos de Kate passou uma sombra de tristeza, e ela considerou:

— Você sabe o quanto me arrependo pelo que lhe fiz.

— Não precisa. Você, papai, o doutor Kramer, todos foram instrumentos para que eu conseguisse voltar os olhos para mim mesma e aceitar a mediunidade e a doença como fatores de crescimento.

— E essa guerra? — tornou ela em lágrimas. — Todos perdemos com ela. Vocês perderam a vida. Eu perdi vocês, perdi meu marido. Quantas pessoas, assim como nós, sofreram e sofrem as consequências desse terrível flagelo?

— A guerra é uma calamidade lamentável, mas também serve a seus propósitos — esclareceu Ross.

— Que propósitos pode haver na guerra além da ambição do homem?

— O progresso. Precisamos destruir para, através da reconstrução, impulsionar o progresso.

— Não pode haver progresso no meio da maldade.

— O que você chama de maldade nada mais é do que a condição do próprio homem. A humanidade caminha a passos vagarosos porque se perdeu nas ilusões do mundo, transformando a riqueza e o poder em instrumentos da vaidade e do orgulho. Tudo é permitido dentro dos princípios divinos, mas aquele que afeta o equilíbrio do mundo de alguma forma terá que recuperá-lo.

— Ou seja, aqueles que fazem a guerra são gananciosos, e os que nela perecem estão sendo punidos.

— Nem uma coisa, nem outra. Os que promovem a guerra estão tão distantes do amor cósmico que se esqueceram completamente de sua natureza divina, ao passo que as chamadas vítimas são apenas espíritos em crescimento que não aprenderam a transformar suas culpas em nome desse mesmo amor. Tanto uns quanto outros se predispõem ao renascimento e à renovação, assim como os povos e o próprio planeta, que atravessam guerras, catástrofes e cataclismos para provocar uma reestruturação de princípios e valores. E tudo isso sempre para melhor.

— Será? Já tivemos tantas guerras e o mundo ainda esbarra na carnificina de sempre.

— Como disse, o avanço da humanidade é vagaroso, contudo, ele existe. Em breve todos os espíritos desse planeta serão forçados à transformação ou ao exílio. Por ora, as modificações ainda se fazem com aproveitamento dos potenciais destrutivos e de reconstrução que todo ser humano possui.

— Sim, a guerra nos modifica. Somos hoje criaturas muito mais amargas e sem esperança do que fomos ontem.

— Lance sua visão para o futuro, tia Kate, e verá que tenho razão. Aposto como o planeta inteiro vai passar por uma transformação, não só no campo político e econômico, mas também no tecnológico, no social, no moral e no espiritual. Essa é a inevitável lei do progresso, que há de se impor de uma maneira ou de outra. Com a guerra, novas necessidades vão surgindo, e o homem é obrigado a trabalhar por si mesmo e pela coletividade da qual faz parte. Da destruição, novas ideias se materializam, e a renovação acontece.

— E quem é que garante que vamos mudar para melhor?

— Toda renovação é para melhor. Veja esta casa, por exemplo. Como foi parcialmente destruída na guerra, vocês tiveram que reformá-la, e aposto como aproveitaram para consertar o que já estava estragado. Trocaram canos, puseram fiação nova, ampliaram a cozinha, mudaram a cor das paredes, deixando-a mais confortável e mais bonita. Agora, se ela não houvesse sido destruída, vocês continuariam na acomodação e a casa não teria sofrido nenhuma melhora. E vocês teriam deixado passar a chance de realização das boas possibilidades que possuem.

Ross fitou-a atentamente, vendo o efeito que suas palavras causavam nela. Kate parecia muito impressionada com a sabedoria do sobrinho.

— O que você diz é muito bonito e faz sentido — rebateu ela, ainda não totalmente convencida. — Mas e a paz? Não conta?

— Conta, e muito. Cada vez que se deflagra uma guerra, mais se valoriza a paz e mais cresce na consciência do homem a certeza de que a violência não é nem nunca será o melhor caminho para a solução de desavenças, que podem ser resolvidas, todas elas, pela via do amor.

— Se é assim, não deveria haver mais guerra. Onde está essa consciência de que você falou?

— Em alguns homens que se opõem aos conflitos, não em todos. E são eles que têm a tarefa de contaminar o mundo para que, no futuro, ninguém mais pense em armas para matar seu semelhante e conquistar o poder. O que falta à humanidade é compreender que o poder só a Deus pertence, e o que se exerce aqui não passa de mais uma ilusão criada pelos sentidos para dar satisfação à alma que só faz priorizar seus desejos. É um processo lento, que não vai acontecer agora nem nos próximos anos, e sim nas décadas que virão. Para isso, é preciso ação e coragem, não para matar ou morrer, mas para empreender a mudança, que é pessoal e única. Muitos já deram o primeiro passo e estão ligados nessa corrente de amor e fraternidade que vai aumentando dia após dia, toda vez que um espírito se modifica e a ela naturalmente se liga. Ainda não são muitos, mas poucos é melhor do que nenhum.

Os olhos de Kate agora estavam secos, e ela parecia finalmente assimilar as explicações do sobrinho.

— Também pensa assim, Marianne? — indagou, e a filha assentiu.

Nesse momento, Nathan se remexeu na cama, e Ross aproximou-se dele, dando-lhe um suave beijo na testa. Nathan se virou para o outro lado e continuou a dormir, com o corpo fluídico pairando poucos centímetros acima do físico.

— Você e tio Nathan estão se dando bem? — quis saber Marianne.

— Não nos amamos propriamente, mas nos entendemos e nos respeitamos — esclareceu Kate.

— Não seria isso amor?

A pergunta causou um sobressalto em seu peito, e ela fitou o marido com ternura, pensando se a filha não teria razão. Era algo em que ela mesma jamais pensara.

— E seu pai? — redarguiu. — Tem tido notícias dele?

— Papai não está conosco. Mas não se preocupe, em breve iremos resgatá-lo.

Ross acercou-se da tia e envolveu-a num abraço caloroso.

— Agora precisamos ir. O dia já está amanhecendo, e vocês logo vão retornar ao mundo físico.

— Prometem vir visitar-me sempre?

— Sempre que pudermos.

Enquanto Ross se despedia da tia, Marianne foi para a janela, vendo os quintais das duas casas pelo lado oposto ao que se acostumara em vida. A casa vizinha fora totalmente reformada e alugada a uma nova família.

— Solte a tábua da cerca, mamãe — aconselhou ela enigmaticamente. — Seus netos em breve estarão passando por ali...

Aos poucos, os espíritos de Ross e Marianne foram esvanecendo, e Kate retornou ao corpo físico. Quando despertou, o sol já ia alto. Era domingo, e Nathan ainda dormia a seu lado.

Levantou-se e consultou o relógio, surpreendendo-se com a proximidade das dez horas. Nunca dormira tanto em sua vida. Sentindo um bem-estar indescritível, espreguiçou-se com vontade e abriu a janela. Fazia um bonito dia de verão, e um vento suave amenizava o calor do sol, tornando a manhã mais agradável.

Já ia sair da janela quando notou o esvoaçar de uma saia, acompanhando o compasso da brisa. Parou e olhou detidamente. Alguns lençóis muito alvos e limpos haviam sido estendidos no varal e, por detrás deles, a silhueta de uma moça se delineou. Kate não precisava ver o seu rosto para saber que se tratava de Suzie. Agora com quinze anos, tornara-se uma moça muito bonita e alegre. Encostada na cerca, conversava com alguém. Pelo vaivém dos lençóis, Kate conseguiu vislumbrar o rosto do novo vizinho, um rapazinho de seus dezoito anos, que recentemente se mudara com a família para sua antiga casa.

De onde estava, Kate apenas pôde perceber que Suzie parecia muito interessada no rapaz, e ele nela. Em dado momento, suas mãos se tocaram por cima da cerca, mas ela não conseguiu ver o rubor repentino que subiu pelo rosto da filha. Apenas percebeu que ela se debruçava sobre a cerca para ouvir algo que o rapaz lhe sussurrou ao ouvido. Enquanto ele falava, os lábios de Suzie iam gradativamente formando um sorriso espontâneo e cheio de prazer. Quando ele se calou, as faces dos dois estavam afogueadas, e Suzie apertou a extremidade superior da cerca, permitindo que Kate antevisse o ar de paixão com que o rapaz a olhou. Suzie sentiu o nervosismo e apertou ainda mais a cerca. Tanto que a tábua, muito fina, não resistiu. Com um estalido, soltou-se das demais e projetou-se para o outro lado, levando com ela a menina, que só não caiu porque o rapaz conseguiu amparar o pedaço de madeira e segurar a moça ao mesmo tempo.

A cena causou imensa emoção em Kate, que reconhecia os primeiros sinais da paixão adolescente. Não querendo ser intrometida, voltou-se para dentro, não antes que uma sombra de reconhecimento passasse pela sua mente. Lembrou-se de que havia sonhado com Marianne e Ross, e que a filha lhe havia dito alguma coisa. O que era mesmo? Puxando pela memória, Kate se lembrou: Solte a tábua da cerca, mamãe. Seus netos em breve estarão passando por ali...

Com um gritinho abafado, correu de volta para a janela. O rapaz agora havia passado para o seu lado da cerca e ajudava Suzie a encaixar a tábua no lugar. Naquele momento, sem saber como, seu coração compreendeu tudo: seriam Suzie e aquele rapaz que trariam o novo para suas vidas? Seus netos iriam encher aquela casa com seus risos alegres e suas brincadeiras inocentes? Por alguns momentos ainda, acompanhou a luta de Suzie e do rapaz para recolocar a tábua, até que gritou lá de cima:

— Deixe, Suzie! Para que prender, se terei que despregar depois?

Suzie e o rapaz a olharam espantados, sem entender o que ela queria dizer. Constrangidos por terem sido surpreendidos naquele momento de tanta intimidade, obedeceram e soltaram a cerca. O rapaz voltou para sua casa, e Suzie apanhou o cesto vazio de roupas, voltando para a cozinha.

Nesse momento, o sol iluminou a cerca, e a passagem que se abrira resplandeceu com o verde da grama que brilhava do outro lado. Kate sentiu o perfume das flores e a suavidade da brisa. Pensou nos filhos. A saudade de Marianne e Ross era tremenda, e ela pensava que jamais conseguiria superar aquela perda. Os vivos, porém, lhe davam muitas alegrias. Roger acabara de ingressar na universidade de Oxford, e Kevin se preparava para o próximo ano. Ambos se haviam tornado rapazes bonitos e inteligentes, além de honestos e estudiosos. E Suzie, uma menina educada e gentil, estudava em um bom colégio e, ao que parecia, iria iniciar seus sonhos de moça.

Kate olhou para Nathan, ainda adormecido, e duas lágrimas escorreram de seu rosto. Não chorava de tristeza. Pela primeira vez em sua vida, sentindo-se uma mulher completa e plena, chorava de alegria. Tornou a olhar para a cerca, lembrando-se de algo que alguém havia lhe dito num sonho, e sorriu para si mesma.

Não seria isso amor...?

Fim

Sucessos de
ZIBIA GASPARETTO

Romances mediúnicos, crônicas e livros. Mais de 10 milhões de exemplares vendidos. Há mais de 16 anos, Zibia Gasparetto vem se mantendo na lista dos mais vendidos, sendo reconhecida como uma das autoras nacionais que mais vendem livros.

Romances ditados pelo espírito Lucius:

- O Amor Venceu
- O Amor Venceu (em edição ilustrada)
- O Morro das Ilusões
- Entre o Amor e a Guerra
- Laços Eternos
- O Matuto
- Esmeralda
- O Fio do Destino
- Espinhos do Tempo
- Quando a Vida Escolhe
- Somos Todos Inocentes
- Pelas Portas do Coração
- A Verdade de Cada Um
- Sem Medo de Viver
- O Advogado de Deus
- Quando Chega a Hora
- Ninguém é de Ninguém
- Quando é Preciso Voltar
- Tudo Tem seu Preço
- Tudo Valeu a Pena
- Um Amor de Verdade
- Nada é por Acaso
- O Amanhã a Deus Pertence
- Onde Está Teresa?
- Vencendo o Passado
- Se Abrindo pra Vida

Crônicas Mediúnicas — Espíritos Diversos:

- Voltas que a Vida Dá
- Pedaços do Cotidiano

Crônicas ditadas pelo espírito Silveira Sampaio:

- Pare de Sofrer
- O Mundo em que Eu Vivo
- Bate-papo com o Além
- O Repórter do Outro Mundo

Outros Livros de Zibia Gasparetto:

- Conversando Contigo!
- Eles Continuam Entre Nós
- Reflexões Diárias

Sucessos de SILVANA GASPARETTO

Obra de autoconhecimento voltada para o universo infantil. Textos que ajudam as crianças a aprenderem a identificar seus sentimentos mais profundos tais como: tristeza, raiva, frustração, limitação, decepção, euforia etc., e naturalmente auxiliam no seu processo de autoestima positiva.

Fada Consciência

Sucessos de LUIZ GASPARETTO

Estes livros vão mudar sua vida! Dentro de uma visão espiritualista moderna, vão ensiná-lo a produzir um padrão de vida superior ao que você tem, atraindo prosperidade, paz interior e aprendendo, acima de tudo, como é fácil ser feliz.

- Atitude
- Faça Dar Certo
- Prosperidade Profissional
- Conserto Para uma Alma Só (poesias metafísicas)
- Para Viver sem Sofrer
- Se Ligue em Você (adulto)

Série AMPLITUDE:

- Você está Onde se Põe
- Você é seu Carro
- A Vida lhe Trata como Você se Trata
- A Coragem de se Ver

Livros ditados pelo espírito Calunga:

- Um Dedinho de Prosa
- Tudo pelo Melhor
- Fique com a Luz
- Verdades do Espírito

Livros Infantis:

- Se Ligue em Você – nº 1 (infantil)
- Se Ligue em Você – nº 2 (infantil)
- Se Ligue em Você – nº 3 (infantil)
- A Vaidade da Lolita (infantil)

Sucessos de ZIBIA GASPARETTO

Romances mediúnicos, crônicas e livros. Mais de 10 milhões de exemplares vendidos. Há mais de 16 anos, Zibia Gasparetto vem se mantendo na lista dos mais vendidos, sendo reconhecida como uma das autoras nacionais que mais vendem livros.

Romances ditados pelo espírito Lucius:

- O Amor Venceu
- O Amor Venceu (em edição ilustrada)
- O Morro das Ilusões
- Entre o Amor e a Guerra
- Laços Eternos
- O Matuto
- Esmeralda
- O Fio do Destino
- Espinhos do Tempo
- Quando a Vida Escolhe
- Somos Todos Inocentes
- Pelas Portas do Coração
- A Verdade de Cada Um
- Sem Medo de Viver
- O Advogado de Deus
- Quando Chega a Hora
- Ninguém é de Ninguém
- Quando é Preciso Voltar
- Tudo Tem seu Preço
- Tudo Valeu a Pena
- Um Amor de Verdade
- Nada é por Acaso
- O Amanhã a Deus Pertence
- Onde Está Teresa?
- Vencendo o Passado
- Se Abrindo pra Vida

Crônicas Mediúnicas — Espíritos Diversos:

- Voltas que a Vida Dá
- Pedaços do Cotidiano

Crônicas ditadas pelo espírito Silveira Sampaio:

- Pare de Sofrer
- O Mundo em que Eu Vivo
- Bate-papo com o Além
- O Repórter do Outro Mundo

Outros Livros de Zibia Gasparetto:

- Conversando Contigo!
- Eles Continuam Entre Nós
- Reflexões Diárias

Sucessos de SILVANA GASPARETTO

Obra de autoconhecimento voltada para o universo infantil. Textos que ajudam as crianças a aprenderem a identificar seus sentimentos mais profundos tais como: tristeza, raiva, frustração, limitação, decepção, euforia etc., e naturalmente auxiliam no seu processo de autoestima positiva.

Fada Consciência

Sucessos de LUIZ GASPARETTO

Estes livros vão mudar sua vida! Dentro de uma visão espiritualista moderna, vão ensiná-lo a produzir um padrão de vida superior ao que você tem, atraindo prosperidade, paz interior e aprendendo, acima de tudo, como é fácil ser feliz.

- Atitude
- Faça Dar Certo
- Prosperidade Profissional
- Conserto Para uma Alma Só (poesias metafísicas)
- Para Viver sem Sofrer
- Se Ligue em Você (adulto)

Série AMPLITUDE:

- Você está Onde se Põe
- Você é seu Carro
- A Vida lhe Trata como Você se Trata
- A Coragem de se Ver

Livros ditados pelo espírito Calunga:

- Um Dedinho de Prosa
- Tudo pelo Melhor
- Fique com a Luz
- Verdades do Espírito

Livros Infantis:

- Se Ligue em Você – nº 1 (infantil)
- Se Ligue em Você – nº 2 (infantil)
- Se Ligue em Você – nº 3 (infantil)
- A Vaidade da Lolita (infantil)

LUIZ ANTÔNIO GASPARETTO EM CD

Autoajuda. Aprenda a lidar melhor com as suas emoções para conquistar um maior domínio interior.

Série PRONTO SOCORRO:

1 – Confrontando o Desespero
2 – Confrontando as Grandes Perdas
3 – Confrontando a Depressão
4 – Confrontando o Fracasso
5 – Confrontando o Medo
6 – Confrontando a Solidão
7 – Confrontando as Críticas
8 – Confrontando a Ansiedade
9 – Confrontando a Vergonha
10 – Confrontando a Desilusão

Série VIAGEM INTERIOR (vols. 1, 2 e 3):

Exercícios de Meditação

Por meio de exercícios de meditação, mergulhe dentro de você e descubra a força de sua essência espiritual e da sabedoria. Experimente e verá como você pode desfrutar de saúde, paz e felicidade desde já.

Série CALUNGA:

- Prece da Solução
- Chegou a sua Vez!
- Presença
- Tá Tudo Bão!
- Teu amigo

Série PALESTRAS:

- Meu Amigo, o Dinheiro
- Seja Sempre o Vencedor
- Abrindo Caminhos
- Força Espiritual
- A Eternidade de Fato
- Prosperidade
- Conexão Espiritual
- S.O.S. Dinheiro
- Mediunidade
- O Sentido da Vida
- Os Homens (somente para mulheres)
- Paz Mental
- Romance Nota 10
- Segurança
- Sem Medo de Ter Poder
- Simples e Chique
- Sem Medo de Ser Feliz
- Sem Medo da Vida
- Sem Medo de Amar
- Sem Medo dos Outros

Série REALIZAÇÃO:

Com uma abordagem voltada aos espiritualistas independentes, eis aqui um projeto de 16 CDs para você sintonizar-se com o Poder Espiritual para práticas espirituais de prosperidade.

Série VIDA AFETIVA:

1 – Sexo e Espiritualidade
2 – Jogos Neuróticos a Dois
3 – O que Falta pra Dar Certo
4 – Paz a Dois

Série LUZES:

Coletânea com oito CDs em dois volumes

Este é um projeto idealizado pelos espíritos desencarnados que formam no mundo astral o Grupo dos Mensageiros da Luz. Nesta coletânea, trazemos essas aulas, captadas ao vivo, para que você também possa se juntar às fileiras dos que sabem que o mundo precisa de mais luz.

Série ESPÍRITO:

1 – Espírito do Trabalho
2 – Espírito do Dinheiro
3 – Espírito do Amor
4 – Espírito da Arte
5 – Espírito da Vida
6 – Espírito da Paz
7 – Espírito da Natureza
8 – Espírito da Juventude
9 – Espírito da Família
10 – Espírito do Sexo
11 – Espírito da Saúde
12 – Espírito da Beleza

LUIZ ANTONIO GASPARETTO EM MP3:

• O Poder Espiritual Inteligente
• Conexão Espiritual
• Tudo Tem Seu Preço/Terminar é Recomeçar/A Lei do Fluxo
• Eu e o Universo/Resgatando o meu Eu/Estou Onde me Pus

LUIZ ANTONIO GASPARETTO EM DVD:

• O Mundo em que Eu Vivo

Este DVD traz momentos inesquecíveis da palestra do Calunga, proferida em 26 de novembro de 2006, no Espaço Vida & Consciência.

Saiba mais

Nossos livros oferecem a você as chaves para abrir as portas do sucesso, em todas as fases da sua vida. Sobre nossos autores e lançamentos acesse: **www.vidaeconsciencia.com.br**

ESPAÇO VIDA & CONSCIÊNCIA

É um centro de cultura e desenvolvimento da espiritualidade independente. Acreditamos que temos muito a estudar para compreender de forma mais clara os mistérios da eternidade.

A Vida parece infinitamente sábia em nos dotar de inteligência para viver com felicidade, e essa me parece a única saída para o sofrimento humano.

Nosso espaço se dedica inteiramente ao conhecimento filosófico e experimental das Leis da Vida, principalmente aquelas que conduzem o nosso destino.

Acreditamos que somos realmente esta imensa força vital e eterna que anima a tudo, e não queremos ficar parados nos velhos padrões religiosos que pouco ou nada acrescentaram ao progresso da humanidade.

Assim, mudamos nossa atitude para uma posição mais cientificamente metodológica e resolvemos reinvestigar os velhos temas com uma nova cabeça.

O resultado é de fato surpreendente, ousado, instigador e prático.

É necessário querer estar à frente do seu tempo para possuí-lo.

Luiz Antonio Gasparetto

Mais informações:
Espaço Vida e Consciência – SP
Rua Salvador Simões, 444 – Ipiranga – São Paulo – SP
CEP 04276-000 – Tel./Fax: (11) 5063-2150
Espaço Vida e Consciência – RJ
Rua Santo Amaro, 119 – Glória – Rio de Janeiro – RJ
CEP 22211-230 – Tel./Fax: (21) 3509-0200
E-mail: espaço@vidaeconsciencia.com.br
Site: www.vidaeconsciencia.com.br

INFORMAÇÕES E VENDAS:

Rua Agostinho Gomes, 2312
Ipiranga • CEP 04206-001
São Paulo • SP • Brasil
Fone / Fax: (11) 3577-3200 / 3577-3201
E-mail: editora@vidaeconsciencia.com.br
Site: www.vidaeconsciencia.com.br